DENKEN UND WISSEN
EINE POLNISCHE BIBLIOTHEK

Herausgegeben von Dieter Bingen
Deutsches Polen-Institut Darmstadt
Redaktion: Peter Oliver Loew

Michał Heller

Der Sinn des Lebens und der Sinn des Universums

Moderne theologische Studien

Aus dem Polnischen
von Sven Sellmer

Suhrkamp Verlag

Originaltitel: Sens życia i sens wszechświata. Studia z teologii współczesnej
Tarnów: Wydawnictwo Biblos 2002

Das Erscheinen dieses Buches wurde gefördert durch das Auswärtige Amt

Erste Auflage 2006

Satz: fio & flo, Thorn/Polen
Druck: Druckhaus Nomos, Sinzheim
Printed in Germany
ISBN 978-3-518-41847-5
ISBN 3-518-41847-5

1 2 3 4 5 6 – 11 10 09 08 07 06

Der Sinn des Lebens
und der Sinn des Universums

Inhaltsübersicht

Vorwort zur deutschen Ausgabe

Die Länder der Europäischen Gemeinschaft befinden sich gegenwärtig in einer sehr speziellen und zweifellos ganz entscheidenden Phase ihrer Geschichte. Zum ersten Mal ist es auf unserem Kontinent gelungen, einen internationalen Organismus zu erschaffen, dessen Zweck nicht nur im Wohl seiner einzelnen Mitglieder, sondern auch im Wohl des Ganzen besteht. Dies bedeutet einen wichtigen Schritt hin zur Abschaffung von Kriegen und Feindschaft zwischen den Völkern. Damit einher gehen ein Anwachsen des materiellen Wohlstands und eine rasche Bereicherung der gemeinsamen Kultur. Bisher haben sich die Kulturen der einzelnen Völker in mehr oder weniger isolierten Nischen entwickelt: Heute setzen die Wechselwirkungen zwischen den einzelnen Nationalkulturen Potentiale frei, die vorher keine Möglichkeit hatten, sich zu zeigen.

Mehr noch, Europa hat schöpferischen Anteil an den größten wissenschaftlichen Errungenschaften der Menschheit. Die Erforschung der subatomaren Welt und die Eroberung des Weltalls werden in den Geschichtshandbüchern für immer mit unserer Epoche verbunden bleiben. Die digitale Revolution und der Fortschritt in der Genforschung haben gerade erst begonnen; noch haben sie nicht alle ihre Konsequenzen enthüllt, und schon verändern sie unseren Alltag und unsere Weltsicht.

Doch indem man all diese gewaltigen Errungenschaften aufzählt, kommt man nicht umhin, Ansätze zu einer Krise zu bemerken. Ich wage zu behaupten, daß es sich um eine Sinnkrise handelt, um eine im Grunde genommen ganz einfache Frage: Wozu? Die Krisensituation beruht darauf, daß man sich entweder bemüht, diese einfache Frage in Gebiete abzuschieben, über die nachzudenken als unangebracht gilt, oder sie durch Aktivitäten in verschiedenen Lebensbereichen übertönt, besonders in solchen Bereichen, in denen Erfolge am deutlichsten ins Auge springen. Vor dem Nachdenken über schwierige Dinge davonzulaufen ist des Homo sapiens jedoch unwürdig.

Das in diesem Buch vorgeschlagene Nachdenken über den Sinn speist sich aus folgenden Intuitionen.

Die Wissenschaft zeigt die außergewöhnliche Rationalität der von ihr erforschten Welt auf. Der Inhalt von Handbüchern der Mathematik, Physik, Chemie, Biologie und vieler anderer Wissenschaften wird geradezu als Synonym der Rationalität, und jemand, der wenigstens eine dieser Fachrichtungen beherrscht, als Musterbild eines rationalen Menschen betrachtet. Mehr noch, das bloße Faktum der Existenz von Wissenschaft setzt voraus, daß die Welt erforschbar ist, daß sie auf rational gestellte Fragen antwortet, daß ihre Struktur also »etwas Rationales« an sich hat.

Es unterliegt keinerlei Zweifel, daß der Mensch ein Teil der Welt ist, der über seine evolutionären Wurzeln tief in ihre Struktur eingewachsen ist; und zwar ein Teil, der sich dadurch auszeichnet, daß in ihm die Struktur der Welt einen Komplexitätsgrad erreicht hat, der es zu Selbstbewußtsein befähigt. Auch die existentiellen Probleme des Menschen, einschließlich der Sinnprobleme, gehören also zur Welt. Ein gewisser Naturalismus ist unvermeidlich. Wenn dem aber so ist, dann würde die Sinnlosigkeit des menschlichen Daseins über den Menschen in die Welt eindringen und einen Riß in ihrer Rationalität bedeuten. Die Sinnlosigkeit des menschlichen Lebens würde zur Sinnlosigkeit des Alls. Dies ist natürlich keinerlei »Beweis« dafür, daß die menschliche Frage nach dem Sinn eine rationale (wenn auch uns bislang unbekannte) Antwort haben muß. Doch die in dieser Überlegung enthaltenen Intuitionen haben ein hinreichendes Gewicht, um die Sinnfrage bis zum Ende zu durchdenken, selbst wenn dieses Ende sich mit jedem Schritt, der uns ihm vermeintlich näher bringt, entfernen sollte. Dieser Wanderung hin zum immer wieder entfliehenden Sinn ist das vorliegende Buch gewidmet. Ich freue mich, es in die Hände des deutschen Lesers geben zu können, und danke allen, die das ermöglicht haben: dem Übersetzer, Herrn

Dr. Sven Sellmer, dem es zu verdanken ist, daß ich meine Überlegungen mit einem neuen Leserkreis teilen kann; dem Suhrkamp-Verlag, in dem das Buch erscheint; vor allem aber Herrn Prof. Dr. Dieter Bingen sowie Herrn Dr. Peter Oliver Loew vom Deutschen Polen-Institut, die sich so freundlich und effektiv um das ganze Vorhaben gekümmert haben. Ohne ihre Anstrengungen wäre eine deutsche Ausgabe dieses Buchs nie zustande gekommen.

Michał Heller, 23. Januar 2006

Gedanken auf dem Wege (einige Vorbemerkungen)

Im Leben eines Priesters spielt die Theologie eine wesentliche Rolle; eine deutlich größere als z.B. die Mathematik oder Biologie im Leben eines Mathematikers oder Biologen. Schließlich kann der Mathematiker oder Biologe nach der »Arbeitszeit« aufhören, sich für sein Spezialgebiet zu interessieren, und über etwas anderes nachdenken. Ein Priester dagegen, den die Theologie nicht mehr interessiert, wird zu einem Heuchler, der diverse »leere« Handlungen ausführt, hinter denen sich für ihn nichts mehr verbirgt. Natürlich muß es sich dabei nicht um wissenschaftlich betriebene Theologie handeln (von verhältnismäßig wenigen Priestern verlangt man, Theologieprofessoren zu sein), wohl aber um eine authentische Theologie, d.h. um einen bestimmten Besitz an theologischem Wissen, der ständig vermehrt und selbständig durchdacht wird. Denn die Theologie ist im Leben eines Priesters auch eine Kunst – wie die Medizin für den Arzt: Man muß sie als Wissenschaft beherrschen, doch man muß sich auch auf die *Kunst* verstehen, sie zur Heilung von Patienten anzuwenden. Wobei im Fall des Priesters er selbst sein erster Patient ist. Er selbst muß seine eigene Theologie einsetzen, um als Mensch nicht in die Irre zu gehen und anderen wirksam zu helfen.

Meine theologische Grundausbildung erhielt ich in einem eher traditionellen, vorvatikanischen Priesterseminar. Es waren fünf Jahre intellektueller Schwerstarbeit (kurz darauf wurde das sechsjährige Studium eingeführt). Am Anfang stand schematische, doch rigoristisch eingeforderte Philosophie in aristotelisch-thomistischem Geist. Allmählich setzte sich das Begriffsgebäude zusammen: sein Fundament – Ontologie und Erkenntnistheorie – sowie seine Krönung, die Gottesphilosophie. Erst darauf wurde die theologische Struktur aufgesetzt. Als der Verstand vorbereitet war, konnte die Offenbarung sprechen. Auf diesem Gebiet übersteigt der Inhalt zwar die

Möglichkeiten der menschlichen Vernunft, doch die in der Philosophie erarbeiteten Denkweisen bleiben erhalten. Viele Jahre später sollte man die vorvatikanische Theologie des »theologischen Szientismus« beschuldigen, d.h. des Versuchs, das den Verstand Übersteigende mit dem Schein der Präzision zu umgeben, doch damals machte das auf den jungen Mann Eindruck: Das Ganze bewegte sich im Rahmen der Logik, alles war an seinem Platz.

Dann kamen die Jahre des Universitätsstudiums. Das im Seminar errichtete Gebäude der aristotelisch-thomistischen Philosophie hielt der Konkurrenz mit den Naturwissenschaften nicht stand. Der Prozeß verlief schrittweise, doch radikal. Zuerst begriff ich, daß der Thomismus, um zu überleben, fundamental umgestaltet werden müßte; und zwar so, daß er fähig wäre, in die Melodie der heutigen Naturwissenschaften einzustimmen, ebenso wie er im 13. Jahrhundert mit dem damaligen Stand der Wissenschaften harmonierte. Später, gegen Ende des Studiums, gelangte ich zu der Überzeugung, daß es eine Zeitverschwendung wäre, den Thomismus retten zu wollen – besser wäre es, etwas grundlegend Neues zu schaffen. Dabei handelte es sich sicherlich um eine naive Reaktion auf meinen bisherigen »philosophischen Traditionalismus«. Auf jeden Fall nahm ich wahr – und das war ein wichtiger Schritt –, daß meine Theologie unter dieser »philosophischen Revolution« keineswegs litt. Die Verbindung zwischen der Theologie und dem thomistischen Schema erwies sich als sehr viel äußerlicher, als ich vorher vermuten konnte.

Gleichzeitig mit meinen intellektuellen Veränderungen vollzog sich der vatikanische Wandel. Ich beobachtete diesen eifrig und mit lebendigem Interesse, doch ich muß gestehen, daß er auf mich einen erheblich geringeren Einfluß gehabt hat als mein Zusammentreffen mit der Welt der Naturwissenschaften und – wie ich hinzufügen muß – als mein Zusammentreffen mit dem Leben. Die Jahre im Priesterseminar hatten dazu geführt, daß ich mich vom Leben isoliert und mir ein sehr weltfremdes Bild von ihm gemacht hatte. Lebenssituationen waren entweder *»casus«* der Moraltheologie oder eine Art

»*corollarium*« zu philosophischen Thesen. An der Universität kehrte ich, in gewissem Sinne, zum Leben zurück. Ferner ergab sich im Zuge der Beschäftigung mit meinen ersten eigenen wissenschaftlichen Arbeiten ein Kontakt zur Welt der »weltlichen« Wissenschaftler. Viele von ihnen lernte ich kennen, mit einigen schloß ich Freundschaft. Ich wurde zunehmend »normaler«. Auch das hatte Einfluß auf meine Theologie. Vor allem begriff ich, daß die Theologie – wenn sie den sogenannten modernen Menschen erreichen möchte – eine andere Sprache verwenden muß als bisher. Doch hinter der Sprache verbergen sich Begriffe und hinter den Begriffen eine Philosophie und eine Weltsicht. In dieser Hinsicht ist eine wirklich tiefgreifende Reform nötig. Die vatikanische Reform war also nicht so sehr die Ursache für Veränderungen in mir, sondern fiel auf einen Boden, der für den Wandel bereits gut vorbereitet war. Ich begrüßte sie mit großer Hoffnung

Heute sieht man ganz deutlich, daß das 2. Vatikanische Konzil nicht aus dem Nichts kam, sondern eine Folge sowohl »subkutaner« innerkirchlicher Prozesse als auch zivilisatorischer und kultureller Veränderungen in der modernen Welt war. Hier ist nicht der Ort für eine Besprechung und Beurteilung der vatikanischen und nachvatikanischen Reformen. Ich möchte nur das hervorheben, was sich unter dem Einfluß des Konzils in der Theologie ereignet hat und für meine Überlegungen von Belang ist. Und es hat sich vieles ereignet, obwohl der Veränderungsprozeß allmählich und nicht immer im Sinne der Väter des Konzils verlief. Vor allem »entthomisierte« sich die Theologie. Auf dem Altar des Konzils lag nicht, wie bei den vorherigen Konzilen, die *Summa theologica* des hl. Thomas. Diese symbolische Tatsache wurde von vielen Theologen als Ermunterung zum selbständigen Suchen aufgefaßt. Wohin sollte man sich wenden? In jenen Jahren war die Dominanz des Neopositivismus auf dem philosophischen Markt immer noch ausgeprägt. Dies bedingte ein verständliches Mißtrauen der Theologen gegenüber Denkströmungen, die sich an den Naturwissenschaften orientierten. Ferner verlangt die Kenntnis dieser Wissenschaften ein langjähriges Spezialstudium, das Theologen in der Regel nicht absolviert haben. So blieben verschiedene Richtungen »zur Verfügung«, in denen die philosophische Reflexion mit Hilfe von Methoden betrieben wurde, die den in den Geisteswissenschaften verwendeten ähnelten. Darüber hinaus dominierten diese Richtungen in den frankophonen Ländern, die bei der »vatikanischen Erneuerung« zu den führenden zählten. Sehen wir uns die heutigen Handbücher der Theologie an. Die thomistische Methode – These, Opponenten, Beweise, Ergänzungen – ist aus ihnen verschwunden. Der Text liest sich beinahe wie eine historische Erzählung oder eine Literaturkritik. Das ist gut und schön, wenn das Ganze von einem tiefen Denker verfaßt ist – doch handelt es sich um einen durchschnittlichen Autor (und zu diesen gehören, definitionsgemäß, die allermeisten), wird aus einem theologischen Text eine in der Regel recht billige Frömmelei. Ebensowenig ist es ein Zufall – hier gelten ganz einfach statistische Gesetze –, daß in den seelsorgerischen Bereich vor allem durchschnittliche Werke (die am zahlreichsten sind) gelangen. Infolgedessen schrecken sowohl die Katechese wie die Predigt viele Menschen mit einer auf durchschnittliche Weise allgemeinverständlich dargestellten Durchschnittstheologie ab (in der Seelsorge ist Allgemeinverständlichkeit unerläßlich). Natürlich zeichne ich hier ein gemitteltes und folglich sehr vereinfachtes Bild, doch man muß kein allzu scharfsichtiger Beobachter sein, um zu bemerken, daß es nicht übermäßig verzerrt ist. Im übrigen ließe sich hier auch die fortschreitende Laizisierung des Lebens als Argument anführen.

Nicht daß man mich falsch versteht: Ich behaupte nicht, daß die nachvatikanischen Veränderungen in der Theologie in die völlig falsche Richtung gegangen wären. Änderungen waren unabdingbar. Der theologische Szientismus (oder, würde ich hinzufügen, der *Pseudoszientismus*) der vorvatikanischen Epoche war reformbedürftig. Die Theologie hat seit dem Vatikanum viele ausgezeichnete Werke hervorgebracht, die zweifellos als Meilensteine in die Geschichte dieser Disziplin eingehen werden. Auf keinen Fall würde ich wollen, daß die Theologie in die vorvatikanische Epoche zurückkehrt. Auch aus dem Grunde, daß es dort keinen Platz für meine eigenen theologischen Überlegungen gäbe. Das vorvatikanische Paradigma war so streng aristotelisch-thomistisch, daß es praktisch keine anderen Ausrichtungen duldete. Wenn ich etwas gegen die moderne Theologie – die im wesentlichen (wenn auch nicht ausschließlich) das Ergebnis der durch das Vatikanum initiierten Veränderungen darstellt – einzuwenden habe, dann allein deswegen, weil sie allzu leicht die Standards des exakten Denkens und des Geistes der Rationalität zugunsten eines (allzu) weit verstandenen »Nachdenkens« aufgibt und infolgedessen, bei der Umsetzung in der seelsorgerischen Praxis, ihren Einfluß auf verschiedene Lebensbereiche vermindert.

Wie ich bereits bemerkte, besteht eine wichtige Motivation meiner theologischen Überlegungen in der Notwendigkeit, sie ständig mit den Ergebnissen und Methoden der von mir betriebenen wissenschaftlichen Disziplin zu konfrontieren. Selbst wenn sich Wissenschaft und Theologie auf zwei völlig verschiedenen Erkenntnisebenen befinden, schneiden sich diese Ebenen doch unvermeidlich in einem Menschen, der sich wissenschaftlich betätigt und zugleich religiös ist. Man kann nicht Wissenschaftler von Montag bis Samstag sein, ebensowenig wie man nur am Sonntag Priester sein kann. Ein starkes Motiv für immer neue Überlegungen stellen auch Fragen zu dem Problem der Vereinbarkeit von wissenschaftlichen und religiösen Anschauungen dar, die von verschiedenen Seiten an mich herangetragen werden: von meinen Wissenschaftlerkollegen, den Lesern und Hörern meiner populärwissenschaftlichen Vorträge, manchmal von Journalisten, doch auch von Menschen, denen ich zufällig begegne. Einmal begann sogar ein Taxifahrer mit mir eine theologische Diskussion, als ich mich zu einem astronomischen Observatorium fahren ließ. Es ist interessant, daß ich am seltensten von meinen Priesterkollegen über diese Angelegenheiten befragt werde. Ist für sie etwa alles klar?

Die Fragen, mit denen ich konfrontiert werde, geben reichlich zu denken. Aus ihnen ergibt sich das Bild dreier Welten. Zwei von diesen sind stereotyper Natur: zum einen die Welt der religiösen Ignoranz, zum anderen die Welt der wissenschaftlichen Ignoranz. Obwohl diese beiden Welten durch einen Abgrund von Unwissenheit getrennt sind, verbindet sie gewissermaßen eine Brücke gegenseitigen Interesses. Ich möchte die Behauptung wagen, daß das Interesse am »Gegner« bei den Parteigängern der Wissenschaft größer ist als bei den Parteigängern der Religion. Die interessantesten und fruchtbarsten Fragen stammen aus einer dritten Welt: der Welt, die von Menschen gebildet wird, die sich sowohl in wissenschaftlichen als auch in religiösen Fragen auskennen. Übrigens geht es hier nicht unbedingt um Fragen, sondern sehr oft ganz einfach um lange Diskussionen. (Es gibt noch eine vierte Welt: die Welt derjenigen, die sich weder für Religion noch für Wissenschaft interessieren; doch diese Leute stellen keine Fragen.)

Ein anderer Grund dafür, daß ich mich für die Theologie interessiere, ja von ihr fasziniert bin, ist ein Bedürfnis persönlicher Art. Das versteht sich. Doch dieser Grund ist von den anderen nicht völlig isoliert. Denn ein Mensch ist er selbst in allem, was er tut. Und so durchbricht der Andrang theologischer Gedanken von Zeit zu Zeit den gewöhnlich ziemlich dichten Damm der Alltagspflichten. Ich greife dann zu Papier und Feder und schreibe meine Gedanken auf (diese Fragen sind zu ernst, als daß man sie dem Computer anvertrauen könnte). Meist ergeben sich daraus gesonderte Artikel (gesonderte, da entstanden unter dem Druck des Augenblicks), die ich danach ordne und in Buchform bringe. Auf diese Weise sind mehrere Bücher entstanden. Sie bilden eine vielleicht nicht logisch zusammenhängende, doch auf jeden Fall chronologisch systematisierte Folge von Überlegungen. Der Ordnung halber seien sie hier aufgeführt:

- *Wszechświat i Słowo* [Das All und das Wort], Kraków 1981; in der zweiten Auflage (1994) erweitert um ein ergänzendes Kapitel;
- *Nowa fizyka i nowa teologia* [Neue Physik und neue Theologie], Tarnów 1992;
- *Moralność myślenia* [Die Moral des Denkens], Tarnów 1993;

– *Czy fizyka jest nauką humanistyczną?* [Ist die Physik eine Geisteswissenschaft?], Tarnów 1998, namentlich der dritte Teil dieses Buchs.

Auch in anderen Publikationen von mir finden sich Gedanken zu verwandten Themen. Nun lege ich den nächsten Band dieser »Reihe« in die Hände des Lesers. Dieses Buch unterscheidet sich von den vorhergehenden dadurch, daß es weniger »essayistisch«, sondern eher systematisch anmutet. Dies erklärt sich aus seiner Entstehungsgeschichte. Im akademischen Jahr 2000/2001 wurde an der Philosophischen Fakultät der Päpstlichen Theologischen Akademie zu Krakau (finanziell unterstützt durch die Templeton-Stiftung) ein interuniversitärer Veranstaltungszyklus unter dem gemeinsamen Titel »Wissenschaft – Glauben« organisiert. Als Ergänzung zu diesem Zyklus hielt ich eine monographische Vorlesung zu dem Thema »Das Paradigma der Wissenschaft – das Paradigma der Theologie«. Die Notizen zu dieser Vorlesung stellten den Anfang des vorliegenden Buchs dar. Das akademische Jahr erwies sich jedoch als zu kurz, um alle interessanten Probleme zu erörtern, daher ergänzte ich einige Kapitel, nachdem der Zyklus bereits abgeschlossen war.

Dieses Buch hat seinen Titel vom letzten Kapitel, das ich für zentral halte, »geerbt«. Um den Charakter des Buchs näher zu erklären, entschied ich mich für den Untertitel *Moderne theologische Studien*. »Sind das wirklich *theologische* Studien?« – diese Frage mag sich all jenen aufdrängen, die der Meinung sind, die Theologie sollte sich stärker von philosophischen Überlegungen distanzieren, als das bei mir geschieht. Ich würde einräumen, daß man weite Passagen dieses Buchs zur sogenannten natürlichen Theologie, d.h. im Grunde genommen zur Philosophie (insbesondere zur Gottesphilosophie), rechnen könnte, und doch ist das ganze Buch aus der Perspektive eines Menschen geschrieben, der das Christentum als seine Religion angenommen hat. An vielen Stellen ist diese Perspektive direkt wahrnehmbar, und dann spielt sie eine wesentliche Rolle in der Argumentation. Es handelt sich also um eine theologische Argumentation.

Und inwiefern kann man diese theologische Studien als *modern* bezeichnen? Selbst wenn sie ihrem Charakter nach von dem in der heutigen Theologie Üblichen abweichen, sind sie an all jene gerichtet, die ihren religiösen Glauben mit der modernen Wissenschaft und den modernen Tendenzen des Denkens in Einklang bringen möchten. Es handelt sich also um »moderne« theologische Studien in einem sehr wichtigen Sinne dieses Worts.

Die einzelnen Studien, die dieses Buch ausmachen, waren von Anfang an mit dem Ziel verfaßt worden, sie zu einer größeren Einheit zu verbinden, doch einige von ihnen sind separat publiziert worden oder noch im Druck: So erschien Kapitel 1 in: *Tarnowskie Studia Teologiczne* 20, 2, 2001, S. 3-11; Kapitel 3 in: *Tygodnik Powszechny* 51/52 (2001), S. 28; Kapitel 6 in: *Roczniki Filozoficzne* 51 (2003), H. 3, S. 5-22 und Kapitel 8 in: »Logika Stworzenia«, in: *Informacja a rozumienie*, hrsg. v. Michał Heller und Janusz Mączka, Kraków 2005, S. 111-118. Kapitel 4 wurde in leicht geänderter Form in dem Tagungsband einer Konferenz in Castel Gandolfo veröffentlicht: *Ewolucja pojęć w fizyce – Przyczynek do koncepcji analogii pojęć* [Die Evolution der Begriffe in der Physik – ein Beitrag zur Konzeption der begrifflichen Analogie], in: Nauka – Religia – Dzieje. XI Seminarium w Castel Gandolfo, 7-9 sierpnia 2001: Modele Boga, hrsg. v. Jerzy A. Janik, Kraków 2002, S. 49-62.

Mit Sicherheit stellt dieses Buch nicht das Ende meiner theologischen Überlegungen dar. Es dokumentiert lediglich eine weitere Wegetappe. Das Denken läßt sich nicht anhalten, solange man noch unterwegs ist.

Tarnów, den 1. Dezember 2001

Teil I

Die Rolle der Philosophie

Eines der Hauptprobleme, vor denen die Theologie des 21. Jahrhunderts steht, ist ihr Dialog mit den Wissenschaften, insbesondere mit den Naturwissenschaften. Die Tatsache, daß eine große Anzahl von Theologen (vielleicht sogar die Mehrheit) das Gewicht dieses Problems nicht erfaßt, zeugt lediglich davon, daß es sich um ein wirklich brennendes Problem handelt. Sollte sie es ignorieren, könnte die Theologie in naher Zukunft an den Rand des kulturellen Lebens geraten. Oder, noch deutlicher ausgedrückt, sie könnte zu einem Teil der heutzutage immer mehr an Stärke zunehmenden Strömung des Irrationalismus werden und stünde dadurch mit vielen modischen Spielarten des Aberglaubens auf einer Stufe. Es ist daher nötig, dem Problem des Dialogs zwischen der Theologie und den Wissenschaften die Stirn zu bieten.

Sobald wir jedoch in kritischer Weise über diesen Dialog nachdenken, nehmen wir gewissermaßen automatisch eine »Metaposition« gegenüber beiden Partnern ein. Dies ist die angestammte Position des Philosophen, und daher wird die Philosophie zur natürlichen Vermittlerin in diesem Dialog. Folgende Fragen stellen sich:

- *Reicht es (wie einige behaupten) in diesem Dialog aus, sich auf methodologische Aspekte zu beschränken, oder ist es unvermeidlich, auf Inhalte – sowohl wissenschaftlicher als auch theologischer Art – einzugehen?*
- *Soll der Dialog sich auf dem Niveau wissenschaftlicher und theologischer »Vorannahmen« bewegen? Wie sind sie beschaffen?*
- *Die Wissenschaft entwickelt sich in einem spezifischen »philosophischen Umfeld«, das sie zugleich in großem Maße selbst gestaltet. Soll die Theologie auf dieses Umfeld reagieren? Und wenn ja, auf welche Weise?*

Der Versuch, eine Antwort auf diese Fragen zu finden, bildet den Inhalt von Kapitel 1. Die Analysen dieses Kapitels legen es

nahe, das Problem der Vorannahmen der Wissenschaft genauer zu untersuchen. Diese Aufgabe wird in Kapitel 2 in Angriff genommen. Kandidaten für solche Vorannahmen sind:
- die Existenz der Welt,
- ihre Erkennbarkeit,
- die Annahme einer Weltordnung sowie
- die Annahme des methodologischen Positivismus.
Handelt es sich dabei um Annahmen der Wissenschaft? Und warum sollte die Antwort auf diese Frage den Theologen interessieren?

Die Rolle der Philosophie in theologischen Analysen erschöpft sich nicht in der Mittlerfunktion zwischen der Theologie und den Wissenschaften. Heute ist die Verbindung der christlichen Theologie zur Philosophie (im Vergleich mit der Zeit vor dem 2. Vatikanischen Konzil) zwar bedeutend schwächer, doch die Philosophie läßt sich aus der Theologie nicht vollständig eliminieren. Wenn jemand behaupten wollte, dies erreicht zu haben, würde er damit zeigen, daß er seine Überlegungen zumindest partiell nicht unter Kontrolle hat. In Kapitel 3 kehrt die einst heißdiskutierte Frage wieder:
- Gibt es eine christliche Philosophie?
Weder ein entschiedenes Ja noch ein entschiedenes Nein wären angemessene Antworten auf diese Frage. Vielleicht sollte man daher besser formulieren:
- Was heißt es, als Christ Philosoph zu sein?
Vieles spricht dafür, daß wir Zeugen sind, wie eine neue philosophische Disziplin entsteht: die Philosophie der Theologie. Die Theologie ist mit Sicherheit ein interessantes Forschungsobjekt, das es voll und ganz verdient, zum Gegenstand der philosophischen Besinnung zu werden.

Kapitel 1
Zwischen der Theologie und den Wissenschaften

1. Methodologische Festlegungen

Beinahe alle Autoren, die sich zum Thema »Wissenschaft und Theologie« äußern, sind sich darin einig, daß der Dialog zwischen der Theologie und der Wissenschaft[1] nicht direkt geführt werden kann, sondern eines Vermittlers bedarf, und daß diese Vermittlerrolle von der Philosophie übernommen werden muß.[2] Als Grund dafür wird gewöhnlich angegeben, daß diese beiden Disziplinen zu zwei völlig unterschiedlichen »Erkenntnisordnungen« gehörten, oder anders: daß sie sich auf zwei »Erkenntnisebenen« befänden, die sich nirgendwo schnitten. Diese »Ordnungen« oder »Ebenen« seien so unterschiedlich, daß jeder direkte Dialog zwischen Wissenschaft und Theologie zu nichts als methodologischen Mißverständnissen führen würde. Es unterliegt keinem Zweifel, daß der Begriffsapparat, die Sprache, die Methoden und andere Forschungsinstrumente der Wissenschaft und der Theologie in der Tat unterschiedlich sind und daß ihre Übertragung von einer Disziplin auf die andere methodologische Anarchie hervorrufen würde, doch es ist ganz und gar nicht *a priori* evident, daß Wissenschaft und Theologie sich nicht dennoch etwas zu sagen haben können. Die Geschichte ihrer gegenseitigen Beziehungen deutet vielmehr auf das Gegenteil hin. Selbst wenn es

1 Unter »der Wissenschaft« oder »den Wissenschaften« verstehe ich hier die empirischen Wissenschaften.

2 Vgl. z.B. Tadeusz M. Sierotowicz: *Nauka a wiara – Przestrzeń dialogu* [Wissenschaft und Glauben – Raum für Dialog], Tarnów/Kraków 1997; Dominique Lambert: *Sciences et théologie – Les figures d'un dialogue*, Brüssel 1999; Mariano Artigas: *The Mind of the Universe*, Philadelphia/London 2000.

zwischen diesen beiden Erkenntnisgebieten zu scharfen Konflikten kam, dann führte das gewöhnlich zu Ergebnissen, die sowohl für die Wissenschaft als auch für die Theologie interessant waren. Ich möchte eine weitergehende Behauptung wagen: Sooft die Theologie sich von der Wissenschaft isolierte, verlor sie etwas von ihrer Dynamik, und ihr Einfluß auf die Gesamtkultur nahm ab. Natürlich darf man über die Natur der Beziehungen zwischen Wissenschaft und Theologie nicht vorschnell urteilen; möglicherweise war diese Wechselwirkung lediglich psychologischer und sozialer Natur, doch es läßt sich nicht ausschließen, daß diese Faktoren eben deswegen so wirkmächtig waren (und sind!), weil sich hinter ihnen tiefere Ursachen verbergen.

Im Dialog zwischen der Theologie und den Wissenschaften sollte die methodologische Strenge gewahrt bleiben, und es ist richtig, daß die Philosophie in diesem Dialog die Vermittlung zu übernehmen hat. Doch um das zu begründen, ist es nicht notwendig, sich auf verschiedene »Ordnungen« oder »Ebenen« zu berufen; es genügt ein eher »formaler« Grund: Wenn wir Wissenschaft und Theologie vergleichen, nehmen wir damit eine »Metaposition« gegenüber beiden Disziplinen ein. Und das reicht bereits aus um festzustellen, daß wir uns nicht auf einem dieser Gebiete befinden, sondern im Bereich des philosophischen Nachdenkens über beide.

Wenn wir methodologische Puristen sein wollen, müssen wir noch etwas festhalten: Tatsächlich befinden wir uns häufig in einer »Metametaposition« im Verhältnis zu den Wissenschaften und zur Religion, denn es kommt selten vor, daß wir wissenschaftliche Daten direkt mit theologischen Daten vergleichen. Gewöhnlich behelfen wir uns mit dem, was die Wissenschaftsphilosophie über die Wissenschaft sagt, und auch unsere theologischen Überlegungen sind oft eng mit der philosophischen Reflexion über die Theologie verwoben.[3]

3 Die Philosophie der Theologie (eine philosophische Disziplin, die nicht identisch ist mit der sogenannten theologischen Methodologie) steckt noch in den Kinderschuhen, doch implizit bedienen wir uns ihrer in vielen Diskussionen, die in offensichtlicher Weise über streng theologische Analysen hinausgehen.

Die Einhaltung der von der Sprachphilosophie erarbeiteten Standardregeln für den Umgang mit verschiedenen Sprachebenen reicht im Grunde aus, um sich vor einem methodologischen Chaos im Dialog zwischen Theologie und Wissenschaft zu schützen; und indem wir diese Regeln anwenden, vermeiden wir »ideologische Fremdkörper« von der Art »unterschiedlicher Ordnungen« oder »sich nicht schneidender Ebenen«, die bereits *a priori* bestimmte Lösungen aufdrängen (welche im übrigen oft nur scheinbare sind).

2. *Methode und Inhalt*

Die Methodologie erledigt jedoch nicht alle Probleme des Dialogs zwischen den Wissenschaften und der Theologie, sondern legt nur einige Spielregeln fest. Denn der eigentliche Dialog spielt sich nicht dadurch ab, daß man auf methodologische Regeln verweist, sondern umfaßt ebenso Inhalte sowohl wissenschaftlicher als auch theologischer Art. In der angelsächsischen Literatur spricht man von sogenannten *case studies*, Fallstudien; sie beruhen darauf, daß man sich ein konkretes Problem aus dem Spannungsfeld von Wissenschaft und Theologie vornimmt – z.B. einen konkreten Konflikt zwischen ihnen, aus Vergangenheit (wie meistens) oder Gegenwart – und es einer allseitigen Analyse unterzieht. Dabei bedient man sich bestimmter methodologischer Regeln, doch der wesentliche Punkt ist, in den Inhalt des Konflikts einzudringen. Und es sind genau solche Fallstudien, die am meisten zum Verständnis der Beziehung zwischen Wissenschaft und Theologie beitragen. Sehr häufig zeigen sie, wie sehr Lösungen, die aus apriorischen Ideologien hergeleitet sind, in die Irre führen.

Das Studium konkreter Fälle beweist, daß es zwischen wissenschaftlichen und theologischen Inhalten in der Geschichte häufig zu einer Art Rückkopplung gekommen ist. Nehmen wir ein Beispiel.

In einer tiefgreifenden Studie[4] zeigt Amos Funkenstein, auf welche Weise streng theologische Diskussionen im Mittelalter zur Herausbildung bestimmter für die Wissenschaft wichtiger Begriffe beigetragen haben. Eine dieser Auseinandersetzungen betraf die göttliche Allmacht: Vermag Gott absolut alles, kann er z.B. nach Belieben die Gesetze der Mathematik und Logik ändern, oder ist seine Macht durch irgendwelche apriorischen Grundsätze eingeschränkt? Vermag er alles (*potentia Dei absoluta*) und enthält er sich lediglich des Tuns bestimmter »außerordentlicher« Dinge (*potentia Dei ordinata*)? In den Schriften von Descartes, Newton und Leibniz (die zugleich die Schöpfer einer neuen Wissenschaft als auch tief in theologische Debatten involvierte Denker waren) wurde das Problem der Beschränkungen der göttlichen Allmacht allmählich auf die Beschränkungen der Natur übertragen. Die Frage danach, was Gott *ex potentia absoluta* und was er *ex potentia ordinata* vermag, nahm immer deutlicher die Gestalt der Frage an, welche Zwänge logischer und physikalischer Art im Funktionieren der Natur vorliegen. Von hier aber ist es nur noch ein kleiner Schritt zum Begriff des Naturgesetzes, das nichts anderes ist als eine bestimmte Beschränkung, die dem Handeln der Natur auferlegt ist: Der Natur ist nicht alles erlaubt; die Planeten etwa können sich nicht anders bewegen als im Einklang mit den Newtonschen Bewegungsgleichungen.

Amos Funkenstein faßt seine Analysen folgendermaßen zusammen:

> »Während des 17. Jahrhunderts verlieh ein neues Konzept von ›Naturgesetzen‹ der alten, beinahe schon erschöpften Unterscheidung zwischen absoluter [*absoluta*] und geordneter [*ordinata*] Macht Gottes neue Dringlichkeit und Lebenskraft. Methodologische Diskussionen über die theoretischen Grundlagen der Wissenschaft wurden im 17. Jahrhun-

4 Amos Funkenstein: *Theology and the Scientific Imagination from the Middle Ages to the Seventeenth Century*, Princeton 1986.

dert zu einer fortgesetzten Übung darin, modale Kategorien zu reifizieren.«[5]

Der letzte, in einem übermäßig technischen Jargon formulierte Satz bedeutet in etwa, daß die mittelalterlichen Diskussionen darüber, was Gott *vermag* (»modale Kategorien«), im 18. Jahrhundert die Gestalt von Auseinandersetzungen über die Frage annahm, was tatsächlich in der Natur vorkommt (»modale Kategorien zu reifizieren«).

Das von Funkenstein analysierte Beispiel betrifft den Einfluß der Theologie auf die Naturwissenschaften, und zwar in einer so zentralen Frage wie dem Konzept des Naturgesetzes. Als diese Frage aufgeworfen wurde, kam es beinahe sofort zu einer Rückkopplung: Die Idee, daß die Welt von Naturgesetzen gelenkt wird, rief in der Theologie ein lebhaftes Echo in Gestalt der langwierigen (bis heute andauernden)[6] Auseinandersetzungen darüber hervor, auf welche Weise Gott in einer durch Naturgesetze regierten Welt wirkt. An diesen Auseinandersetzungen nahmen Newton und Leibniz Anteil, was die berühmte Polemik zwischen Leibniz und Samuel Clarke, einem Freund und Schüler Newtons,[7] belegt. Eine der Konsequenzen dieser Polemiken war die Entstehung und Entwicklung des Deismus im 18. Jahrhundert.

Historisch gesehen unterliegt die Rückkopplung zwischen der Theologie und den Wissenschaften daher keinem Zweifel,[8] und die Geschichte lehrt, daß methodologische Barrieren noch

---

5 Ebd., S. 192.

6 Vgl. die fünf Bände *Quantum Cosmology and the Laws of Nature* (1993), *Chaos and Complexity* (1995), *Evolution and Molecular Biology* (1998), *Neuroscience and the Person* (1999) und *Quantum Mechanics* (2001) mit dem gemeinsamen Obertitel *Scientific Perspectives on Divine Action*, publiziert von Vatican Observatory Publications, Vatikanstaat, und dem Center for Theology and the Natural Sciences, Berkeley.

7 Diese Polemik ist unter anderem dokumentiert in: Gottfried Wilhelm Leibniz und Samuel Clarke: *Der Leibniz-Clarke-Briefwechsel*, übers. u. hrsg. v. Volkmar Schüller, Berlin 1991.

8 Es lohnt sich, unter diesem Gesichtspunkt auch die übrigen Teile von Funkensteins Buch durchzusehen. In Kapitel II etwa führt er aus, daß die mittelalterlichen Auseinandersetzungen über die göttliche Allmacht im 17. Jahrhundert zur Entstehung des Begriffs des absoluten Raumes geführt ha-

nie den Sieg über das davongetragen haben, was tatsächlich geschieht.

3. *Vorannahmen, aber woher?*

Häufig wird folgendes Argument vorgebracht, um die Rolle der Philosophie als Vermittlerin in der Beziehung zwischen der Theologie und den Wissenschaften zu begründen und zu erklären: Wenn wir einzelne Behauptungen der Wissenschaft mit einzelnen theologischen Inhalten vergleichen wollen, müssen wir erstere einer bestimmten Interpretation unterwerfen, und zu diesem Zweck müssen wir uns bestimmter ontologischer und erkenntnistheoretischer Annahmen bedienen. Das aber ist bereits Philosophie.

In der Tat werden in verschiedenartigen Überlegungen zur Frage der Wissenschaft (nicht nur, wenn ihr Verhältnis zur Theologie zur Debatte steht) diverse Vorannahmen ontologischer oder epistemologischer Art getroffen. Da stellt sich die wichtige Frage nach den Quellen dieser Vorannahmen.

Viele Philosophen geben auf diese Frage die beinahe spontane Antwort: »Eben, diese Frage zeigt deutlich, ja beweist geradezu, daß die Wissenschaft eine Philosophie als ›Vorannahme‹ benötigt.« Und mit dem Ausdruck »eine Philosophie« meinen sie gewöhnlich – implizit oder explizit – das philosophische System, dem sie selbst anhängen; wobei in der Sprache eines Philosophen der Ausdruck »System« oft die Menge der Behauptungen bezeichnet, die er für absolut wahr hält. Wenn die Wissenschaft diese als »Vorannahmen« zugrunde legt, folgt daraus, daß sie nicht ohne sie auskommt, d.h., daß sie ihre Unanfechtbarkeit bestätigt. Hier möchte ich heftig protestie-

ben. Für diese begriffliche Transformation hatten Newtons Ansichten eine zentrale Bedeutung. Der Begriff des absoluten Raums, der lange in der klassischen Physik verwendet wurde, rief wiederum ein theologisches Echo in Gestalt eines (für die damalige Zeit) neuen Verständnisses von Schöpfung und Ewigkeit hervor. Dieses Verständnis spukt noch heute in den Köpfen von Laien und durch viele theologische Arbeiten.

ren. Es ist wahr, daß die Wissenschaft bestimmte philosophische Vorannahmen benötigt (bleiben wir in Ermangelung eines besseren Wortes bei diesem Begriff), doch

– erstens betrachtet sie diese Vorannahmen nicht als »philosophische Dogmen«, sondern als Arbeitshypothesen, die im Verlauf der Entwicklung bestätigt, verworfen oder modifiziert werden können;

– zweitens schöpft die Wissenschaft ihre Vorannahmen aus keinem philosophischen System.

Letztere Behauptung bedarf der Erläuterung. Vor allem deutet bereits die bloße Tatsache, daß die Wissenschaft ihre Vorannahmen als Arbeitshypothesen versteht, darauf hin, daß sie diese aus keinem System schöpft, denn in philosophischen Systemen werden Behauptungen nur sehr selten als Arbeitshypothesen verstanden (und wenn das der Fall ist, betrifft es vor allem solche zweitrangiger oder geradezu marginaler Natur).

Natürlich entleihen viele Wissenschaftler, wenn sie über die Vorannahmen der Wissenschaft schreiben, diese aus einem ihnen bekannten System oder aus ihrer philosophischen Lektüre. Es geht mir jedoch nicht um die Genese wissenschaftlicher Vorannahmen, nicht darum, was einzelne Wissenschaftler annehmen oder nicht annehmen, sondern darum, welche Funktion die jeweiligen Annahmen in der Wissenschaft erfüllen, was »die Wissenschaft annimmt«. Wenn wir uns zu den Vorannahmen der Wissenschaft äußern wollen, müssen wir die von der Philosophie erarbeitete Sprache verwenden; wir sind auf diese Sprache angewiesen, denn sie gehört zum universellen kulturellen Erbe, und es wäre – es sei denn in Ausnahmesituationen, wenn eine ganz neue Problematik auftaucht – nicht zweckmäßig, eine künstliche Sprache zu schaffen, wenn die bekannte Sprache gut und effektiv ist. Ebendieser Umstand führt viele Philosophen in die Irre, die geneigt sind, eine Sprache mit einem System zu identifizieren.

Man kann nicht nur von den philosophischen Vorannahmen der Wissenschaft sprechen, sondern ebenso – in einem etwas weiteren Sinne – von ihrem »philosophischen Umfeld«. Die Wissenschaft fühlt sich wohl in der Atmosphäre bestimmter allgemeinerer Fragen, die sie inspirieren, provozieren oder zum Widerspruch nötigen. Selbst die zu gewissen Zeiten modischen programmatischen Aufrufe dazu, die Wissenschaft von ihrer philosophischen Patina zu befreien, sind Ausdruck einer bestimmten philosophischen Einstellung, ja mehr noch – indem sie Widerstand erregen, bringen sie oft neue philosophische Ideen hervor. Der Rückkopplungsprozeß zwischen dem Umfeld der Wissenschaft und der Wissenschaft selbst ist nicht weniger stark als im Fall der Vorannahmen, doch der verschwommenere Charakter des philosophischen Umfelds bewirkt, daß seine Rückkopplung mit der Wissenschaft auf eine Weise erfolgt, die schwerer faßbar und analysierbar ist.

Die genetische Abhängigkeit der Vorannahmen der Wissenschaft, oder deren philosophischen Umfelds, von der Philosophiegeschichte ist offensichtlich. Immer öfter jedoch kommt es vor, daß die Wissenschaft diese Vorannahmen, oder dieses Umfeld, infolge ihrer eigenen Leistungen modifiziert oder sogar verändert. Wie aber ist das zu verstehen? Denn »Wissenschaft« ist ein abstrakter Begriff; die Wissenschaft wird geschaffen von konkreten Menschen, die konkrete Forschungsprogramme realisieren: Wie spielt sich dieser Prozeß ab?

Er ist zweifellos komplex. Bestimmte philosophische Inhalte erscheinen sowohl auf der Etappe des Stellens und Lösens wissenschaftlicher Probleme als auch später, bei der Interpretation der Ergebnisse. Recht häufig dienen die vorgenommenen Interpretationen ihren Autoren als Anlaß für philosophische Verallgemeinerungen. Aus all dem entsteht das erwähnte »philosophische Umfeld«. Diese Bezeichnung ist gerade deswegen treffend, weil sie etwas verwaschen und unbestimmt bleibt. Diese Verwaschenheit und Unbestimmtheit wird dadurch verstärkt, daß Wissenschaftler sich über ihre philosophischen Gedanken gewöhnlich in populären Büchern äußern, die an ein breiteres Publikum gerichtet sind. Doch es gibt auch systematischere Studien aus dem Grenzgebiet von Wissenschaft und Philosophie. Zuweilen werden sie von berufsmäßigen Philosophen verfaßt, doch immer häufiger sind die Autoren hauptamtliche Naturwissenschaftler. Hier beobachte ich gewisse Gesetzmäßigkeiten. Die Philosophen legen eine Tendenz an den Tag, den »wissenschaftlichen Text«, d.h. die verbalen Formulierungen, mit denen Forschungsprozeduren oder deren Ergebnisse beschrieben werden, zu analysieren. Die Wissenschaftler gehen leichter über sprachliche Subtilitäten hinweg, fassen dafür aber den Problemgehalt direkter in Worte. Und die Probleme sind immer häufiger so schwierig, daß es eines jahrelangen Trainings bedarf, um recht zu verstehen, worum es geht. Das »philosophische Umfeld« der Wissenschaft entwickelt sich zusammen mit der Wissenschaft; einige seiner Elemente werden durch eine Art natürlicher Selektion eliminiert. Hier eröffnet sich ein Feld für sachliche philosophische Kritik. Es muß anerkennend bemerkt werden, daß diese Art von Kritik im Dialog zwischen Wissenschaftlern und professionellen Philosophen immer häufiger vorkommt.

Es handelt sich dabei keineswegs um Fragen von marginaler Bedeutung für die Philosophie. Im Umfeld der neuesten Bemühungen um eine Quantentheorie der Gravitation tauchen beispielsweise Fragen nach der Möglichkeit einer Existenz außerhalb von Raum und Zeit, nach der Natur von Kausalzusammenhängen und nach der Existenz von Individuen auf. Und Errungenschaften auf dem Gebiet der sogenannten Neurokognitionswissenschaften erzwingen geradezu die Revision bestimmter erkenntnistheoretischer Begriffe. Die Kenntnis der Funktionsmechanismen bestimmter Hirnregionen und der Tätigkeit des Wahrnehmungsapparats unserer Sinne ermöglicht es, zumindest einige Aspekte typisch erkenntnistheoretischer Probleme in experimentelle Fragestellungen zu übersetzen. Das »Kantische Problem« etwa – ob unsere Sinneswahrnehmung ein getreues Bild der Außenwelt liefert – hat heute eine rein wissenschaftliche (experimentelle) Komponente. Wir kennen unter anderem bereits die mathematischen Umformungen und ihre biofunktionellen Entsprechungen, denen ein Signal vom Auftreffen des Lichtstrahls auf die Netzhaut des Auges während seines ganzen Weges bis ins Hirnzentrum unterliegt. Das Bild, auf das wir blicken, wird von unserem Sinnessystem nicht einfach »widergespiegelt« oder »abgebildet«, sondern konstruiert, und zwar in einem sehr speziellen Sinne: Die Information, die uns aus der »Außenwelt« erreicht, wird vom Nervensystem verarbeitet; die »Kantischen Kategorien« haben die Gestalt mathematischer Transformationen, denen das elektrochemische Signal unterliegt, das durch die Nerven vom Auge zum Gehirn transportiert wird.

Im philosophischen Umfeld der Wissenschaft gibt es zwar einiges an Chaos und Meinungsverschiedenheiten, doch so war es schließlich immer in der Philosophie. Man muß auch bedenken, daß die Wissenschaft sich gegenwärtig in einer Phase stürmischer Entwicklung befindet und die Phase philosophischen Ordnens später kommt. Eines scheint sicher zu sein: Es ist nicht zu hoffen, daß ein philosophisches System ohne Hilfe der Wissenschaft die »wahre Philosophie« entdeckt, oder bereits entdeckt hat, und in ihrem Lichte imstande sein wird, wissenschaftliche Theorien angemessen zu bewerten und zu interpretieren. In Anbetracht des bekannten menschlichen Drangs, hastig nach voreiligen Synthesen zu streben, ist zu erwarten, daß diese Strategie immer von einigen Denkern propagiert werden wird, doch solche Apriori-Philosophien werden von der wissenschaftlichen Entwicklung einfach ignoriert werden.

4. Philosophische Vorannahmen der Theologie?

Die Theologie des westlichen Christentums ist mit einer bestimmten, genau definierten philosophischen Tradition eine sehr enge Verbindung eingegangen,[9] die so fest war, daß Theologie und Philosophie sich faktisch in derselben Geistesströmung entwickelten und sich dabei gegenseitig inspirierten und stimulierten. Bis vor kurzem konnte man sich kaum eine katholische Theologie vorstellen, die nicht – sowohl im Hinblick

9 Dies trifft auch auf das östliche Christentum zu, obwohl es sich in diesem Fall um eine andere philosophische Tradition handelt.

auf den Inhalt als auch auf die Darstellung – von Elementen der aristotelisch-thomistischen Philosophie mit starken Einschlägen der späteren scholastischen Tradition durchdrungen gewesen wäre. Nach dem 2. Vatikanischen Konzil nahmen die Versuche an Stärke zu, den Aristotelismus gegen andere philosophische Systeme (Phänomenologie, die Philosophie Whiteheads usw.) auszutauschen, ja sogar die Philosophie ganz aus der theologischen Forschung zu verdrängen und sie durch ein Nachdenken zu ersetzen, das sich an der Literatur oder an anderen Kulturbereichen orientiert. Auf letztere Tendenz hatte zweifellos die protestantische Theologie einen Einfluß, die von Beginn an, im Sinne des Schlagworts *sola scriptura*, ihre Trennung von der traditionellen Philosophie deklarierte. Alle Versuche dieser Art »verdünnen« lediglich die Anwesenheit der Philosophie in der Theologie, sind jedoch nicht imstande, sie völlig zu entfernen. Die grundlegendsten Begriffe der Religion (Gott, Person, Ewigkeit usw.) sind ihrem Wesen nach philosophische Begriffe, und zwar in so hohem Maße, daß jemand, der versuchen würde, die philosophischen Intuitionen, mit denen die diesen Begriffen entsprechende umgangssprachliche Terminologie verwoben ist, zu entfernen, ganz einfach auf diese Begriffe verzichten müßte. Doch man muß bedenken, daß eine Theologie, die programmatisch auf die Dienste der Philosophie verzichtet, sie ganz sicher unbewußt in Anspruch nimmt und damit die Kontrolle über sie verliert.

Hier wiederum stellt sich die Frage, welcher Philosophie sich die Theologie bedienen sollte. Ich werde nicht versuchen, diese Frage zu beantworten. Eine Antwort würde ohnehin nichts ändern. Reformen der Theologie (wie auch jeder anderen wissenschaftlichen Disziplin) lassen sich nicht per Dekret verordnen. Theologie kann man lediglich betreiben, indem man sich auf bestimmte Vorannahmen stützt, und dazu bedarf es wesentlich mehr als einer einzigen, skizzenhaften Studie. Ich möchte lediglich die Gelegenheit nutzen und – skizzenhaft wohlgemerkt – auf einen bestimmten Umstand hinweisen.

Wenn die Theologie sich nach wie vor mit den Wissenschaften in einer Rückkopplungsbeziehung befindet und wenn die Wissenschaften (heute mehr denn je) ihr philosophisches Umfeld umgestalten – sollte sich die Theologie dann nicht dieses »wissenschaftlich modifizierten« philosophischen Umfelds bedienen? Dieses Umfeld wäre sicherlich nicht imstande, allen »philosophischen Ansprüchen« der Theologie zu genügen, doch es könnte für sie eine hervorragende Dienstleistungsfunktion übernehmen, indem es ihr neue Entwicklungsimpulse gibt und einen intensiveren Kontakt mit der Gegenwart ermöglicht.

Der Theologe Wesley J. Wildman[10] meint, es entstehe gegenwärtig eine neue Disziplin, die er als »akademische Erforschung von Wissenschaft und Religion« bezeichnet; es handle sich dabei um eine Disziplin aus dem Grenzgebiet von Philosophie, Geschichtswissenschaft, Theologie und Naturwissenschaften, die sich mit der Analyse des Verhältnisses zwischen der Theologie und den Wissenschaften beschäftige. Diese Disziplin übt jedoch – seiner Ansicht nach – einen erstaunlich geringen Einfluß auf die Entwicklung der gegenwärtigen Theologie aus. Hoffen wir, daß sich diese Tatsache aus der Neuigkeit dieser Fachrichtung erklären läßt und daß sich die Situation in Zukunft ändern wird. Prozesse dieser Art sind langwierig und hängen nicht so sehr davon ab, daß die gegenwärtige Generation traditioneller Denker überzeugt wird, sondern eher davon, daß eine neue Generation erscheint, für die ehemals neue Thesen bereits zu Selbstverständlichkeiten geworden sind.

Wie soll die Theologie auf das neue philosophische Umfeld der Wissenschaft reagieren? Sicherlich in vielfältiger Weise, doch eine der wichtigsten Reaktionen besteht in der Notwendigkeit, einige religiöse Wahrheiten neu zu interpretieren, um sie dem modernen wissenschaftlichen Weltbild anzupas-

10 »The Quest for Harmony – An Interpretation of Contemporary Theology and Science«, in: *Religion and Science – History, Method, Dialogue*, hrsg. v. W. Mark Richardson u. Wesley J. Wildman, New York/London 1966, S. 41-60.

sen. Recht ausführlich äußert sich dazu Ian G. Barbour in seinem bekannten Artikel »Ways of Relating Science and Theology«. Seiner Ansicht nach findet eine solche Neuinterpretation dann statt,

> »wenn man traditionelle Lehren so umformuliert, daß sie wissenschaftliche Theorien berücksichtigen. Wissenschaft und Religion werden hier als verhältnismäßig unabhängige Quellen von Ideen betrachtet, die jedoch bestimmte Interessengebiete gemein haben. Insbesondere können wissenschaftliche Errungenschaften die Lehren von der Schöpfung, der Vorsehung, der menschlichen Natur und dergleichen beeinflussen. Der Theologe wird hauptsächlich aus generellen und allgemein anerkannten Feststellungen der Wissenschaft schöpfen und nicht das Risiko eingehen, sich an spezielle oder spekulative Theorien zu binden, die in Zukunft wahrscheinlich verworfen werden. Hier würde das Ziel eher in einer Naturtheologie bestehen, die in wesentlicherer Weise von der Wissenschaft abhinge. Doch wenn religiöse Glaubenssätze mit dem wissenschaftlichen Wissen in Einklang bleiben sollen, sind bestimmte Anpassungsmaßnahmen zu erwarten.«[11]

Die Verbindung der Theologie mit einem archaischen Weltbild kann sich nur dank der wissenschaftlichen Ignoranz sowohl vieler Theologen als auch der breiten Masse der Gläubigen so hartnäckig behaupten. Für wissenschaftlich engagierte Menschen ist die Belastung der Theologie, ja geradezu der Religion, mit nicht mehr aktuellen Weltbildern eine Quelle persönlicher Konflikte und ein Grund, sich von religiösen Überzeugungen abzuwenden. Auch im Hinblick auf die Seelsorge ist es daher notwendig, zumindest einige religiöse Wahrheiten gewissermaßen neu zu interpretieren – eine Aufgabe

---

11 Ian G. Barbour: »Ways of Relating Science and Theology«, in: *Physics, Philosophy and Theology: A Common Quest for Understanding*, hrsg. v. Robert J. Russell u. a., Vatican City 1988, S. 21-48, hier S. 40.

für Theologen, die in wissenschaftlichen Fragen gut bewandert sind.

Doch ein solcher Prozeß kann sich – wie bereits bemerkt – nicht mechanisch vollziehen. Es handelt sich um einen langfristigen Prozeß, dessen Hauptstrategie darin besteht, »in einem wissenschaftlichen Kontext religiös zu denken«. Dieser Prozeß hat bereits begonnen, und alles deutet darauf hin, daß er zwar langsam und reich an Umwegen, doch letztlich unumkehrbar sein wird.

Kapitel 2
Annahmen der Wissenschaft?

1. Das Problem der »Vorannahmen«

Wir haben im vorhergehenden Kapitel gesehen, daß die Theologen sich häufig auf »Vorannahmen der Wissenschaft« berufen. Es ist daher angebracht, nun etwas systematischer zu überlegen, ob die Wissenschaft solche Annahmen tatsächlich benötigt, sowie (falls ja) welche dies sind und welche Folgerungen sich aus deren Existenz und Natur für sie ergeben.

Theologen und Philosophen haben im allgemeinen keinerlei Zweifel daran, daß die Wissenschaft sich auf bestimmte Annahmen stützt oder – wie sie sagen – daß das bloße Faktum der Existenz von Wissenschaft die Annahme bestimmter Thesen philosophischen Charakters voraussetzt. Sehr häufig wird gesagt, es würden Dinge vorausgesetzt wie die Existenz der Welt, das Vorhandensein einer Ordnung in der Welt oder die Erkennbarkeit der Welt für das menschliche Denken. Langdon Gilkey etwa behauptet, die Wissenschaft müsse notwendigerweise annehmen, es existiere ein selbstbewußtes Subjekt,[1] und Roger Trigg vertritt die Meinung, notwendig sei die Annahme von der Kontingenz der Welt, was durch die empirische Methode bewiesen werde. Wäre die Welt notwendig (nichtkontingent), ließe sich ihre Natur aus apriorischen Argumenten herleiten; dagegen seien wir, um sie zu erkennen, gezwungen schlicht »hinzusehen«, wie sie ist.[2]

Die entgegengesetzte These vertraten mit großer Überzeugung die Anhänger verschiedener Spielarten von Szientismus und Positivismus. Ihnen zufolge sollte die Reduzierung wis-

---

1 Langdon Gilkey: *Nature, Reality, and Sacred*, Minneapolis 1993, S. 41f.
2 Roger Trigg: *Rationality and Science: Can Science Explain Everything?*, Oxford 1993.

senschaftlicher Theorien auf »nackte Erfahrungssätze« die Reinigung der Wissenschaft von allen »metaphysischen Fremdkörpern« bewirken. Und wenn man in der Wissenschaft Annahmen mache, dann seien diese entweder rein formaler oder rein psychologischer Natur. Das Beispiel eines Wissenschaftlers mit so dezidierten Meinungen war Arthur Papp. Er bekämpfte die Meinung, die Physik stütze sich auf bestimmte apriorische Grundlagen, die man als authentische Quellen wertvoller wissenschaftlicher Erkenntnis ansehen könne.[3]

Nachdem in der Wissenschaftsphilosophie viel erreicht worden ist, wäre es heute schwierig, die These zu verteidigen, daß die Wissenschaft auf keine Annahmen angewiesen ist und daß keine von diesen philosophischen Charakter hat. Man muß jedoch recht verstehen, was es bedeutet, daß die Wissenschaft Annahmen macht. Hier ergeben sich folgende Fragen: Sind alle Annahmen der Wissenschaft von derselben Art? Ist es nicht so, daß sich einige von ihnen auf die wissenschaftliche Methode beziehen, andere aber der Welt Merkmale zuschreiben, die sie erforschbar machen? Kann man von der Wissenschaft mehr verlangen als von axiomatischen Systemen? Bekanntlich spielen Axiome die Rolle hypothetischer Annahmen: *Wenn* wir bestimmte Axiome akzeptieren, *dann* müssen wir – den Regeln der Deduktion gehorchend – die Sätze akzeptieren, die aus ihnen folgen. Sind die Vorannahmen der Wissenschaft so geartet? Diese Fragen zu beantworten oder sie zumindest zu erhellen ist das Ziel des vorliegenden Kapitels.

2. *Existiert die Welt?*

Philosophen und Theologen behaupten sehr häufig, es sei eine stillschweigende Annahme der Wissenschaft, daß die Welt existiert. Diese Behauptung erscheint ihnen völlig natürlich, um nicht zu sagen: offensichtlich. Denn warum sollte man sich überhaupt an die Erforschung einer Sache machen, von

3 Arthur Papp: *Analytische Erkenntnistheorie*, Wien 1955.

der man glaubt, daß sie nicht existiert? Tatsächlich wird diese Überzeugung von der überwältigenden Mehrheit der Wissenschaftler geteilt. Mehr noch, sie drängt sich so spontan und mächtig auf, daß die meisten Angehörigen dieser Mehrheit gar nicht über sie nachdenken. Man muß jedoch deutlich unterscheiden zwischen der natürlichen, psychologischen Einstellung von Menschen und der Frage, ob die Wissenschaft als solche eine derartige Einstellung erfordert, ob sie tatsächlich eine Annahme der Wissenschaft darstellt.

Ein Satz muß dann als Vorannahme der Wissenschaft gelten, wenn die Wissenschaft nicht funktionieren könnte, ohne ihn zu akzeptieren. Es stellt sich also die Frage: Ist »Die Welt existiert!« ein solcher Satz? Und es ist gleich ersichtlich, daß das nicht der Fall ist. Denn es genügt, diesen Satz abzuschwächen zur Klausel: »Wenn die Welt existiert –«, um zu sehen, daß die Wissenschaft auch bei einer so abgeschwächten Annahme normal funktionieren kann. Wenn man sich auf eine solche Konvention einläßt, sind die Ergebnisse der Wissenschaft folgendermaßen zu interpretieren: Wenn die Welt existiert, ist sie in guter Näherung so, wie die Wissenschaft sie beschreibt. Daß eine solche methodologische Konvention unserer Intuition und dem gesunden Menschenverstand massiv zu widersprechen scheint, ist ein Problem für sich; und wenngleich man sowohl die Intuition als auch, wie ich meine, den gesunden Menschenverstand im Streit um die Existenz der Welt (kritisch!) berücksichtigen sollte, ist diese Debatte eine philosophische, keine wissenschaftliche. Die Überzeugung von der Existenz der Welt ist keine Annahme der Wissenschaft, sondern ein ernsthaftes philosophisches Problem. Angesichts dieses Problems bleibt die Wissenschaft neutral.

Genauer genommen fällt das Problem von der Existenz der Welt in die Kompetenz zweier philosophischer Disziplinen: der Ontologie und der Erkenntnistheorie. In diesem Problem sind ontologische Fragen (»Existiert die Welt?«) eng mit epistemologischen verknüpft (»Ist unsere Erkenntnis der Welt ein Beweis für deren Existenz?«). Die Wissenschaft ist eine hochorganisierte Form von Erkenntnis, und sowohl ihr Vorkommen als auch ihre Erfolge sind in erkenntnistheoretischen Analysen auszunutzen, doch der Inhalt ihrer Ergebnisse ist für diese Analysen nicht relevant.

Der Streit um die Existenz der Welt hat auch ein Gegenstück in der Wissenschaftsphilosophie. Seine ältere Form bestand in den Polemiken zwischen Realismus und Idealismus, z.B. des berkeleyschen oder kantischen Typs. Gegenwärtig spielt sich der Streit zwischen Realismus und Antirealismus ab. Der Antirealismus bestreitet nicht so sehr die Existenz der Welt, sondern eher die Möglichkeit, die Welt durch wissenschaftliche Errungenschaften zu erkennen. Zuweilen findet er Ausdruck in dem Schlagwort: »Die Naturgesetze lügen.« Während man sich zur Untermauerung dieser These früher auf erkenntnistheoretische Argumente (meist der klassischskeptischen Art) berief, führen ihre Anhänger heute soziologische Gründe an. Ihrer Meinung nach ist die Wissenschaft in einem solchen Maße ein gesellschaftliches Produkt, daß sie mehr (oder ausschließlich – je nach Radikalität) Auskunft gibt über die Gesellschaftsstruktur als über die Struktur der Welt.

Die Anhänger des realistischen Standpunkts sichern ihre Ansichten fast immer durch zahlreiche Einschränkungen ab, wie etwa: »Die Wissenschaft ermöglicht die Erkenntnis der Welt, aber ...« Dies erlaubt es ihnen, ihre Ansichten als kritischen Realismus zu bezeichnen. Verschiedene Autoren verstehen unter dieser Bezeichnung unterschiedliche Dinge. Im allgemeinen handelt es sich um diverse, aus den Ergebnissen der modernen Wissenschaftsphilosophie abgeleitete Einschränkungen im Hinblick auf die Exaktheit der Welterkenntnis. Die Ansicht, wonach wissenschaftliche Theorien eine getreue Erkenntnis der Welt ermöglichen (der sogenannte naive Realismus), wird heute von so gut wie niemandem mehr vertreten (zumindest von keinem bedeutenden Autor).

All diese Dispute gehören jedoch in den Bereich der Philosophie oder Wissenschaftsphilosophie. Die Ausübung von Wissenschaft wird weder durch die Tatsache tangiert, daß es solche Debatten gibt, noch durch deren Ergebnisse. Die Wissenschaft verdankt diese Unempfindlichkeit gegenüber dem

»Streit um die Existenz der Welt« der Möglichkeit, das Postulat von der Existenz ihres Forschungsobjekts als hypothetisch zu betrachten (»Wenn die Welt existiert, dann ...«).

Kurz, das Postulat von der Existenz der Welt ist keine Vorannahme der Wissenschaft, obwohl es eine natürliche und sich massiv aufdrängende »Vorannahme« der allermeisten Menschen darstellt, die Wissenschaft betreiben. Diese Überzeugung ist bei ihnen gewöhnlich so spontan, daß die Erfolge der Wissenschaft nur wenig zu ihrer Stärkung beitragen.

Theologen, die sich mit der Problematik »Wissenschaft und Theologie« befassen, sprechen sich fast immer für den kritischen Realismus aus. Dies läßt sich auf zweierlei Weise erklären: Erstens verliert der Theologe – und zwar gerade *als* Theologe – das Interesse daran, seine Behauptungen mit den Daten der Wissenschaft zu konfrontieren, wenn er nicht annimmt, daß die wissenschaftlichen Theorien, zumindest in einem gewissen Maße, »von der Welt reden«. Denn es ist kein Grund zu sehen, warum der Theologe sich um die Übereinstimmung seiner Ansichten mit etwas sorgen sollte, das z.B. nur ein Produkt gesellschaftlicher Bedingungen ist (eine solche Sorge könnte höchstens mit einer bestimmten Technik der Menschenbeeinflussung im Zusammenhang stehen). Zweitens scheint die Doktrin von der Erschaffung der Welt durch Gott einen Realismus nahezulegen. Im Lichte dieser Lehre läßt sich die wissenschaftliche Arbeit als Versuch verstehen, die Information zu entziffern, die Gott beim Schöpfungsakt in verschlüsselter Form in die Welt hineingelegt hat. Und eine solche Ansicht setzt ein realistisches Verständnis wissenschaftlicher Theorien voraus.

Der Standpunkt des kritischen Realismus erscheint also als natürliche philosophische Option beim Herangehen an die Problematik »Wissenschaft und Theologie«. Man muß jedoch die Frage stellen, ob dieser Standpunkt eine notwendige Bedingung für derartige Analysen darstellt. Mir scheint, es wäre keine Schwierigkeit zu zeigen, daß es sich nicht so verhält. Schließlich hat Bischof Berkeley seine idealistische Philosophie gerade als eine Art Apologie formuliert, deren Absicht darin bestand, die materialistischen Einflüsse der Newtonschen Physik zu neutralisieren.

Im Prinzip gelten dieselben Bemerkungen ebenso für die »Vorannahme« von der Existenz eines »selbstbewußten Subjekts« (Gilkey). Ein selbstbewußtes Subjekt ist Teil der Welt, und wenn es der Wissenschaft ausreicht, die Existenz der Welt bloß hypothetisch vorauszusetzen, dann trifft das ebenso auf die Existenz des Subjekts zu. Auch ein extremer Idealist oder Solipsist kann erfolgreich Wissenschaft betreiben, wenn es ihm nur Freude bereitet.

Ich bitte den Leser, die obigen Analysen nicht mißzuverstehen. Ich wende mich weder gegen den kritischen Realismus noch gegen die Behauptung, es existiere ein selbstbewußtes Subjekt. Ganz im Gegenteil, ich bin selbst ein Anhänger beider Ansichten. Ich behaupte lediglich, daß es sich bei ihnen nicht um notwendige Vorannahmen der Wissenschaft handelt. Wenn wir sie akzeptieren, sprechen wir uns damit für eine bestimmte Philosophie aus. Mehr noch, die Motive dafür, uns diese und keine andere Philosophie zu eigen zu machen, können, ja sollten wir aus der Erfahrung unserer wissenschaftlichen Arbeit schöpfen. Dies ändert jedoch nicht das geringste an der Tatsache, daß es sich lediglich um eine bestimmte philosophische Option handelt – die richtige Option, denke ich, wenn man sich an die Erforschung von Fragen aus dem Grenzgebiet von Wissenschaft und Theologie macht. Sie sorgt gleich am Ausgangspunkt für eine gewisse Brücke zwischen Wissenschaft und Theologie: Beide Disziplinen beziehen sich auf die Wirklichkeit, wenn diese auch aus unterschiedlichen Perspektiven betrachtet wird.

Mit dem Problem von der Existenz der Welt ist noch eine andere Frage verbunden: die Frage nach der fehlenden Notwendigkeit ihrer Existenz, d.h. die Frage ihrer Kontingenz. Einige Autoren[4] sind der Ansicht, daß die empirische Methode die Kontingenz der Welt voraussetzt. Denn wenn wir Informationen über die Welt auf experimentellem Wege gewin-

4 Zum Beispiel Roger Trigg: *Rationality and Science* (wie Anm. 2).

nen müssen, bedeutet dies, daß wir nicht imstande sind, sie durch irgendwelche apriorischen Methoden zu erlangen. Das aber wäre möglich, wenn die Welt mit Notwendigkeit so und nicht anders wäre.

Vor allem muß die Daseinskontingenz – ob die Welt mit Notwendigkeit existiert (könnte sie nicht existieren?) – von der Strukturkontingenz[5] – ob die Welt mit Notwendigkeit diese und keine andere Struktur besitzt – unterschieden werden. Die empirische Methode könnte möglicherweise einen Hinweis zur Frage der Strukturkontingenz geben, doch es läßt sich leicht zeigen, daß sie auch in dieser Angelegenheit neutral ist. Denn nehmen wir an, die Welt hätte mit Notwendigkeit eine bestimmte Struktur, nur wären wir, trotz Anwendung aller uns zur Verfügung stehenden Erkenntnismittel, nicht in der Lage, dies zu bemerken (z.B. weil die Struktur der Welt zu kompliziert für uns ist). Auch dann wäre die empirische Methode die einzig verfügbare Methode zur Erforschung der Welt. Es kann nicht ausgeschlossen werden, daß wir uns in genau dieser Lage befinden.

3. *Die Erkennbarkeit der Welt und der Rationalismus*

Wenn die Wissenschaft die Welt erforscht, und zwar mit Erfolg, dann bedeutet dies, daß die Welt sich erforschen läßt. Mit anderen Worten, die Erforschbarkeit (oder vielleicht schöner: die Erkennbarkeit) der Welt ist eine Grundannahme der Wissenschaft. Richtig, aber wieder nur im hypothetischen Sinne. Nehmen wir an, wir machen uns zum erstenmal an die Erforschung der Welt. Wir wollen erkennen, wie sie beschaffen ist. Wir wissen nicht, ob das erreichbar ist oder nicht, doch wir nehmen mutig an, daß die Möglichkeit besteht, und machen uns ans Werk. Wir kommen zu ersten Ergebnissen, unsere Ausgangsannahme wird bekräftigt, wir werden selbstbewußter, arbeiten weiter ... Im Maße immer größerer Erfolge

5 Früher sprach man von Wesenskontingenz.

wird unsere Überzeugung immer stärker. Wir hatten recht – die Welt ist erkennbar.

Die Erkennbarkeit der Welt ist somit eine hypothetische Annahme der Wissenschaft – eine Annahme, der wir im Maße des Fortschritts und der wachsenden Menge wissenschaftlicher Errungenschaften immer größere Gewißheit zuschreiben. Fragezeichen bleiben jedoch bestehen: Sind wir imstande, die ganze Wirklichkeit zu erkennen? Vielleicht stellt »unsere Welt« nur eine kleine Insel im Meer des Unerkennbaren dar?

Einige Denker haben, inspiriert von der christlichen Schöpfungslehre, nachdrücklich betont, diese lege die Annahme nahe, daß die gesamte Wirklichkeit dem menschlichen Verstand »zugänglich« ist. Georges Lemaître, einer der Mitschöpfer der Kosmologie des 20. Jahrhunderts, behauptete sogar, das Weltall sollte räumlich abgeschlossen und zeitlich begrenzt sein, denn andernfalls wäre es dem menschlichen Forschen nicht zur Gänze zugänglich. Es scheint allerdings nicht, als ob diese Auffassung mehr als den persönlichen Standpunkt Lemaîtres ausdrückt.[6] Genausogut könnte man behaupten, Gottes Transzendenz lege nahe, daß Sein Werk die menschlichen Erkenntnismöglichkeiten übersteigen sollte.

Die Erkennbarkeit der Welt ist in offensichtlicher Weise mit dem Realismus verbunden. Der Realismus legt die Erkennbarkeit sehr nahe. Denn wenn jemand Realist ist, ist er automatisch geneigt anzunehmen, daß die Erkenntnis uns, zumindest bis zu einem gewissen Grade, Informationen über die wirkliche Welt liefert. In philosophischen Diskussionen jedoch werden die Fragen des Realismus und der Erkennbarkeit gewöhnlich getrennt behandelt, schon allein aus dem Grunde, daß die erstere einen deutlichen ontologischen, die zweite dagegen einen erkenntnistheoretischen Aspekt aufweist.

Das eigentümlich Geheimnisvolle an der Erkennbarkeit der

6 Lemaître hat diesen Gedanken viele Male wiederholt; am umfassendsten hat er ihm Ausdruck verliehen im postum erschienen Vortrag: »L'univers, problème accessible à la science humaine«, in: *Revue d'Histoire des Sciences* 31 (1978), S. 345-356.

Welt hat Albert Einstein betont. Häufig wird folgende Aussage von ihm angeführt:

»Die Tatsache selbst, daß die Gesamtheit unserer Sinneserfahrung sich mit Hilfe des Denkens [...] ordnen läßt, diese Tatsache erfüllt uns mit Ehrfurcht, doch wir werden sie nie verstehen. Man kann sagen: ›Das ewige Rätsel der Welt ist ihre Verstehbarkeit.‹«[7]

Einsteins Verwunderung über die Erkennbarkeit der Welt ist völlig berechtigt, doch im Sinne eines gesunden Kritizismus sollte man sie mit der Einschränkung versehen, daß es nicht von vornherein ausgeschlossen ist, daß diese Erkennbarkeit nicht absolut ist. Die Welt mag für den menschlichen Geist nur in bestimmter Hinsicht erkennbar sein. Doch selbst eine »eingeschränkte Erkennbarkeit« der Welt ist in höchstem Maße verwunderlich.

Die Verwunderung über die Erkennbarkeit der Welt kann ein wertvolles »Datum« für den Theologen darstellen. Bei dem Versuch, sie zu verstehen, vermag er einen Schritt weiter zu gehen als sein Kollege, der »philosophierende Wissenschaftler«. Gottes Schöpfungsakt ist ein rationaler Akt, die Welt ist die Verwirklichung von Gottes Plan. Die wissenschaftliche Forschung stellt einen Versuch dar, diesen Plan zu entschlüsseln. Die Erfolge der Wissenschaft sind ein Beweis dafür, daß dies gelingt; wenn auch vielleicht nur teilweise. Es gibt von vornherein keine Garantie, daß der göttliche Plan sich vollständig ausschöpfen läßt. Der Theologe wird eher dazu neigen anzunehmen, daß die Erkennbarkeit der Welt Teil einer Größeren Rationalität ist. Unerkennbarkeit muß nicht auf Absurdität hindeuten; sie kann ein Mysterium sein.

7 Albert Einstein: »Physics and Reality«, in: ders.: *Ideas and Opinions*, New York 1954, S. 292.

4. Die Ordnungsannahme

In einem Buch von Mariano Artigas, das als eine Art Handbuch zur Thematik *science and religion* gedacht ist, beginnt das den Annahmen der Wissenschaft gewidmete Kapitel mit folgender Behauptung:

> »Der Glaube an eine verborgene natürliche Ordnung [*underlying natural order*] und an die menschliche Fähigkeit, sie zu erkennen, haben zur Entwicklung der modernen empirischen Wissenschaften beigetragen und unterstützen diesen Fortschritt nach wie vor. Insofern dieser Glaube dazu beigetragen hat, bestimmte wissenschaftliche Errungenschaften zu ermöglichen und diesen vorausgegangen ist, kann man ihn als echte Voraussetzung [*presupposition*] der Wissenschaft betrachten.«[8]

Diese Behauptung ist recht typisch. Viele Philosophen und Theologen sind tatsächlich der Meinung, die Annahme einer Ordnung in der Welt stelle eine unerläßliche Bedingung für das Betreiben von Wissenschaft dar. Diese Überzeugung ist aus der Intuition geboren, daß man nichts erforschen könnte, wenn es keine Ordnung in der Welt gäbe. Denn die Wissenschaft »fische« die unter dem Reichtum der Phänomene verborgene Ordnung heraus; die Naturgesetze seien schließlich nichts anderes als Regeln zum Ordnen der Welt.

Es ist zweifellos wahr, daß die Welt nach dem Bild, das die Wissenschaft von ihr konstruiert, uns als geordnet erscheint; dennoch stellt sich die Frage: Ist das eine *Vorannahme* der Wissenschaft oder das *Ergebnis* durchgeführter Forschungen?

Gewöhnlich wird stillschweigend angenommen, die Ordnung sei unter der Oberfläche von Phänomenen verborgen (*underlying order*), die ganz und gar nicht geordnet erscheinen müssen. Möglich ist jedoch die umgekehrte Situation: Die Ordnung findet sich in einer verhältnismäßig äußerlichen

8 Mariano Artigas: *The Mind of the Universe – Understanding Science and Religion*, Philadelphia/London 2000, S. 27.

Schicht der Welt, während das Fundamentalniveau völlig chaotisch und ungeordnet ist. In der Wissenschaft gibt es heute zwei Konzeptionen, die man als Verwirklichungen dieser Philosophie ansehen kann.

Einer dieser Konzeptionen zufolge ist das Fundamentalniveau mit der tiefsten Weltschicht gleichzusetzen. Diese wird als Planck-Niveau bezeichnet; ihre charakteristische Größenordnung beträgt etwa 10^{-33} cm. Auf diesem Niveau herrsche ein völliges Chaos, alle möglichen Gesetzmäßigkeiten seien gleich wahrscheinlich (d.h. faktisch gebe es keine Gesetzmäßigkeiten). Indem man zu höheren Niveaus übergehe – d.h. zu solchen mit charakteristischen Größenordnungen, die wesentlich über denen des Planck-Niveaus liegen –, schäle sich aus dem ursprünglichen Chaos allmählich eine Ordnung heraus, was infolge bestimmter Mittelungsprozesse geschehe, die gemäß den Gesetzen der Statistik und Wahrscheinlichkeit abliefen.[9]

Nach der zweiten Konzeption ist das Universum, in dem wir leben, eines aus einer unbegrenzten Anzahl unterschiedlicher existenter Universen. Die einen Universen entstünden aus anderen, und jede derartige Entstehung führe nach dem Zufallsprinzip zu etwas anderen Anfangsbedingungen, etwas unterschiedlichen Werten physikalischer Konstanten, ja sogar leicht modifizierten physikalischen Gesetzen. In der Menge aller Universen herrsche demnach eine völlige Beliebigkeit, d.h. ein völliges Chaos. Natürlich befänden sich in dieser Menge auch geordnete Welten (mit einer entsprechenden Kombination von Anfangsbedingungen und physikalischen Konstanten). Darüber hinaus bewirke eine von den Gesetzen der Wahrscheinlichkeitsrechnung und Statistik angetriebene Selektion, daß es im Laufe der Zeit immer mehr geordnete Welten gebe, daß sie mithin »immer wahrscheinlicher« würden (d.h., daß die Chance für die zufällige Wahl eines solchen Universums immer größer wird). Genau in einem solchen Universum exi-

9 Darüber schreiben z.B. John D. Barrow und Frank J. Tipler: *The Anthropic Cosmological Principle*, Oxford 1986, S. 256.

stierten wir, denn in einem anderen hätten wir nicht entstehen können. Eine solche Konzeption ist von Andrej Linde[10] vorschlagen und von Lee Smolin[11] ausgearbeitet und popularisiert worden.

Man muß einräumen, daß sich keine der beiden Konzeptionen unter Spezialisten eines besonderen Ansehens erfreut. Die erste hat zu keinerlei spektakulären Erfolgen geführt; die zweite ist eher eine philosophische Vision als eine solide wissenschaftliche Theorie (und verletzt noch dazu auf drastische Weise den als »Ockhams Rasiermesser« bekannten Grundsatz der Sparsamkeit im Denken). Beide Konzeptionen zeigen jedoch, daß Wissenschaft selbst dann möglich ist, wenn auf einer fundamentalen Ebene – sei es das Planck-Niveau oder die Familie aller Universen – ein völliger Mangel an Ordnung herrscht. Die Annahme einer Ordnung in der Welt gehört mithin nicht zu den Voraussetzungen der Wissenschaft: Selbst wenn wir in der Welt eine gewisse Ordnung entdecken, könnte es sich dabei lediglich um das Ergebnis rein statistischer Prozesse handeln, die sich in einem völlig chaotischen Milieu abspielen.

Wenigstens ist eine solche Folgerung unvermeidlich, wenn man Geordnetheit mehr oder weniger intuitiv als Einschränkung der Gesamtmöglichkeiten versteht. Man kann jedoch Geordnetheit auch als Bestimmtheit durch mathematische Strukturen auffassen, oder genauer: als Möglichkeit, durch mathematische Strukturen abgebildet zu werden. Beide vorgestellten Konzeptionen erklären diese Möglichkeit nicht, sondern setzen sie voraus. Man beachte, daß sich gemäß der ersten Konzeption die Ordnung aus dem anfänglichen Chaos kraft der Gesetze der Statistik und Wahrscheinlichkeitsrechnung herausbildet. Der zweiten zufolge wirken diese Gesetze in der Menge aller Universen, indem sie eine Art Selektion der

10 Vgl. Andrej Linde: »Inflation and Quantum Cosmology«, in: *300 Years of Gravitation*, hrsg. v. Stephen W. Hawking u. Werner Israel, Cambridge 1987, S. 604-630.
11 Vgl. Lee Smolin: *The Life of the Cosmos*, London 1997.

geordneteren unter ihnen bewirken. Die Wahrscheinlichkeitsrechnung (mitsamt der Statistik) wird von beiden Konzeptionen vorausgesetzt. Es scheint, daß die Wissenschaft tatsächlich »nicht von der Stelle käme«, wenn sie die Gesetze der Wahrscheinlichkeitsrechnung nicht als gegeben annähme. Die Wahrscheinlichkeitsrechnung aber ist eine sehr solide (und sehr schöne) mathematische Struktur. In ihrer eleganten Fassung stellt sie einen Spezialfall der mathematischen Maßtheorie dar.

Es scheint also, daß eine gewisse Mathematizität der Welt, zumindest im probabilistischen Sinne, tatsächlich zu den Vorannahmen der Wissenschaft (der Physik) gehört. Dies ist ein bestimmtes Minimum, das man am Ausgangspunkt voraussetzen muß. Natürlich bringt die Wissenschaft im Maße ihrer Erfolge die in der Welt herrschende Ordnung in den uns gegenwärtig zugänglichen Schichten zutage. So war es zumindest in der bisherigen Wissenschaftsgeschichte. Im Maße der weiteren wissenschaftlichen Erfolge wurde diese Überzeugung stärker und ist heutzutage sehr ausgeprägt. Wird es auch in Zukunft so sein, besonders wenn wir das Fundamentalniveau erreichen? Das wird sich erst dann herausstellen, wenn uns dieses Niveau zugänglich wird.

5. *Die Annahme des methodologischen Positivismus*

Es gibt noch eine Vorannahme der Wissenschaft. Sie ist so offensichtlich, daß Wissenschaftler und Methodologen sie selten erwähnen und Theologen – vielleicht durch dieses Schweigen verführt – sie selten zum Objekt ihres Nachdenkens machen. Zuweilen wird sie als Annahme des *methodologischen Positivismus* bezeichnet. Der Positivismus in seinen verschiedenen Varianten hat es bekanntlich dezidiert abgelehnt, irgendwelche Phänomene durch die Berufung auf »übernatürliche Ursachen« zu erklären, denn der Begriff der »übernatürlichen Ursache« ist – seinen Annahmen gemäß – sinnlos. Als implizite Folgerung läßt sich noch hinzufügen: daher gibt es keine solche Ursache. Die im letzten Satz ausgedrückte Auffassung verdient die Bezeichnung *ontologischer Positivismus*. Die Wissenschaften sind keine Philosophie und nehmen nichts derartiges an. Sie treffen eine andere Annahme, und zwar, daß die Erforschung der Welt so zu erfolgen hat, daß die Erklärungskette niemals die Welt verläßt, d.h. so, *als ob* die Annahme des ontologischen Positivismus wahr wäre. Ebendies wird als die Annahme des methodologischen Positivismus bezeichnet.

Die Annahme des methodologischen Positivismus läßt sich in Form eines Schlagworts formulieren: »Die Welt durch die Welt selbst erklären.« In der Wissenschaft darf man nie darauf verzichten, ein »materielles Phänomen« mit Hilfe eines anderen »materiellen Phänomens« zu erklären. Der Verzicht auf eine solche Erklärung und die Berufung auf eine Erklärung, die »über die materielle Welt hinausgeht«, würden bedeuten, den weiteren wissenschaftlichen Fortschritt zu blockieren und somit der wissenschaftlichen Methode untreu zu werden. Die Annahme des methodologischen Positivismus ist einfach ein Teil der wissenschaftlichen Methode. In seinen Spekulationen über Probleme der modernen Kosmologie hat Lee Smolin diese Annahme in die Definition des Universums eingebaut. Nach ihm sei das Universum ein »geschlossenes System, das all das in sich enthält, womit jedes seiner Teile in Wechselwirkung treten kann«. Diese Definition schließt aus, daß irgend etwas außerhalb des Universums befindliches eine Erklärungsfunktion im Hinblick auf das Universum oder eines seiner Teile übernehmen könnte.[12]

Doch handelt es sich dabei um eine *methodologische* Annahme, die also nichts über die Existenz oder Nichtexistenz irgendwelcher »übernatürlicher Ursachen« aussagt. Sie gebietet lediglich, wissenschaftliche Forschungen so zu betreiben, daß man sich nie auf solche Ursachen beruft.

Diese Annahme habe ich einmal als *Annahme des A-theismus*

12 Lee Smolin: »The Present Moment in Quantum Cosmology: Challenges to the Arguments for the Elimination of Time«, siehe <http://philsci-archive.pitt.edu/archive/00000153/>.

bezeichnet. Nicht »Atheismus«, sondern »A-theismus« – der Bindestrich ist hier entscheidend. Er weist darauf hin, daß die wissenschaftliche Methode nicht die Annahme gebietet, Gott existiere nicht, sondern verlangt, in der wissenschaftlichen Forschung die methodologische Neutralität gegenüber dem Problem Seiner Existenz oder Nichtexistenz zu wahren.

Diese Annahme außer acht zu lassen führt zu einem Fehler, der häufig mit dem diskreditierenden Schlagwort »Lückenbüßergott« (*God of the gaps*) charakterisiert wird – ursprünglich eine Bezeichnung für die von den Anhängern der sogenannten Physikotheologie im 17. und 18. Jahrhundert angewendete Strategie. Bei der Physikotheologie handelte es sich gewissermaßen um eine Interpretation der Newtonschen Physik, die darauf beruhte, die damaligen Lücken in den wissenschaftlichen Theorien durch Berufung auf die Schöpfertätigkeit Gottes auszufüllen. Newton selbst etwa erklärte die Stabilität des Planetensystems durch »Korrekturen«, die der Schöpfer von Zeit zu Zeit vornehmen müsse, um die Folgen von allerlei Perturbationen zu neutralisieren. Diese Strategie gilt nicht nur deswegen als diskreditiert, weil der wissenschaftliche Fortschritt später Gott allzu leicht aus dem Weltbild entfernt, sondern vor allem deswegen, weil er Gott auf die Rolle einer wissenschaftlichen Hypothese reduziert, noch dazu einer Hypothese von sehr zweifelhafter Güte. In klarer Gestalt kommt dieser Fehler heute nur noch in theologischer Literatur von marginaler Bedeutung vor, doch in verschleierter Form kann man ihn weiterhin sogar in ernstzunehmenden Werken antreffen.

Eine gewisse Sicherheit vor Fehlern in der Art des »Lückenbüßergottes« bietet die – von allen bedeutenden Richtungen der Theologie vertretene – theologische Doktrin von der *Autonomie der Wissenschaft*, in der es darum geht, daß das Betreiben von Wissenschaft frei sein soll von ideologischer Bevormundung seitens der Theologie oder Philosophie (oder irgendeiner anderen außerwissenschaftlichen Lehre). Dies hat Auswirkungen auf die ethischen und ökologischen Aspekte der wissenschaftlichen Forschung. Zwar läßt sich die Sachkenntnis in diesen Bereichen nur schwer von theologischen und philosophischen Interpretationen der Wissenschaft und ihrer Errungenschaften trennen, doch dadurch wird die Doktrin von der Autonomie der Wissenschaft nicht in Frage gestellt, sondern lediglich das Problem aufgeworfen, wie sie in der Praxis zu realisieren ist.

6. *Warum interessiert sich der Theologe für die Vorannahmen der Wissenschaft?*

Einer der häufigsten Fehler allzu eifriger Theologen besteht darin, sich an wissenschaftliche Modelle zu binden, die in der jeweiligen Saison gerade in Mode sind (z.B. an ein bestimmtes Modell des Urknalls oder eine spezifische Interpretation der Quantenmechanik). Doch in der Wissenschaft ändern sich nicht nur die Moden recht schnell, selbst wohlfundierte Theorien können weitreichenden Veränderungen unterliegen, was für überhastete theologische Spekulationen die Gefahr der Kompromittierung mit sich bringt. Daher die richtige Tendenz subtilerer Theologen, ihre Analysen auf den beständigsten Elementen der Wissenschaft aufzubauen. Was aber könnte beständiger sein als die Vorannahmen, auf denen alles andere aufbaut?

Um diese Methode in verantwortlicher Form handhaben zu können, muß man jedoch vor allem eine genaue Unterscheidung treffen bezüglich dessen, was eine Annahme der Wissenschaft ist und was nicht. Wie ich mich in diesem Kapitel zu zeigen bemüht habe, sind weder die Existenz der Welt noch der kritische Realismus noch die Kontingenz der Welt solche Annahmen (verstanden im absoluten Sinne, siehe unten). Es sind – wie wir gesehen haben – häufige Annahmen von Wissenschaftlern, doch keine Annahmen der Wissenschaft. Der Theologe darf sich natürlich in seinen Analysen auf diese Annahmen berufen, doch er muß sich der Tatsache vollkommen bewußt sein, daß sie eine bestimmte philosophische Interpretation der Wissenschaft darstellen, und zwar nicht die einzig mögliche Interpretation. Der Theologe darf daher keine These auf deren Korrektheit gründen, indem er behauptet, sie würden »von der Wissenschaft vorausgesetzt«. Er muß Argumente für ihre Richtigkeit woanders suchen.

Einige dieser Annahmen der Wissenschaft haben quasi-absoluten Charakter in dem Sinne, daß sie mit dem Wesen der wissenschaftlichen Methode zusammenhängen und nur verworfen werden können, wenn auch diese verworfen wird. Zu diesem Typ von Annahmen gehört die Annahme des methodologischen Positivismus, die es verbietet, zu »übernatürlichen Erklärungen« Zuflucht zu nehmen. Diese Annahme hat den Charakter eines Postulats, einer Verhaltensdirektive, und ist als solche »nicht steigerungsfähig«, sie wird nicht im Maße des wissenschaftlichen Fortschritts und seiner Errungenschaften stärker. Was sich im Maße des Fortschritts verstärkt, kann nur die psychologische Überzeugung sein, daß alle außerwissenschaftlichen Erklärungen tatsächlich (und nicht nur methodologisch) überflüssig sind. Doch eine solche Überzeugung ist bereits keine Annahme der Wissenschaft mehr, sondern eine Art Ontologie.

Annahmen, die nicht direkt die Methode betreffen, sondern der Welt bestimmte Eigenschaften zuschreiben, dank deren sie erforschbar ist, z.B. Erkennbarkeit, Mathematizität oder Geordnetheit, haben einen anderen Charakter. Wie wir gesehen haben, sind sie hypothetisch, d.h., man nimmt diese Eigenschaften als Arbeitshypothesen an und verifiziert oder modifiziert sie (wenn nötig) im Maße der erreichten Erfolge. Die Erfolge der empirischen Wissenschaften in den letzten Jahrhunderten sind so überwältigend, daß die Glaubwürdigkeit aller drei eben genannten Annahmen zur »annähernden Gewißheit« wird, was jedoch nicht das geringste an der Tatsache ändert, daß sie für die Wissenschaft keine »metaphysische Gewißheit« erlangen, sondern lediglich hypothetisch vorausgesetzt werden – wenn man auch zugeben muß, daß diese Hypothesen außerordentlich fruchtbar sind.

Es ist jedoch darauf hinzuweisen, daß die Entwicklung der Wissenschaft derartige Annahmen nicht unbedingt immer bestätigen und ihre Glaubwürdigkeit untermauern muß; sie kann ebensogut zu einer kritischeren Bewertung beitragen. Wie wir sahen, war das im Hinblick auf die Auffassung von der Geordnetheit der Welt der Fall. Neue Konzeptionen in der theoretischen Physik und der Kosmologie machten auf eine bis dahin übergangene Möglichkeit aufmerksam: nämlich darauf, daß die physikalische Wirklichkeit auf ihrem fundamentalsten Niveau oder auch auf dem Niveau der »Menge der Universen« ganz und gar nicht geordnet zu sein braucht. Die makroskopische Ordnung kann die Folge von Mitteilungen oder von Selektionseffekten sein.

Beim theologischen oder philosophischen Nachdenken über die Wissenschaften darf man sich nicht darauf beschränken, nur über Methoden oder Annahmen zu reflektieren. Um die Methode der Wissenschaft angemessen verstehen und kritisch einschätzen zu können, muß man immer wieder auch auf wissenschaftliche Inhalte eingehen. Die Daseinsberechtigung einer Methode oder bestimmter Annahmen ergibt sich daraus, was sich mit ihrer Hilfe erreichen läßt. Die ganze Wissenschaft ist ein *locus theologicus*,[13] nicht nur ihre Methode oder ihre Annahmen.

---

13 Vgl. *Obrazy świata w teologii i naukach przyrodniczych* [Weltbilder in der Theologie und den Naturwissenschaften], hrsg. v. Michał Heller, Stanisław Budzik u. Stanisław Wszołek, Tarnów 1996, S. 253-259.

Kapitel 3
Gibt es eine christliche Philosophie?

1. Der Streit um die christliche Philosophie

Jede Weltanschauung bedarf einer Philosophie. Mehr noch, jede Weltanschauung ist eine Philosophie. In diesem Sinne kann auch das christliche Denken sich nicht von der Bindung an die Philosophie »befreien«. Seinerzeit wurde in Frankreich ein recht lebhafter Streit über die Frage ausgetragen »Gibt es eine christliche Philosophie?«. Echos dieses Streits drangen bis nach Polen. Es überwog die Meinung, daß die Philosophie nicht von bestimmter Art, sondern einfach gut sein solle. Wie es kein »christliches Radfahren« gebe, so gebe es auch keine christliche Philosophie. Wenn man Philosophie als akademische Disziplin versteht, deren Ziel – im Einklang mit einer bestimmten Philosophiephilosophie – darin besteht, nach der Wahrheit zu streben (oder sich ihr wenigstens anzunähern), dann neige ich zu der Auffassung, daß es eine christliche Philosophie weder gibt noch geben muß. Doch das Christentum ist, als eine Weltanschauung, auch eine Philosophie, und wenn die Entscheidung für das Christentum kein Akt irrationalen Glaubens sein soll, dann muß sie sich auf vernünftige Argumente berufen, muß sich also auf die eine oder andere Philosophie beziehen. Darüber hinaus muß die christliche Theologie – wie im übrigen die Theologie jeder anderen Religion auch – kritische Verstandesmittel einsetzen, und sei es auch nur, um ihre Behauptungen in logischer Weise zu ordnen und Folgerungen aus ihnen zu ziehen. Gewöhnlich versteht man unter christlicher Philosophie jedoch wesentlich mehr, nämlich ein bestimmtes philosophisches System, das nicht nur den Begriffsrahmen für die Theologie schafft, sondern auch zur weitreichenden Interpretation ihrer Thesen dient. Ist eine christliche Philosophie in diesem Sinne notwendig? Wie ist hier zu urteilen?

Der erste Gedanke, der sich aufdrängt, ist die Beobachtung, daß man heute kein philosophisches System errichten kann (im Sinne der traditionellen philosophischen Systeme wie z.B. des Thomismus; wenn man früher an eine Philosophie für das Christentum dachte, dachte man unbewußt an den Thomismus). Das Wissen über die Welt und den Menschen ist gegenwärtig zu ausgedehnt, zu spezialisiert und fachspezifisch sowie auf zu viele Einzeldisziplinen verstreut, als daß man in schlüssiger Weise etwas aus ihm extrahieren könnte, das in der Lage wäre, als Rohmaterial für ein System zu dienen. Doch der Aufbau eines philosophischen Systems außerhalb der wissenschaftlichen Errungenschaften oder neben ihnen wäre heute ein Anachronismus. Die Errungenschaften der Logik, der Metamathematik, der Sprachphilosophie und vieler anderer Fächer haben allzu deutlich das Unzureichende der Systemidee selbst aufgezeigt, als daß man diese Idee in verantwortlicher Weise wieder zum Leben erwecken könnte. Es bleibt also übrig, Philosophie zu betreiben, indem man solche Einzelfragen stellt, erhellt und nach Möglichkeit löst, die man traditionsgemäß für »philosophisch interessant« hält.

Doch läßt sich daraus eine christliche Philosophie formen? Denn trotz allem benötigt das Christentum *irgendeine* Art von Philosophie. Wenn die Theologie ein *rationales* Nachdenken über den Inhalt religiöser Überzeugungen sein soll, dann muß sich dieses Nachdenken auf etwas stützen. Diese Folgerung ergibt sich auch aus der Geschichte.

2. Lehren aus der Geschichte

Von den Griechen haben wir die Leidenschaft geerbt, alles rational zu betrachten, was sich rational betrachten läßt. Und manchmal sogar Dinge, die sich nicht rational betrachten lassen: das Mysterium der heiligen Dreieinigkeit, die Fleischwerdung ... Die griechische Mentalität maß sich mit dem Mysterium: Monophysitismus, Arianismus ... Gibt es zwei Naturen in Christo oder eine? Wie verhalten sich die Personen in der Dreieinigkeit zueinander? ... *per Filium* ... oder *Filioque*? Die Begriffe der Natur und der Person sind aus der griechischen Philosophie erwachsen. Im Laufe der Geschichte nahmen sie neue Bedeutungen an und verloren teilweise ihre alten Konnotationen. Die alten Debatten erscheinen uns heute sinnlos, ja zuweilen geradezu empörend. Doch gerade in solchen Debatten hat sich das herausgebildet, was man später christliche Philosophie und Theologie nennen sollte.

Die Rolle des hl. Augustinus von Hippo in diesem historischen Prozeß ist kaum zu überschätzen. Dem hl. Augustinus verdankt die Theologie einen sehr modernen hermeneutischen Grundsatz: Wenn sich ein Widerspruch zwischen der Bibel und einer wohlfundierten wissenschaftlichen Wahrheit ergibt, dann ist – angesichts der Vieldeutigkeit der biblischen Texte – der wissenschaftlichen Wahrheit der Primat zuzuerkennen und solch eine Interpretation des biblischen Textes zu wählen, daß der scheinbare Widerspruch verschwindet.[1] Doch an dieser Stelle sollte man bedenken, daß die Menge wohlfundierter wissenschaftlicher Wahrheiten zu Augustinus' Zeiten bescheiden, die Neugier der Welt dagegen ungeheuer groß war. So ist es nicht verwunderlich, daß man die Wissenslücken mit Hilfe der Bibel zu füllen versuchte. Ein Beispiel dafür liefert der hl. Augustinus selbst, der in seinen Kommentaren zum Buch Genesis versuchte, Wissen über den Aufbau der Welt aus der biblischen Beschreibung der Schöpfung zu gewinnen. Das auf diese Weise gewonnene Wissen kollidierte nicht mit der Wissenschaft von der Weltentstehung, denn eine solche Wissenschaft gab es damals noch nicht; daher wurde es zum »gültigen« Wissen.[2]

Nach dem Verlust der Reste griechischer Wissenschaft in

1 Vgl. *Evolution and Creation*, hrsg. v. Ernan McMullin, Notre Dame 1985, Kap. 1.

2 Vgl. Michał Heller, Zbigniew Liana u. Janusz Mączka: *Nauki przyrodnicze a teologia: Konflikt i współistnienie* [Naturwissenschaften und Theologie: Konflikt und Miteinander], Kraków/Tarnów 2001, Kap. 2.

den Stürmen der Völkerwanderungszeit (es ist ein Faktum mit Symbolkraft, daß der hl. Augustinus während der Belagerung von Hippo durch die Vandalen starb) wurde das Prozedere, wissenschaftliche Wahrheiten aus der Bibel herauszulesen, immer gängiger: Die Theologie verwuchs mit der Wissenschaft oder ersetzte sie ganz einfach immer mehr.

Im 13. Jahrhundert kam es zur Großen Synthese. Deren Schöpfer war nicht der hl. Thomas. Sie war das Ergebnis einer geistigen Evolution von den Griechen über die (besonders lateinischen) Kirchenväter und das mühsame Aufbauen eines neuen Denkstils auf den griechischen Ruinen bis hin zu Anselm von Canterbury und Albertus Magnus. Thomas vollendete ein Werk, das andere begonnen hatten – und er vollendete es in monumentalem Stil, das ist wahr.

Im Mittelalter wurde die Theologie nicht nur als Wissenschaft von der Offenbarung, sondern auch als Wissenschaft von der Welt betrachtet. Und zwar als führende Wissenschaft. Alle anderen Wissenschaften wurden zu Mägden der Theologie in einem wörtlicheren Sinne, als man ihn gewöhnlich bei der Interpretation des bekannten mittelalterlichen Spruchs *philosophia ancilla theologiae* zugrunde legt. Die Grundlagen der griechischen Philosophie (zuerst des Platonismus, dann, seit dem hl. Thomas, des Aristotelismus) wurden – ergänzt und an die Erfordernisse der christlichen Religion (so wie man diese Erfordernisse damals verstand) angepaßt – zu den Hauptmitteln, um die Welt zu verstehen. Die Welt hatte so zu sein, daß in ihr die Wahrheiten der christlichen Religion Wirklichkeit werden konnten, welche man gemäß den Richtlinien der vorher systematisierten Philosophie und Theologie ontologisch auffaßte.

Hier ein schlagendes Beispiel, das geradezu von der Geschichte zur Erklärung der obigen These erdacht zu sein scheint: Die christliche Religion spricht von der wirklichen Gegenwart Christi unter der Gestalt von Brot und Wein. Die materiellen Körper (Brot und Wein) müssen daher so geartet sein, daß die eucharistische Verwandlung möglich wird. Die religiöse Wahrheit von der Eucharistie wurde zu einem

Instrument, mit dem Physik geschaffen wurde. Der Thomist Remigius von Rom führte, indem er diese Strategie in seinen subtilen Analysen zur Eucharistie anwendete, den Begriff *quantitas materiae* (Materiemenge) ein, der sich später in Newtons wissenschaftlichem Denken in den modernen Begriff der Masse verwandelte.[3]

Daß Philosophie und Theologie mit der Wissenschaft von der Welt so stark verwachsen waren, mußte später teuer bezahlt werden. Die Operation der Trennung war schmerzhaft und ließ auf beiden getrennten Teilen nicht völlig vernarbte Spuren zurück. Um so dringlicher stellt sich die Frage: Welche Philosophie braucht das Christentum heute? Braucht es überhaupt eine?

3. *Das Problem heute*

Die Theologie des letzten Viertels des 20. Jahrhunderts ist zweifellos eine Theologie auf Identitätssuche. Die Spannweite der Ansichten und Methoden ist so groß, daß die Rede von *der* christlichen Theologie praktisch sinnlos geworden ist. Um diese Spannweite zumindest in einem gewissen Maße zu verringern, werde ich, wenn ich im folgenden von *der* Theologie spreche, die katholische Theologie meinen. Doch auch hier ist der Reichtum an Standpunkten gewaltig – so gewaltig, daß es vielleicht angemessener wäre, den Ausdruck »Reichtum« durch das Wort »Chaos« zu ersetzen. In der Zeit des 2. Vatikanischen Konzils verloren die auf der thomistischen Version des Aristotelismus beruhenden theologischen Spekulationen ihre jahrhundertealte Vorherrschaft in der Kirche. Die von Zeit zu Zeit vorkommenden Versuche, die aristotelisch-thomistische Philosophie wieder in ihre alte Position einzuset-

3 Vgl. meinen Artikel »Ewolucja pojęcia masy« [Die Entwicklung des Massebegriffs], in: *Filozofować w kontekście nauki* [Philosophieren im Kontext der Wissenschaft], hrsg. v. Michał Heller, Andrzej Michalik u. Józef Życiński, Kraków 1987, S. 152-163.

zen, tragen die Züge von Unternehmungen, wie sie für Epochenenden typisch sind. Ein zweifelsfreier Erfolg in der Zeit nach dem Konzil war die Belebung in verschiedenen Bereichen der positiven Theologie: Bibelkunde, Patristik, Dogmengeschichte usw. Da jedoch die Theologie nicht ohne die Hilfe eines, und sei es weitverstandenen, philosophischen Denkens auskommt, wandten sich die Theologen verschiedenen modischen Philosophien zu, besonders solchen, die der Strömung der sogenannten geisteswissenschaftlichen Philosophie entstammten. Immer häufiger nehmen theologische Abhandlungen die Form von literarisch-essayistischen Arbeiten an. Ich kann mich hier nicht auf eine detailliertere Analyse der gegenwärtigen theologischen Trends einlassen (wenn damit auch nur ansatzweise ein Anspruch auf Vollständigkeit verbunden sein soll). Im übrigen ist das auch nicht mein Ziel. Ich möchte lediglich auf die Tatsache aufmerksam machen, daß die Rolle der systematischen Philosophie in theologischen Analysen abnimmt. Man könnte geradezu von einer Art »Rückzug« der Philosophie aus der theologischen Forschung sprechen.

Arbeiten über die gegenseitigen Beziehungen zwischen der modernen Philosophie und der modernen Theologie begnügen sich gewöhnlich mit Feststellungen dieser Art. Eine unausgesprochene Folgerung solcher Konstatierungen ist die Vermutung, daß dieser »Rückzug« der Philosophie aus der Theologie einen unumkehrbaren Prozeß darstellt. Nicht ausgeschlossen, daß es sich tatsächlich so verhält, doch man darf eine andere Funktion nicht vergessen, welche die Philosophie im christlichen Denken gespielt hat: Sie sollte die sogenannten *praeambula fidei* bereitstellen, d.h. den Verstand zur Annahme des Glaubens vorbereiten oder hinführen. Es scheint, daß die heute dem Christentum verbundenen Denker diese Funktion der philosophischen Forschung vergessen haben. Es ist zwar wahr, daß diese Funktion früher oft in allzu mechanistischer Weise aufgefaßt wurde. Wenn man die traditionellen Analysen dieser Problematik wörtlich nehmen wollte, wäre der Weg zum Glauben ein nahezu automatischer Prozeß: Eine Prämisse folgt aus der anderen, und der Annahme des Glaubens steht nichts mehr im Wege; nur noch eine letzte Folgerung, und wir sind bereit, die Gnade des Glaubens zu empfangen (immerhin: die Gnade!). Eine Reaktion auf einen solchen »theologischen Szientismus« stellt die heutige Herabsetzung der Rolle des Verstandes (insbesondere der Philosophie) auf dem Weg zum religiösen Glauben dar, der seinerseits häufig zu allerlei religiösen Sentimentalismen mutiert. Diese verbergen sich oft hinter Schlagworten, die verschiedenen Versionen existentialistischer Philosophien entnommen sind, welche im übrigen meist oberflächlich oder geradezu falsch verstanden werden.

4. Das Kriterium der Übereinstimmung

Betrachten wir noch einen Versuch, die Frage zu beantworten, wie eine christliche Philosophie zu sein habe. Dieser Versuch stammt aus einer Zeit, die vor den heutigen Tendenzen zum Irrationalismus und Sentimentalismus lag, und zwar aus der Zeit kurz nach dem 2. Vatikanum, als der Streit um die christliche Philosophie sogar die Aufmerksamkeit der Medien erregte. Gemäß dieser Konzeption wäre jede Philosophie eine christliche, die mit den Grundlehren der christlichen Religion übereinstimmt. Hier ist anzumerken, daß sich wesentlich leichter entscheiden läßt, welche Philosophie den Lehren der christlichen Religion widerspricht, als darüber zu urteilen, welche mit ihnen übereinstimmt. Jede atheistische Philosophie etwa steht in offensichtlichem Widerspruch zum Christentum. Doch dieses negative Kriterium bewirkt, daß allzu viele verschiedene Philosophien als Kandidatinnen für den Titel einer christlichen Philosophie in Frage kommen. Wie soll man diejenigen unter ihnen auswählen, bei denen »wirkliche Übereinstimmung« vorliegt?

Was heißt aber überhaupt »Übereinstimmung« in diesem Zusammenhang? Sehen wir uns ein wichtiges Beispiel an. Der Platonismus erfüllte im christlichen Altertum (meist in seiner neuplatonischen Version) mit Sicherheit alle Funktionen, die wir einer christlichen Philosophie zuschreiben würden. Doch stimmte der Platonismus wirklich mit dem Christentum überein, oder handelte es sich eher um eine Übereinstimmung, die aufgezwungen wurde, und zwar sowohl dem Platonismus als auch dem Christentum? Denn es war ja nicht so, daß der Platonismus und das Christentum getrennt voneinander existiert hätten und man aufgrund eines logischen Vergleichs ihrer Lehren hätte entscheiden können, ob sie miteinander übereinstimmen oder nicht. Gebildete, die das Christentum annahmen, waren von der damaligen Kultur durchdrungen und dachten in (den damals gültigen) griechisch-platonischen Kategorien. Darüber hinaus »verpackten« die ersten christlichen Denker – Schriftsteller und Kirchenväter –, als sie die Fundamente der späteren christlichen Theologie schufen, diese in griechisch-platonische Begriffe. Dieser Prozeß erstreckte sich über viele Generationen, und während er andauerte, waren auf beiden Seiten Adaptationsmechanismen am Werk. Auf der einen Seite wurden die christlichen Glaubensinhalte mit Hilfe von Kategorien der platonischen Philosophie ausgearbeitet und interpretiert; andererseits unterschied sich die platonische Philosophie in der Version der christlichen Theologen von dem Platonismus der heidnischen Denker. Der Prozeß des »In-Einklang-Bringens« vollzog sich sowohl in der griechischen Philosophie als auch in der christlichen Theologie. Im Endeffekt ergab sich eine so weitgehende »Übereinstimmung«, daß sich der Platonismus praktisch nicht mehr von der Theologie unterscheiden ließ.

Als am Übergang vom 12. zum 13. Jahrhundert der Aristotelismus als Konkurrent des Platonismus auftauchte, wurde er für nicht übereinstimmend mit der christlichen Lehre erklärt. Es verurteilten ihn sowohl Päpste als auch Bischöfe. Und allein dank der gigantischen Anstrengungen von Denkern wie dem hl. Albertus Magnus oder dem hl. Thomas von Aquin vollzog sich ein erneutes »In-Einklang-Bringen«. In gewissem Sinne wiederholte sich die Geschichte, wenn auch gewissermaßen auf höherem Niveau. Ein Art Entwicklungslogik der Doktrin bewirkte, daß eben mit dem Beginn des 13.

Jahrhunderts eine Phase einsetzte, in welcher die christliche Theologie fundamental umorganisiert wurde. Ein wichtiger Faktor in diesem Prozeß war es, daß man sich den Unterschied zwischen Theologie und Philosophie klarmachte, was zweifellos dazu beitrug, die Philosophie bewußter in theologischen Analysen einzusetzen. Damals kam die Redensart auf: *philosophia est ancilla theologiae*. Der Aristotelismus aber verwuchs mit der Theologie und entwickelte sich weiterhin in Verbindung mit ihr. Bei der Lektüre von Handbüchern der dogmatischen Theologie, sogar solchen aus der ersten Hälfte des 20. Jahrhunderts, ist schwer zu sagen, ob in ihnen die Bibel eine größere Rolle spielte oder Aristoteles und der hl. Thomas. Und die These, daß man ohne Anerkennung des Hylemorphismus (der aristotelischen Lehre von der Zusammensetzung natürlicher Wesenheiten aus Urmaterie und substantieller Form) nicht an die Eucharistie glauben könne, ließ sich, selbst wenn sie in ihnen nicht direkt ausgesprochen wird, als direkte Folgerung aus den Grundannahmen ableiten – obwohl es die Eucharistie in der Kirche von Anfang an gab und der Hylemorphismus erst im 13. Jahrhundert zur gültigen Philosophie wurde.

5. *Versuch von Schlußfolgerungen*

Unsere Versuche, die christliche Philosophie mit einer Identität zu versehen, sind fehlgeschlagen, obwohl alle einheitlich zu dem Schluß führen, daß eine gesunde Theologie nicht auf die Zusammenarbeit mit der Philosophie verzichten kann, wenn sie nicht zu frömmelnder Meditation oder zu einem sentimentalen Existentialismus mutieren soll. Welchen Ausweg gibt es nun aus dieser Situation? Ich denke, man sollte nicht *a priori* Lösungen entwerfen, die ohnehin keine Chance hätten, die Seiten gelehrter Publikationen zu verlassen, sondern sich lieber die Situation ansehen, gesunde Trends aus ihr herausarbeiten und diese in das Licht der Aufmerksamkeit stellen, um so die Wahrscheinlichkeit zu erhöhen, daß sie sich durch das Dickicht der sie bedrohenden Doktrinen und Ansichten hindurchschlagen.

Vor allem ist es so, daß zwar heute weder die Möglichkeit noch die Notwendigkeit besteht, etwas von neuem zu schaffen, was sich christliche Philosophie nennen könnte, es aber doch christliche Philosophen (allgemeiner: Denker), oder vielleicht besser sich als Christen verstehende Philosophen gibt, d.h. tiefgläubige Denker, die sich bemühen, christliche Ideale im Leben zu verwirklichen. Da das Betreiben von Philosophie auch eine »Lebensweise« ist, erstreckt sich die Verpflichtung, das christliche Ideal zu verwirklichen, auch auf diesen Bereich. Dort das christliche Ideal zu verwirklichen bedeutet aber einfach, ein guter Philosoph zu sein, d.h. ein fachgerechter, kritischer, objektiver und nach Wahrheitserkenntnis strebender Denker. In der letzten Formulierung möge man keinen Versuch sehen, irgendwelche erkenntnistheoretischen Lösungen aufzuzwingen, sondern lediglich den Ausdruck einer bestimmten moralischen Haltung. Eine Sünde wider diese Haltung wäre es etwa, apologetische Absichten über unparteiischen Kritizismus zu stellen.

Im Einklang mit dem oben Gesagten meine ich nicht, daß die Aufgabe eines sich als Christen verstehenden Philosophen darin besteht, ein neues philosophisches System für theologische Bedürfnisse zu schaffen, sondern ein solcher Philosoph sollte sich aller modernen Begriffswerkzeuge bedienen, konkrete philosophische Probleme bearbeiten und sich bemühen, diese im Einklang mit den besten heute zugänglichen Standards zu analysieren. Und wenn es sich dabei um Fragen handelt, die für den Theologen interessant sind – um so besser.

Hier tut sich ein Tätigkeitsfeld auf, das im übrigen immer öfter genutzt wird. Die Theologie selbst ist ein dankbares Terrain für philosophische Analysen. Die moderne Wissenschaftsphilosophie hat viele effektive Methoden zur Erforschung diverser Wissenschaften erarbeitet und weist auf diesem Gebiet zahlreiche unbestrittene Errungenschaften auf. Diese Errungenschaften lassen sich nicht automatisch auf theologische Disziplinen ausdehnen, denn letztere sind spezifischer Natur und verlangen daher eine geschickte Anpassung von Forschungsinstrumenten, die sich in anderen wissenschaftlichen Fachbereichen als effektiv erwiesen haben. Die Schaffung einer echten Theologiephilosophie ist ein Prozeß, der schon begonnen hat, aber noch erhebliche intellektuelle Investitionen erfordert.

Ich sehe noch eine wichtige Rolle des philosophischen Nachdenkens über die Wissenschaft. (Diesmal meine ich nicht die Wissenschaftsphilosophie im technischen Sinne, sondern eher die philosophische Besinnung über sie.) Die neuzeitlichen Wissenschaften schaffen ein bestimmtes Weltbild, das den Hintergrund abgibt sowohl für viele Überlegungen persönlicher Art als auch für das strikt theologische Nachdenken. Dieses Bild wandelt sich natürlich recht erheblich je nach Kulturkreis, Art der Ausbildung usw., doch gerade aus diesem Grunde sollte der kritische Philosoph die Kontrolle darüber behalten. Dafür unerläßlich sind ein großes Maß an methodologischer Kultur sowie ein gewisses Reservoir an verläßlichen Nachrichten aus verschiedenen Wissenschaften. Die Rolle des Weltbilds in der Theologie ist nicht überzubewerten.[4] Hier stellt sich eine ungeheure Aufgabe für sich als Christen verstehende Philosophen.

Genausowenig dürfen christliche Philosophen die Rolle der erwähnten *praeambula fidei* vergessen. Der Glaubensakt darf nicht irrational sein. Im Fall des denkenden Menschen muß er angebahnt werden durch eine Art »philosophische Wegbereitung«, d.h. durch Überlegungen philosophischer Art, die zumindest die dem Glaubensakt entgegenstehenden Hindernisse entfernen und seine Vernünftigkeit aufzeigen. Es scheint, daß die gegenwärtige Theologie und überhaupt das christliche Denken diesem Aspekt des Weges zu Gott geringere Aufmerksamkeit widmen als die vorvatikanische Theologie. Dieser Ef-

---

4 Vgl. meinen Artikel »Naukowy obraz świata a zadanie teologa« [Das wissenschaftliche Weltbild und die Aufgabe des Theologen] in *Obrazy świata w teologii i w naukach przyrodniczych*, hrsg. v. Michał Heller, Stanisław Budzik u. Stanisław Wszołek, Tarnów 1996, S. 13-27.

fekt wird noch durch die heutigen antirationalistischen Trends verstärkt. Gleichzeitig wächst die Zahl derjenigen, die sich vom religiösen Glauben abwenden oder ihm gleichgültig gegenüberstehen, ständig an, so daß die christlichen Denker das Problem der rationalen Aspekte des Glaubensaktes weiterhin mit höchster Priorität behandeln sollten. Auch an dieser Stelle ist es angebracht, die Rolle des sogenannten wissenschaftlichen Weltbildes hervorzuheben. Für viele Menschen, besonders für solche mit einem Hintergrund in den strengen oder technischen Wissenschaften, besteht eines der größten Hindernisse bei der Annahme des religiösen Glaubens darin, daß er im modernen Weltbild als Fremdkörper erscheint.

Als Lehre aus der Geschichte sind den Philosophen, die sich als Christen verstehen, zwei Warnungen mit auf den Weg zu geben:

Erstens, jedes Nachdenken über die Wissenschaft setzt eine entsprechende Kenntnis der Wissenschaft voraus. Am besten ist es natürlich, wenn der Philosoph selbst aktiv eine Wissenschaft betreibt. Wenn das jedoch nicht der Fall ist, sollte man niemals dem eigenen Verständnis seiner Lektüre vertrauen (insofern sie Gebiete betrifft, auf die man selbst nicht spezialisiert ist). In einer solchen Situation ist stets das Gespräch mit einem Experten zu suchen. Die nach der Lektüre von einem Dutzend oder sogar von mehreren Dutzend (nicht einmal ganz populärwissenschaftlichen) Büchern über die Errungenschaften und Methoden einer Wissenschaft entstehende Illusion, man wisse über die betreffende Disziplin Bescheid, kann eine dramatische und folgenreiche Gefahr darstellen. Fehlende Kompetenz aber macht den Wert philosophischen Nachdenkens über die Wissenschaft an der Wurzel zunichte und kompromittiert den Philosophen in den Augen der Menschen, die über eine bessere Ausbildung verfügen als er.

Zweitens, die philosophische Reflexion über die Wissenschaft darf nicht apologetisch betrieben werden: mit dem Ziel des »Bekehrens« oder der Wegbereitung zur »Bekehrung« des Autors selbst oder des Lesers. Eine derartige instrumentale Behandlung der Wissenschaft rächt sich fast immer in Form von allzu raschen Verallgemeinerungen, sprunghaften Schlüssen und dem Voraussetzen dessen, was man zu begründen versucht. Auch die Suche nach *praeambula fidei* sollte nichts von Propaganda an sich haben (möge sie auf einen selbst oder auf andere abzielen). Sie sollte einfach aus einer kompromißlosen intellektuellen Redlichkeit entspringen.

Die Motivation von allem, was mit der Wissenschaft zusammenhängt, sollte das Streben nach der Wahrheit sein. Philosophen ersetzen die Kategorie der Wahrheit heute gern durch verschiedene Varianten des Pragmatismus. Das ändert jedoch nicht das geringste an der Tatsache, daß die größten Wissenschaftler ihre Wissenschaft einfach deswegen betreiben, um das Seiende zu erkennen.

Teil II

Sprache und Wahrheit

Ein angemessener Dialog mit den Wissenschaften macht die Theologie glaubwürdig und verschafft ihr die Möglichkeit, sich in der heutigen Welt in schöpferischer Weise einzubringen. Dieser Problematik war Teil I gewidmet. Doch eine für die Theologie geradezu fundamentale Frage besteht darin, ob sie etwas Sinnvolles über den Gegenstand ihrer Forschung, d.h. über Gott, auszusagen vermag, und ob das, was sie zu sagen hat, wahr ist. Die Problematik der theologischen Sprache und der Wahrheit theologischer Aussagen wird unter bestimmten Aspekten das Thema von Teil II sein.

Eingangs stellt sich die Frage:

- *Kann man in menschlicher Sprache etwas Sinnvolles über die Transzendenz aussagen, das mehr wäre als nur ein Ausdruck der eigenen sprachlichen Hilflosigkeit?*

Diese Frage und verschiedene Varianten von Antworten auf sie sind in ungezählten Diskussionen und Publikationen erwogen worden. Um etwas mehr Licht auf sie zu werfen, werde ich mich auf einen anderen Bereich menschlicher Erfahrung beziehen, in dem wir es ebenfalls mit starken Beschränkungen der Sprache zu tun haben (wenn auch ganz sicher mit deutlich weniger radikalen als in der Theologie). Die heutige Physik dringt in Weltbereiche vor, in denen einige Begriffe zusammenbrechen, die in der makroskopischen Welt (dem natürlichen Milieu unserer Alltagserfahrung) unersetzlich erscheinen. Zu diesen Begriffen gehören: Zeit, Kausalität, Individuum usw. Wie kann die Physik in Bereichen operieren, in denen diese Begriffe ihren gewöhnlichen Sinn verlieren? Die mathematische Sprache der modernen Physik erweist sich als sehr effektives Forschungsinstrument; die Maßnahme, ein mathematisches Modell für die Welt zu entwerfen, führt auch in solchen Situationen zum Erfolg.

- *Was kann der Theologe in dieser Hinsicht von der modernen Physik lernen? In Kapitel 4 wird der Versuch einer Antwort unternommen.*

Die Frage nach der Wahrheit der religiösen Aussagen ist für die Theologie natürlich eine Schlüsselfrage. In Kapitel 5 werde ich lediglich einen Teilaspekt behandeln, und zwar indem ich das Problem erörtere:

- *Ist die religiöse Wahrheit eine Wahrheit anderen Typs als die »weltliche Wahrheit«, und kann man sich selbst dann zu beiden Wahrheiten bekennen, wenn sie sich gegenseitig ausschließen?*

Die Konzeption der »doppelten Wahrheit« ist nicht nur sporadisch in der Geschichte des menschlichen Geistes aufgetaucht, sondern hat auch heute noch ihre Anhänger – von denen es mehr gibt, als es scheinen könnte, z.B. solche, die der Meinung sind, es gebe »eine Wahrheit des Herzens und eine Wahrheit des Verstandes«, die nicht viel miteinander gemein hätten. Dieses Problem bringt uns von neuem auf das Gebiet der Überlegungen zum Verhältnis von Religion und Wissenschaft, wenngleich die »Theorie der doppelten Wahrheit« auch andere Bereiche betreffen kann.

Im Grunde geht es um ein stark logisch getöntes Problem:

- *Zerstört ein Widerspruch zwischen Überzeugungen diese nicht bereits an der Wurzel?*

In der klassischen Logik wurden Widersprüche rigoros behandelt: Zwei widersprüchliche Sätze können nicht gleichzeitig wahr sein. Doch menschliche Überzeugungen sind keine formalen Systeme, und oft ist es nicht möglich, eine strenge logische Kontrolle über alle ihre Elemente aufrechtzuerhalten. Die Schöpfer der sogenannten parakonsistenten Logiken bemühen sich, die formalen Erfordernisse der Logik an die realistisch betrachteten menschlichen Überzeugungen anzunähern. In solchen Logiken ist der Widerspruch erlaubt, sofern er nur nicht »das System zur Explosion bringt«, d.h. sofern er nicht bewirkt, daß man in diesem System alles behaupten kann.

- *Auf welche Weise läßt sich die aus den parakonsistenten Logiken folgende Lehre auf die Theologie anwenden, speziell auf ihren Dialog mit den Wissenschaften?*

In der Theologie ist das Problem jedoch breiter angelegt, denn die Theologie redet von der Transzendenz.

- *Doch ist unsere Logik im Hinblick auf die Transzendenz weiterhin gültig?*

Oder anders ausgedrückt:

- *Lassen sich die Grundsätze unserer Rationalität auf die Transzendenz übertragen?*

Man kann das Problem auch umkehren und fragen:

- *Kann man Gott als ontologische Basis unserer Rationalität auffassen?*

Bei theologischen Betrachtungen steht man am Ende stets vor dem Mysterium, selbst wenn man von der strengen Logik ausgeht.

Kapitel 4
Vom Sprechen über Gott

1. Die Theologie und die Probleme des Physikers mit der Sprache

Die Geschichte der Physik und der mit ihr verbundenen Wissenschaften läßt sich als große Anstrengung der Menschheit verstehen, die Wirklichkeit im Netz unserer Begriffe und Theorien einzufangen. Sooft es uns scheint, daß dieses Ziel schon bald erreicht sein wird, zeigt sich immer wieder, daß es nur eine Illusion war, daß die Wirklichkeit reicher ist als all die begrifflichen und theoretischen Instrumente, die wir bis jetzt zu schaffen vermocht haben. Diese Situation erinnert stark an das Ringen des Theologen mit der Sprache, um mit ihrer Hilfe etwas Sinnvolles über Gott auszusagen. Obwohl der Theologe sich völlig darüber im klaren befindet, daß Gott unendlich ist und sich in keine menschliche Sprache einsperren läßt, macht er den Versuch, etwas Sinnvolles über Ihn auszusagen. In der folgenden Studie möchte ich diese Analogie zwischen den Bemühungen des Wissenschaftlers und dem Ringen des Theologen ausnutzen, indem ich mich auf die Seite des Theologen stelle und frage, was er in dieser Hinsicht von der Wissenschaft lernen kann, die doch trotz all ihrer Beschränkungen unaufhörlich Erfolge erringt. Ich stütze mich dabei auf meine eigenen Erfahrungen bei der Arbeit an den Grundlagen der Physik. Meine Mitarbeiter und ich haben ein bestimmtes Arbeitsmodell geschaffen, dessen Ziel darin besteht, die Allgemeine Relativitätstheorie (die Einsteinsche Gravitationstheorie) mit der Quantenmechanik zu vereinigen.[1] Bekanntlich ist das eines der wichtigsten Probleme

1 Unsere wichtigsten Arbeiten: Michał Heller, Wiesław Sasin u. Dominique

der gegenwärtigen theoretischen Physik. Die Quantenmechanik hat uns seit Beginn ihres Bestehens gelehrt, daß wir bei dem Versuch, das subatomare Niveau zu erfassen, von vielen unserer (scheinbar) offensichtlichen Begriffe zu drastischen und völlig »unoffensichtlichen« Verallgemeinerungen von ihnen übergehen müssen. Die bis heute andauernden Debatten zur Interpretation der Quantenmechanik sind ein Zeugnis für die Dramatik (zögern wir nicht, dieses Wort zu benutzen) der Lage. Jeder Versuch, die Quantenmechanik mit der Allgemeinen Relativitätstheorie zu vereinigen (welch letztere uns ebenfalls auf ihre Weise gezwungen hat, einige eng mit der Alltagserfahrung verknüpfte Vorstellungen aufzugeben), zwingt uns zu weiteren »sprachlichen und begrifflichen Wendungen«, die auf einem noch radikaleren Abgehen von Begriffen beruhen, welche so tief verwurzelt sind, daß es scheinen könnte, sie folgten aus geradezu ontologischen Notwendigkeiten.

Trotz allem befindet sich der Physiker in einer besseren Lage als der Theologe, denn er verfügt über Hilfsmittel, die ihm den Weg weisen und nicht zulassen, daß er von ihm abirrt: die Mathematik und das Experiment. Die Mathematik wacht über die Korrektheit seiner aufeinanderfolgenden Deduktionsschritte, und das Experiment entscheidet oft darüber, wann er recht hat und wann er sich irrt. Und eben aus diesem Grunde lohnt es sich für den Theologen, diese Prozeduren zu studieren. Natürlich nicht deswegen, um sie mehr oder weniger wörtlich auf seine Disziplin zu übertragen, sondern um seine methodologische Achtsamkeit zu schärfen oder auch – direkt gesagt – um größeren Respekt vor dem Mysterium zu lernen. Denn wenn wir uns in einer Wissenschaft, die doch immerhin »unsere Welt« betrifft, auf solche Mühen einstellen

---

Lambert: »Groupoid Approach to Noncommutative Quantization of Gravity«, in: *Journal of Mathematical Physics* 38 (1997), S. 5840-5853; Michał Heller u. Wiesław Sasin: »Noncommutative Unification of General Relativity and Quantum Mechanics«, in: *International Journal of Theoretical Physics* 38 (1999), S. 1619-1642; Michał Heller, Wiesław Sasin u. Zdzisław Odrzygóźdź: »State Vector Reduction as a Shadow of a Noncommutative Dynamics«, in: *Journal of Mathematical Physics* 41 (2000), S. 5168-5179.

müssen, um unsere Denkgewohnheiten zu überwinden, dann um so mehr ... Doch dies sollte nicht mit Resignation verbunden sein. Eine aggressive Einstellung selbst den schwierigsten Problemen gegenüber (was die Haltung intellektueller Demut ganz und gar nicht ausschließt) ist eine notwendige Bedingung allen Fortschritts. Die Theologie bildet hier keine Ausnahme.

Unser Modell für die Vereinigung der Allgemeinen Relativitätstheorie mit der Quantenmechanik beruht auf einer neuen mathematischen Theorie, der sogenannten nichtkommutativen Geometrie. Zwar handelt es sich, wie gesagt, nur um ein Arbeitsmodell, doch wir können hoffen, daß eine seiner künftigen, verbesserten Versionen Erfolg haben wird. Die nichtkommutative Geometrie ist eine sehr radikale Verallgemeinerung der gewöhnlichen Geometrie. Ganz grob gesagt, entsteht eine bestimmte (Typen-)Klasse von nichtkommutativen Räumen aus dem gewöhnlichen Raum, wenn man aus diesem alle mit Lokalisierung verbundenen Begriffe entfernt (die von uns behandelten Räume gehören zu ebendieser Klasse). Vor allem also muß man aus dem Begriff des Raums den Begriff des Punktes und seiner Umgebung entfernen (gerade diese Begriffe stehen mit der Lokalisierung in unmittelbarem Zusammenhang).[2] Der »gesunde Menschenverstand« sagt uns, daß nach der Entfernung dieser Begriffe nichts vom Raum übrigbleibt, denn der Raum – so versichert uns weiter der gesunde Menschverstand – ist nichts anderes als bloß eine Menge von Punkten. Doch es zeigt sich, daß vom mathematischen Standpunkt aus der punktlose Raum reibungslos funktionieren kann, ja mehr noch, sich als Arena für physikalische Prozesse nutzen läßt. Allerdings handelt es sich um eine Physik ohne den Begriff der Zeit (in ihrer gewöhnlichen Bedeutung), denn die Zeit setzt sich aus Augenblicken zusammen, und diese sind lokale Begriffe. An dieser Stelle sollte der Theologe sich in hohem Maße angesprochen fühlen, denn zur Zeitlosig-

2 Der Präzision halber ist jedoch anzumerken, daß in der nichtkommutativen Geometrie auch Räume behandelt werden, in denen man dem Begriff des Punktes einen gewissen Sinn verleihen kann.

keit Gottes haben sich seine Kollegen ja bereits in der Antike und im Mittelalter geäußert. Jedoch betone ich noch einmal, daß es nicht darum geht, bestimmte Ideen aus der Physik in einer (aus methodologischer Sicht) naiven Weise auf die Theologie zu übertragen, sondern darum, noch größeren Respekt vor der alten theologischen Wahrheit zu empfinden, daß alle unsere Aussagen über Gott (bestenfalls) nur analogischen Charakter haben können.

Wie erwähnt, werde ich mich im folgenden auf unser nichtkommutatives Modell berufen. Dabei setze ich nicht voraus, daß es sich dabei um ein richtiges Modell der Wirklichkeit handelt. Wenn es mathematisch widerspruchsfrei ist, verliert es selbst im Falle der Falschheit nicht seinen Wert für meine weiteren Analysen. Denn ein korrekt konstruiertes mathematisches Modell beweist, daß die mit ihm verknüpften Begriffe widerspruchsfrei sind, was einen wichtigen Hinweis für den Theologen oder Philosophen bedeuten kann. Mit anderen Worten: Ein widerspruchsfreies mathematisches Modell kann als Modell einer bestimmten möglichen Welt angesehen werden, und die Erforschung möglicher Welten ist eine in der Philosophie bewährte Methode, die auch für theologische Betrachtungen bedeutende Dienste leisten kann.

2. Die Begriffsentwicklung

Die Begriffsentwicklung stellt eine Antriebskraft der Wissenschaft dar. Ein neuer Begriff enthält in sich das Erbe der Tradition, ist aber ebenso offen für zukünftige Verallgemeinerungen. Doch Begriffe entwickeln sich niemals selbständig, sondern sind stets Teil von Problemgeschichten. Sooft ein Problem zur Lösung ansteht, bedeutet es eine Herausforderung für die bis dahin angewendeten Begriffe. Wenn es sich zeigt, daß jeder Versuch, einen gegebenen Begriff mit neuen Inhalten anzureichern, zu Paradoxa und logischen Verwicklungen (ja manchmal sogar zu Widersprüchen) führt, befinden wir uns in einer Krise. Wenn diese Versuche an Zahl zunehmen, bewirken sie, daß der Begriff Veränderungen immer weniger Widerstand entgegensetzt. Ein weiterer Schritt in seiner Entwicklung wird vollzogen.

Man muß sich jedoch klarmachen, daß es in der Wissenschaft keine isolierten Begriffe gibt. Jede Veränderung im Inhalt eines Begriffs, und sei sie noch so klein, zieht Veränderungen in den Bedeutungen vieler anderer Begriffe nach sich. Man sollte daher eher von der Entwicklung eines bestimmten Begriffssystems als von der Entwicklung einzelner Begriffe reden. Es gibt viele Mechanismen einer solchen Entwicklung: von allmählichen Modifikationen bis zu plötzlichen Sprüngen. Wissenschaftshistoriker beschreiben und analysieren in detaillierter Weise Einzelfälle, während die Wissenschaftsphilosophen sich bemühen, verschiedene Typen solcher Mechanismen zu rekonstruieren.

Begriffsentwicklung manifestiert sich in Sprachentwicklung. Einige Philosophen neigen dazu, die Entwicklung der Wissenschaft auf die Entwicklung der wissenschaftlichen Sprache zu reduzieren. Dies scheint insofern sinnvoll zu sein, als es wesentlich einfacher ist, die Bedeutung von Termini in verschiedenen wissenschaftlichen Kontexten einer genauen Analyse zu unterziehen, als die Begriffsinhalte in dem Maße zu erforschen, wie sie sich im Prozeß der wissenschaftlichen Entwicklung manifestieren. Doch die in diesen Prozeß involvierten Menschen denken mehr, als daß sie reden, oder – sie denken erst, bevor sie reden. Man spricht mit Hilfe von Termini und Sätzen, aber man denkt in Begriffen. Dennoch, für den Analytiker führt der kürzeste Weg zu den Begriffen über die Sprache.

Wie die Wissenschaftsgeschichte lehrt, entwickeln sich Begriffe auf sehr verschiedene Weisen, doch unter diesen diversen Entwicklungspfaden steht derjenige im Vordergrund, auf dem die sich entwickelnden Begriffe immer allgemeiner werden. Der Prozeß der Begriffsverallgemeinerung ist beileibe nicht linear. Oft hat ein Entwicklungspfad viele, manchmal sehr verwickelte Verzweigungen, doch meist erweisen sich alle Linien, die nicht zu Verallgemeinerungen führen, als Sackgassen.

Der Verallgemeinerungsprozeß beruht, unter anderem, darauf, daß diejenigen Begriffe, die sich in den bisherigen Theorien »bewährt haben«, nicht verworfen, sondern in einen Begriffsbereich eingefügt werden, der von einem neuen, allgemeineren Begriff kontrolliert wird.[3] Die Wissenschaftsgeschichte ist zweifellos von einer Tendenz gekennzeichnet, immer weitere Horizonte zu umfassen. Hier haben wir es mit einer Art »Zeitpfeil« zu tun, der die Richtung des wissenschaftlichen Fortschritts anzeigt.

3. Die Quantenwelt und die Nichtkommutativität

Die Quantenwelt ist unserer direkten Sinneserfahrung verschlossen. Man kann lediglich hoffen, daß bestimmte Quanteneffekte sich bei entsprechender Verstärkung in irgendeiner Weise auf makroskopischem Niveau manifestieren und daß wir sie infolgedessen mit Hilfe speziell dafür konstruierter Geräte entdecken können. Verhältnismäßig häufig ist das in der Tat der Fall. Und vielleicht ist dieses Faktum nicht gar so merkwürdig, wie man meinen könnte. Schließlich ist auch unsere makroskopische Welt das Ergebnis »entsprechend verstärkter« Quanteneffekte.

Diejenigen Eigenschaften der Quantenwelt, die sich (wenigstens prinzipiell) mit Hilfe unserer makroskopischen Geräte messen lassen, nennt man *Observablen*. Wenn man nur dank dieser Observablen etwas über die Quantenwelt erfahren kann, dann erscheint der Gedanke natürlich, die Theorie der Quantenwelt ausschließlich in der Sprache der Observablen zu konstruieren. Historisch ist die Quantentheorie zwar auf anderem Wege entstanden, doch recht bald brachten die einflußreichsten Physiker (aus der sogenannten Kopenhagener Schule) das Schlagwort auf, in der Quantenmechanik zählten

3 Dieses »Einfügen« kann verschiedene Gestalten annehmen; der Übergang von einem neuen zu einem alten Begriff kann den Charakter eines Grenzbegriffs, eines Spezialfalls usw. haben.

nur die Observablen und alle anderen ihrer Elemente hätten lediglich den Charakter eines Hilfsgerüstes, das nach der beendeten Konstruktion der Theorie abzubauen sei. Dieses Schlagwort blieb jedoch so lange nur ein philosophisches Programm, bis sich in den 60er Jahren die sogenannte algebraische Formulierung der Quantenmechanik herauskristallisierte.[4] In dieser Formulierung wird eine bestimmte, als *C*-Algebra* (lies: »C-Stern-Algebra«) bezeichnete mathematische Struktur zugrunde gelegt. Alle Observablen sind Elemente dieser Algebra. In diesem Sinne läßt sich sagen, daß die Quantenmechanik aus Observablen aufgebaut ist.[5] Mehr noch, diese algebraische Formulierung der Quantenmechanik erwies sich in bestimmten Hinsichten als besser (und allgemeiner) als die traditionelle Formulierung (in der Sprache der Hilbert-Raumtheorie).

Die in der Quantenmechanik verwendeten C*-Algebren sind in der Regel nichtkommutativ. Das bedeutet, daß es in ihnen Elemente (z.B. Observablen) gibt, deren Produkt von der Anordnung abhängt, in der wir sie miteinander multiplizieren. Seien z.B. A und B solche Observablen; dann gilt: $AB \neq BA$. Physikalisch gesprochen bedeutet das, daß wir ein anderes Ergebnis erhalten, wenn wir zuerst die Größe B und dann die Größe A messen, als wenn wir die Messungen in der umgekehrten Ordnung ausführen. Mehr noch, ebendieses Merkmal der Quantenmechanik ist verantwortlich für ihre »Andersheit« gegenüber allen vorherigen physikalischen Theorien. Die berühmte Heisenbergsche Unschärferelation etwa, die behauptet, man könne nicht mit beliebiger Genauigkeit zugleich die Lage und den Impuls eines Elementarteilchens (z.B. eines Elektrons) messen, ergibt sich als einfache Fol-

4 Eine bahnbrechende Arbeit war der Artikel von Rudolf Haag und Daniel Kastler: »An Algebraic Approach to Quantum Field Theory«, in: *Journal of Mathematical Physics* 5 (1964), S. 848-861.

5 Dies bedeutet jedoch nicht, daß deswegen das Programm der Kopenhagener Schule verwirklicht worden wäre; andere Strukturelemente der Quantenmechanik erwiesen sich keineswegs als Gerüst, dessen man sich nach Vollendung der Theorie hätte entledigen können.

gerung daraus, daß die Observablen »Lage« und »Impuls« in nichtkommutativer Weise multipliziert werden.

Wenn eine scheinbar so unbedeutende Änderung wie die Einführung der Nichtkommutativität derart weitreichende Folgen nach sich zieht, dann lohnt es sich ohne jeden Zweifel, dem Problem der Nichtkommutativität in der Mathematik genauere Aufmerksamkeit zu widmen.

4. Die nichtkommutative Geometrie

Der Raumbegriff ist natürlich ein zentraler Begriff der Geometrie. Er ist in der Geometrie des 20. Jahrhunderts unter dem Titel *differenzierbare Mannigfaltigkeit* (oder einfach *Mannigfaltigkeit*) sehr gründlich behandelt worden. Seine Definition erfolgt durch das »Anlegen« entsprechender Koordinatensysteme, welche die Rolle von mannigfaltigen geographischen Netzen auf der Mannigfaltigkeit spielen. Einen Punkt kann man auf einer Mannigfaltigkeit durch Angabe seiner Koordinaten identifizieren; das ist durch Auswahl verschiedener Koordinatensysteme möglich, wenn man nur in angemessener Weise von einem zum anderen übergeht. Diese Art, verschiedene Objekte (nicht nur Punkte) auf einer Mannigfaltigkeit zu manipulieren, erwies sich als sehr effektiv und trug erheblich zur Entwicklung der geometrischen Methoden bei.

Seit den 60er Jahren des 20. Jahrhunderts wurde immer deutlicher, daß es noch eine andere Weise gibt, die Geometrie auf Mannigfaltigkeiten aufzubauen. Es zeigt sich, daß man statt Koordinaten auch Funktionen auf Mannigfaltigkeiten verwenden kann.[6] Alle sich entsprechend korrekt verhaltenden Funktionen auf einer Mannigfaltigkeit (sogenannte glatte Funktionen) erzeugen eine mathematische Struktur, wie wir ihr oben begegnet waren, nämlich eine Algebra. Da die Multiplikation von Funktionen miteinander nicht von der Reihen-

6 Die in dieser Hinsicht bahnbrechende Arbeit stammte von Jean L. Koszul: *Fibre Bundles and Differential Geometry*, Bombay 1960.

folge der Faktoren abhängt, handelt es sich um eine kommutative Algebra. Indem man diese Methode verwendet, kann man im Prinzip die Mannigfaltigkeit vergessen und lediglich mit einer Algebra glatter Funktionen auf einer Mannigfaltigkeit operieren. Bei konkreten Berechnungen ist diese Methode beschwerlicher als die traditionelle Koordinatenmethode, doch dafür zeigt sie deutlicher die globalen Merkmale der Mannigfaltigkeit und eignet sich besser für Verallgemeinerungen.

Seit langem waren in der Differentialgeometrie und ihren Anwendungen in der Physik Räume aufgetaucht, denen gegenüber die traditionellen Methoden sich als hilflos erwiesen. Diese Räume pflegte man als pathologisch zu bezeichnen, und allmählich gewöhnte man sich daran, daß sie die Möglichkeiten der bisherigen Mathematik überstiegen. Es ist ein großes Verdienst von Alain Connes, bemerkt zu haben, daß auch solche Räume geometrischen Methoden zugänglich sind, wenn man diese Methoden entsprechend verallgemeinert.[7] Da Funktionen, wie gesagt, miteinander stets auf kommutative Weise multipliziert werden (wenn man die gewöhnliche Definition von Multiplikation zugrunde legt), sind die Algebren glatter Funktionen auf Mannigfaltigkeiten kommutativ. Doch eine Algebra glatter Funktionen auf einer Mannigfaltigkeit kann man durch eine andere, im Prinzip beliebige, nichtkommutative Algebra ersetzen (z.B. die Funktionen gegen Matrizen austauschen) und mit Hilfe dieser Algebra die Differentialgeometrie beinahe genauso konstruieren wie mit Hilfe einer Algebra glatter Funktionen auf einer Mannigfaltigkeit. Ein solches Vorgehen beschreibt einen bestimmten Raum: einen nichtkommutativen Raum. Es zeigt sich, daß selbst bis jetzt als pathologisch angesehene Räume dieser Untersuchungsmethode zugänglich sind.

Für diesen Gewinn muß man jedoch einen Preis bezahlen. Nichtkommutative Räume sind im Vergleich zu »gewöhnlichen« Räumen »anders«. Im weiteren beschränke ich mich

7 Sein grundlegendes Werk auf diesem Gebiet ist *Noncommutative Geometry*, New York 1994.

auf solche nichtkommutativen Räume, deren Andersheit darauf beruht, daß es in ihnen keine lokalen Begriffe gibt, d.h. keine Begriffe, die mit Lokalisierung zusammenhängen. Solche Begriffe sind in derartigen Räumen einfach sinnlos; es gibt in ihnen keine theoretischen Werkzeuge, die zur Definierung lokaler Eigenschaften dienen könnten. Globale Begriffe dagegen, d.h. solche, die sich auf den ganzen Raum beziehen, behalten in der nichtkommutativen Geometrie entweder ihre bisherige Bedeutung oder – was öfter der Fall ist – werden in entsprechender Weise verallgemeinert. Es war keine geringe Überraschung, als man zu der Überzeugung kam, daß sich mit Hilfe von ausschließlich globalen Methoden eine sehr elegante Geometrie betreiben läßt.

Anfangs wirkte das Gesetz der Gewohnheit. Die Mathematiker versuchten irgendwie, Lokalisierungsbegriffe in die nichtkommutative Geometrie »hineinzustopfen«, und als ihnen das nicht gelang, waren sie sehr unzufrieden. Doch allmählich setzte sich die Überzeugung durch, daß der Preis der Ortlosigkeit einen Gewinn darstellte. Und zwar auch im Hinblick auf die Anwendungen in der Physik. Denn diese Wissenschaft arbeitet sich immer entschlossener in Wirklichkeitsbereiche vor, die sehr weit von unserer »Sinneswelt« entfernt liegen, und die einzige Möglichkeit, dieses Fremdland zu durchdringen, besteht darin, dem von mathematischen Strukturen vorgezeichneten Weg zu folgen. Eine dieser Strukturen ist die nichtkommutative Geometrie. Vielleicht weist sie uns die richtige Richtung.

5. *Das nichtkommutative Regime in der Physik*

Erinnern wir uns daran, daß sich die Quantenmechanik in der Sprache einer nichtkommutativen C*-Algebra ausdrücken läßt. Warum sollte man diese Algebra nicht zur Konstruktion eines nichtkommutativen Raums verwenden? Mehr noch, man könnte ihre Verallgemeinerungsmöglichkeiten nutzen und versuchen, einen so allgemeinen Raum zu konstruieren, daß in ihm sowohl die Quantenmechanik als auch die Allgemeine Relativitätstheorie Platz finden. Das wäre ein wichtiger Schritt in Richtung auf eine Vereinheitlichung der Physik. Ebendieses Ziel verfolgt das von mir und meinen Mitarbeitern konstruierte Modell, das ich in der Einleitung zum vorliegenden Kapitel erwähnte. Ich weise noch einmal darauf hin, daß ich mich im folgenden darauf beschränken werde, die allgemeinsten Züge dieses Modells zu skizzieren, die ihren Wert für die theoretische Physik sogar dann nicht verlieren müssen, wenn die Details des Modells sich als zu stark vereinfacht oder sogar als falsch herausstellen. Wie wir sehen werden, ist die philosophische Aussagekraft dieser allgemeinsten Züge des Modells groß. Denn sie erteilen eine wichtige Lektion im Hinblick auf die Begriffsentwicklung und die Beschränktheit unserer Sprache.

Unser Modell nimmt an, daß auf dem Fundamentalniveau ein »nichtkommutatives Regime« herrscht. Versuchen wir diesen Satz zu verstehen. Die Physiker sind der Ansicht, das Fundamentalniveau liege sehr »tief« in der Struktur der Welt. Wenn wir Entfernungen der Größenordnung 10^{-33} cm (die sogenannte *Plancklänge*) messen könnten, würden wir zum Fundamentalniveau vordringen. Auf diesem Niveau herrschen die grundlegendsten physikalischen Gesetze; alles, was sich in größeren Längenbereichen abspielt, ist nur eine Folge ihrer Wirkung. In unserem Modell werden diese grundlegendsten physikalischen Gesetze in der Sprache der nichtkommutativen Geometrie ausgedrückt. Genauer gesagt, es gibt solche C^*-Algebren, die in sich Quantenstrukturen sowie Strukturen der Allgemeinen Relativitätstheorie vereinigen, und ebendiese Algebren modellieren das nichtkommutative Regime des Fundamentalniveaus. Es ist von entscheidender Bedeutung, daß es gelungen ist, einen Prozeß des Übergangs vom nichtkommutativen Regime zur gewöhnlichen Physik zu erarbeiten, wie sie in Längenbereichen herrscht, die größer als die Plancklänge sind. Im Verlauf dieses Prozesses »verengt sich« die C^*-Algebra auf eine kommutative Algebra,[8] die Quantenmechanik trennt

8 Technisch gesprochen, verengt sich die nichtkommutative C^*-Algebra auf

sich von der Gravitationstheorie (d.h. von der Allgemeinen Relativitätstheorie), und wir erhalten die uns heute bekannte Physik.

Sehen wir uns das Fundamentalniveau etwas näher an, denn eben hier gelten Begriffe, die aus einer starken Verallgemeinerung von in der Standardphysik vorkommenden Begriffen hervorgegangen sind. Es ist leicht zu sehen, daß ein wichtiger Zug, der die ganze »Logik« des Fundamentalniveaus kennzeichnet, in der Ortlosigkeit der nichtkommutativen Geometrie (d.h. in der Abwesenheit von Lokalisierungsbegriffen in ihr) besteht. Ebendieser Zug ermöglichte es, im nichtkommutativen Regime bis dahin nicht zueinander passende Begriffe aus der Quantenmechanik und der Allgemeinen Relativitätstheorie miteinander zu vereinigen. Mehr noch, eben die Ortlosigkeit des Fundamentalniveaus eröffnet Chancen auf die empirische Bestätigung unseres Modells. Bekanntlich sind in der Quantenmechanik Phänomene bekannt, die auf der Korrelation von Ereignissen beruhen, die so weit voneinander entfernt stattfinden, daß jedweder Informationsaustausch zwischen ihnen ausgeschlossen ist (zu diesen Phänomenen gehört das berühmte Einstein-Podolski-Rosen-Experiment). Solche Phänomene könnten eine Spur des Fundamentalniveaus darstellen, auf dem der Begriff der Entfernung einfach nicht vorkommt.

Im folgenden werde ich mich auf die Art und Weise konzentrieren, in der wichtige Begriffe in unserem Modell funktionieren, wobei ich mehr seine »Logik« als seine technischen Details ausnutze. Wir werden sehen, daß beim Übergang zum nichtkommutativen Regime zwei Prozesse eine wichtige Rolle spielen: der Prozeß der Verallgemeinerung von Begriffen und der Prozeß ihrer Vereinigung. Für die Analyse wähle ich Begriffe, die nicht nur vom physikalischen Gesichtspunkt aus wichtig sind, sondern auch deutliche Verbindungen zu Philosophie und Theologie aufweisen. Auch wenn ich damit die

---

ihr Zentrum (oder eine Teilmenge davon), das bereits eine kommutative Algebra bildet.

Geduld meiner Leser strapaziere, betone ich noch einmal, daß mein Ziel nicht darin besteht, aus der physikalischen Begriffsentwicklung gezogene Folgerungen auf die Theologie zu übertragen, sondern das Bewußtsein für die beschränkten Anwendungsmöglichkeiten unserer Begriffe und unserer Sprache zu schärfen, wenn sie sich auf Gebiete beziehen sollen, die unser Erkennen nicht direkt zu kontrollieren vermag.

6. Zeitlosigkeit und Dynamik

Ich erwähnte bereits, daß die Zeitlosigkeit des nichtkommutativen Regimes für den Theologen interessant sein mag. Die Doktrin von Gottes Zeitlosigkeit reicht bis zu Boethius und dem hl. Augustinus zurück (laut Boethius ist die Ewigkeit Gottes »der vollkommene Besitz des gesamten Lebens auf einmal«[9]). Diese Lehre begegnet recht häufig dem Vorwurf, eine Existenz ohne vergehende Zeit müsse statisch, »tatenlos« sein, und so etwas dürfe man Gott nicht zuschreiben.[10] Das Modell des nichtkommutativen Regimes liefert Argumente für die Doktrin der alten Meister. Wenn in einem mathematischen Modell Dynamik ohne Zeit (im gewöhnlichen Sinne) möglich ist, dann kann man sich in der Theologie erst recht Spekulationen über eine zeitlose Existenz, die jedoch keine Bewegungslosigkeit wäre, erlauben. Sehen wir uns das nichtkommutative Modell unter diesem Gesichtspunkt etwas genauer an.

Dynamik kann im nichtkommutativen Modell auf unterschiedliche Weisen erscheinen, von denen ich zwei vorstellen will. In der Standardphysik wird Bewegung mit Hilfe von Vektorgrößen beschrieben (z.B. ist die Geschwindigkeit ein Vektor). Ein »an einen bestimmten Punkt angehängter« Vektor stellt eine lokale Größe dar und kommt daher in der für un-

9 *De consolatione philosophiae* V 6,4.

10 Vgl. z.B. Paul Tillich: *Systematische Theologie*, 2 Bde., Stuttgart 1958; Karl Barth: *Kirchliche Dogmatik*, München 1987.

ser Modell verwendeten nichtkommutativen Geometrie nicht vor; doch es gibt dort ein Gegenstück des Vektorfeldes, das ein globaler Begriff ist und zur Formulierung von Gleichungen verwendet werden kann, welche die Dynamik modellieren (bekanntlich läßt sich sogar in der gewöhnlichen Physik die Dynamik eines Systems mit Hilfe von Vektorfeldern beschreiben). Dabei handelt es sich um echte Dynamik, in der jedoch kein Ortswechsel vorkommt. Offenbar ist die mathematische Abstraktion unserer Vorstellungsfähigkeit weit voraus. Schauen wir nun, ob uns die zweite Möglichkeit, Dynamik im nichtkommutativen Modell darzustellen, weiterhilft.

Es gibt einen mathematischen Satz, der besagt, daß jede C*-Algebra eine andere Algebra hervorbringt, die als *Von-Neumann-Algebra* bezeichnet wird (und deren Unteralgebra sie darstellt). Jede Von-Neumann-Geometrie aber ist – wie die Fachleute für nichtkommutative Geometrie sagen – ein »dynamisches Objekt«. Hier einige kommentierende Bemerkungen, die helfen mögen, den Sinn dieser Bezeichnung zu erfassen.

Der Begriff des Zustands eines physikalischen Systems kommt dem Begriff des Punktes verhältnismäßig nahe (einen Punkt kann man als »Lagezustand« verstehen), ist aber – im Gegensatz zu diesem – kein lokaler Begriff: Das Gesamtsystem kann sich in verschiedenen Zuständen befinden. Eine Von-Neumann-Algebra hebt jedoch einen bestimmten Zustand des Systems heraus und wendet im Hinblick auf diesen eine bestimmte, die Zeit imitierende Ordnungsmethode an. Diese Ordnung läßt sich zur Beschreibung einer Art Dynamik (zur Formulierung einer dynamischen Gleichung) verwenden, doch hängt diese Dynamik streng vom Zustand ab.[11] Wenn sich der Zustand ändert, ändert sich die Dynamik. Etwas geschieht also, es gibt eine Abfolge, doch sie hat keinen universa-

11 Technisch ausgedrückt: Es gibt eine einparametrische Gruppe von Umformungen einer Von-Neumann-Algebra innerhalb ihrer selbst; diese Gruppe hängt vom Zustand auf der Von-Neumann-Algebra ab. Der Parameter dieser Gruppe spielt die Rolle des »zeitabhängigen Zustands«. Von der Existenz dieser Gruppe handelt das Tomita-Takesaki-Theorem.

len Charakter (wie die makroskopische Zeit, die vom Zustand unabhängig ist), sondern ist streng zustandsabhängig.

Von-Neumann-Algebren sind darüber hinaus nicht nur Verallgemeinerungen der Dynamik, sondern auch der Wahrscheinlichkeit (des Wahrscheinlichkeitsmaßes, wie der Mathematiker sagen würde). Bei der Definierung dieser Wahrscheinlichkeit spielt der Begriff des Zustands, von dem im letzten Absatz die Rede war, eine wesentliche Rolle. Aus diesem Grund ist jede durch eine Von-Neumann-Algebra gegebene Dynamik probabilistisch und jede Wahrscheinlichkeit dynamisch. Doch wie soll man sich eine Wahrscheinlichkeit ohne Zeit vorstellen? Selbstverständlich kann sie nicht mit so etwas wie »Vorhersagenunsicherheit« zu tun haben, denn das würde den Begriff der vergehenden Zeit voraussetzen. Man sollte eher an eine Art (allerdings über einen gewissen Grad an Realität verfügendes) »Möglichkeitsfeld« denken, das sich dynamisch verwirklicht. Man sieht, daß unsere Vorstellungskraft und unsere Sprache angesichts dieser Situation versagen. Wir können nur der Logik der mathematischen Strukturen vertrauen.

Im Licht dieser Überlegungen ist deutlich zu sehen, daß auch andere mit der Wahrscheinlichkeit zusammenhängende Begriffe neu durchdacht werden müssen: z.B. die Begriffe der Notwendigkeit und des Zufalls. Beide spielen sowohl in der Philosophie als auch in der Theologie eine wichtige Rolle, und beide müssen grundsätzlich revidiert werden, wenn man sie auf Bereiche anwenden will, in Hinblick auf welche der Zeitbegriff (in seinem gewöhnlichen Sinne) nicht anwendbar ist. Ich beabsichtige nicht, hier eine entsprechende Diskussion zu führen, sondern möchte lediglich noch einmal darauf hinweisen, daß wir uns bei der Anwendung von Begriffen wie Notwendigkeit oder Zufall in der Theologie (in bezug auf Gott) der Beschränktheit unserer gedanklichen (und sprachlichen) Kategorien wohlbewußt sein müssen.

Interessant sind in dieser Hinsicht Bemerkungen Ernan McMullins, der in seiner Besprechung der traditionellen Lehre von der Unzeitlichkeit Gottes behauptet, Sein Wissen von der Zukunft sei nicht diskursiv, sondern anschaulich. Gott erschließe die Zukunft nicht aus Seinem Wissen über die Gegenwart, sondern kenne sowohl die Gegenwart als auch die Zukunft »aus Einsicht« (aus Anschauung), und daher gebe es in Seinem »Planen« nichts, was der Erwartung gliche. McMullin formuliert bündig: »Wenn Gott plant, ist der Effekt augenblicklich. Es gibt keinen zeitlichen Zwischenraum zwischen der Entscheidung und ihrer Ausführung.«[12]

Aus einer solchen Perspektive sollte das, was sich für uns in der Zeit erstreckt und für Zufall gehalten wird, sicherlich mit völlig anderen Kategorien ausgedrückt werden.

Man muß daher auch in diesem Fall den alten Meistern Weitsichtigkeit und ein scharfes Empfinden für die Beschränktheit unserer Begriffe zuschreiben. Doch geschieht das mit einem gewissen Vorbehalt. Es scheint, daß sie allzu großes Vertrauen in die Unfehlbarkeit ihrer Überlegungen hatten. Zwar waren sie sich des analogischen Charakters der auf Gott angewendeten Begriffe bewußt, doch in der Praxis verfuhren sie so, als erfaßten ihre gedanklichen Konstruktionen die Transzendenz in adäquater Weise. Davon zeugt etwa die Temperatur der Diskussionen zwischen verschiedenen Schulen. Wer sich des hypothetischen Charakters seiner Behauptungen voll bewußt ist, kämpft nicht mit einer solchen Verbissenheit für sie.

7. Dynamik und Kausalität

Die in gewissen philosophischen Schulen recht verbreitete Überzeugung, die Kausalität sei eine rein metaphysische Kategorie und die Physik habe in dieser Angelegenheit nichts zu sagen, ist nicht korrekt. In der Allgemeinen Relativitätstheorie wurde die sogenannte *Kausalitätsstruktur der Raumzeit* detailliert ausgearbeitet.[13] Für jeden Punkt der Raumzeit wird ein

12 Ernan McMullin: »Evolutionary Contingency and Cosmic Purpose«, in: *Studies in Science and Theology* 5 (1997), S. 91-112.

13 Vgl. z.B. Stephen W. Hawking u. George Francis Roger Ellis: *The Large Scale Structure of Space-Time*, Cambridge 1973.

sogenannter *Lichtkegel* definiert, der denjenigen Bereich der Raumzeit bezeichnet, der physikalische Folgen in dem betreffenden Punkt hervorrufen kann, sowie den Bereich, auf den ein Ereignis in dem betreffenden Punkt kausal einzuwirken vermag. Dabei handelt es sich natürlich um eine lokale Struktur (für *jeden* Punkt der Raumzeit ist ein Lichtkegel definiert), die mit einer bestimmten Ursache-Wirkungs-Folge von Ereignissen zusammenhängt. Letzteres scheint mit der auf Hume zurückgehenden Überzeugung im Einklang zu stehen, daß Kausalität sich gänzlich auf zeitliche Aufeinanderfolge reduzieren läßt.

Beim Übergang zum nichtkommutativen Regime ändert sich all das radikal. Zwar kann von einer zeitlichen Aufeinanderfolge von Ereignissen (im gewöhnlichen Sinne) nicht die Rede sein, doch es zeigt sich, daß die Kausalstruktur der Raumzeit ihr nichtkommutatives Gegenstück hat. Man kann daher in gewisser Weise von Lichtkegeln sprechen, die jedoch nichtlokalen Charakter haben; denn sie sind durch das nichtkommutative Gegenstück eines Vektorfeldes definiert, doch nicht mit Hilfe von in einem bestimmten Punkt »angehängten« Vektoren (wie es in der kommutativen Geometrie der Fall ist).[14] Die gleichen Gegenstücke der Vektorfelder sind verantwortlich für die nichtkommutative Dynamik (vgl. das vorhergehende Unterkapitel). Die Kausalität ist hier also mit bestimmten dynamischen Abhängigkeiten verbunden, nicht jedoch mit einer zeitlichen Ursache-Wirkungs-Folge.

Die Bezüge zu Philosophie und Theologie sind offensichtlich. In beiden Disziplinen wird Gott häufig als Erste Ursache verstanden. Bei der Lektüre klassischer philosophischer und theologischer Texte hat man den Eindruck, das Bewußtsein der Theologen, daß Aussagen über Gott stets analogischer Natur sind, sei in diesem Fall geringer als bei anderen Ihm zuge-

---

14 Die Kausalitätsstruktur der Raumzeit wird von der sogenannten Lorentzmetrik definiert. In der nichtkommutativen Geometrie wird die verallgemeinerte Lorentzmetrik durch die Zusammenhänge zwischen den nichtkommutativen Gegenstücken der Vektorfelder, d.h. den sogenannten Derivaten der jeweiligen nichtkommutativen Algebra, definiert.

schriebenen Attributen. Bereits die Unterscheidung zwischen der Ersten Ursache und den Sekundärsachen selbst beruht auf der Alltagserfahrung, die lehrt, daß wir gewisse Handlungen mit Hilfe von Werkzeugen ausführen, die im Verhältnis zu uns die Rolle von »Sekundärursachen« spielen.[15] Die Doktrin von Gott als der Ersten Ursache hängt in offensichtlicher Weise mit der Lehre von der Schöpfung der Welt zusammen, die wir als Folge der göttlichen Schöpfertätigkeit auffassen. Knapp gesprochen ist »Schöpfung« (*creatio*) die Bezeichnung für den Ursache-Wirkungs-Zusammenhang zwischen Gott und der Welt. Und hier läßt sich die nichtkommutative Geometrie wiederum als wichtige Warnung an die Adresse der Theologie verstehen. Man sollte die Natur der in der Welt auftretenden Kausalzusammenhänge nicht allzu leichtfertig auf die Tätigkeit Gottes übertragen (selbst wenn wir dies unter dem Vorbehalt der Analogizität tun). Es ist zu beachten, daß selbst in der physikalischen Welt (in denjenigen Bereichen, in denen ein nichtkommutatives Regime herrscht) eine Kausalverbindung nicht unbedingt das einfache Schema »hier Ursache – dort Wirkung« und ebensowenig eine zeitliche Abfolge von Ursachen und Wirkungen voraussetzt.

Die wichtige Frage taucht auf: Wie läßt sich die Gefahr minimieren (denn ganz vermeiden läßt sie sich nicht), »unerlaubterweise« Begriffe von der Welt auf Gott zu übertragen? Ich halte Leibniz' berühmte Frage: »Warum ist überhaupt etwas und nicht vielmehr nichts?« für ein gutes Beispiel einer solchen Minimierung. Bereits in der Formulierung dieser Frage selbst ist ein gewichtiger metaphysischer Inhalt verborgen. Man kann seine metaphysische Verwunderung über die Existenz der Welt – bei gleichzeitiger Betonung der Tatsache, daß sich in der Welt keine Rechtfertigung für ihre Existenz finden läßt – kaum besser formulieren. Die Formulierung erfolgt in Gestalt einer Frage, was die Gefahr der Wörtlichkeit verringert, die kategorische Behauptungen stets mit sich brin-

15 Vgl. z.B. Thomas von Aquin: *Scriptum super libros Sententiarum Petri Lombardi*, liber 2, dist. 1, quaest. 1, art. 4.

gen. Darüber hinaus ist diese Frage frei von allen zeitlichen Assoziationen und hat deutlich globalen Charakter. Das »Etwas«, worauf die Frage sich bezieht, ist weder auf einen Zeitabschnitt noch auf einen Ort beschränkt. Selbst der in dieser Frage vorkommende Begriff des Seins ist unbelastet von traditionellen metaphysischen Disputen. Von der thomistischen Metaphysik wurde Gott bekanntlich Sein im wörtlichen (»Gott ist Sein«), den Geschöpfen im analogen Sinne zugeschrieben. In der Leibnizschen Frage ist nur die Rede vom Sein der Welt, nicht aber vom Sein Gottes. Wir fragen also nur nach dem, was wir aus eigener Erfahrung kennen.

8. Statt einer Schlußfolgerung

Führen die obenstehenden Analysen nicht zu der pessimistischen Schlußfolgerung, daß alle unsere Bemühungen, etwas Sinnvolles über Gott auszusagen, zum Scheitern verurteilt sind? Wenn selbst in den Naturwissenschaften wie der Physik, in Situationen, die von unserer makroskopischen Erfahrung abweichen, die uns bekannten Begriffe zusammenbrechen, um wieviel eher muß das geschehen, wenn wir versuchen, unsere Begriffe auf die Transzendenz zu beziehen, auf dasjenige also, was definitionsgemäß all unsere Erfahrung – und zwar unendlich weit – übersteigt? Bleibt nicht nur ein noch größeres Bewußtsein von der Inadäquatheit unserer Sprache? Und ist der einzig vernünftige Ausweg aus dieser Situation nicht die Idee der apophatischen Theologie, wonach unsere Aussagen über Gott, selbst wenn sie die Gestalt von Behauptungssätzen haben mögen, im Grunde Negationen sind, die besagen, daß der Inhalt unserer Behauptungen auf Gott nicht zutrifft? Wäre also die einzige Schlußfolgerung, die wir aus den in dieser Arbeit unternommenen Analysen ziehen können, lediglich ein noch weiter geschärftes Bewußtsein unserer sprachlichen Beschränktheit?

Die Idee der apophatischen Theologie läßt sich so auffassen, daß sie nicht buchstäblich gemeint ist, sondern auf gewissermaßen metaphorische Weise die Aufmerksamkeit auf die Beschränktheit unseres Sprechens von Gott lenkt. Die Metapher der Negation ist sehr aussagekräftig und erfüllt daher erfolgreich ihre Aufgabe. Doch wörtlich verstanden dürfte sie keine gute Lösung darstellen, da sie einen unter Umständen in riskante Lagen zu bringen vermag. Wenn ich beispielsweise den Satz ausspreche: »Gott existiert«, dann negiere ich – gemäß einer wörtlich verstandenen apophatischen Theologie – im Grunde Seine Existenz. Ich bezweifle, daß irgendein Theologe dergleichen vertreten möchte. Es geht ihm sicherlich allein darum, darauf aufmerksam zu machen, daß man die Existenz Gottes in einem völlig anderen Sinne verstehen muß als die Existenz irgendeiner anderen Sache (wenn ich mich recht erinnere, sagte bereits Duns Scotus im Hinblick auf diesen Punkt, die Behauptung »Gott existiert« sei eher falsch als richtig).

Eine andere Lösung des von mir erörterten Problems besteht in der Konzeption der Analogizität von Aussagen über Gott. Diese Konzeption ist fest in der traditionellen (thomistischen) Gottesphilosophie verankert. Doch wenn sie ihrerseits mehr sein soll als bloß eine metaphorische Aufforderung, der Beschränktheit unserer Sprache eingedenk zu bleiben, dann müssen ihre älteren Ausgestaltungen (die Aussagen über Gott als analogisch im Sinne der eigentlichen Proportionalitätsanalogie betrachten)[16] überwunden werden. Ein Vorschlag zu einer Konzeption des analogischen Sprechens von Gott, die modernere logische Techniken nutzt, stammt von Pater Józef Maria Bocheński.[17] Es ist bedauerlich, daß die von ihm initiierte Weise des Nachdenkens über Analogie nicht intensiver verfolgt wird.

Eine gewisse Ergänzungsfunktion könnten darüber hinaus historische Studien übernehmen, die der Entwicklung theologischer Begriffe gewidmet wären. Dazu müßten jedoch die Er-

---

16 Vgl. Mieczysław Albert Krąpiec: *Teoria analogii bytu* [Die Theorie der Seinsanalogie], Lublin 1959.

17 Józef Maria Bocheński: *Logik der Religion*, Paderborn u. a. ^{2}1981, S. 101-103 u. 133-137.

rungenschaften der modernen Methodik, Wissenschafts- und Sprachphilosophie genutzt werden. Solche Studien könnten bestimmte Mechanismen der Wandlungen aufzeigen, denen theologische Begriffe unterliegen. Eine interessante Frage wäre etwa, ob diese Begriffe mit der Zeit einer Verallgemeinerung unterliegen (wie es in der Physik der Fall ist) oder ob sich andere Gesetzmäßigkeiten auffinden lassen. Die Antwort auf diese Frage könnte mehr Licht darauf werfen, in welchem Maße es gerechtfertig ist, die Entwicklung der theologischen Sprache mit derjenigen anderer Wissenschaftssprachen zu vergleichen. *A priori* sind erhebliche Unterschiede zu erwarten, wenngleich Parallelen in bestimmten Hinsichten sehr wahrscheinlich sein dürften.

Doch zurück zur Grundfrage: Haben unsere Aussagen über Gott irgendeine Bedeutung? Ich denke, daß die Antwort auf diese Frage in zwei Etappen zu geben ist: zuerst in bezug auf die Gottesphilosophie, dann auf die Theologie.

Auf dem Gebiet der Gottesphilosophie ist die Angelegenheit schwieriger, denn wir sind allein auf uns selbst gestellt, während die Andere Seite (Gott) schweigt. Aussagen über Gott sind es sicherlich wert, analysiert zu werden, denn sie sagen zumindest etwas über unser eigenes Engagement in diesen Fragen aus, und im weiteren historischen Kontext betrachtet, zeugen sie von einer wichtigen Menschheitserfahrung. Es handelt sich hierbei um sehr gewichtige Probleme, die eine erhebliche Forschungsanstrengung rechtfertigen. Auch gibt es keinerlei Beweis dafür, daß unsere Aussagen über Gott nicht irgendeine Information über Ihn enthalten. Und bereits allein dies ist ein wichtiges Argument, das dafür spricht, solche Aussagen ernst zu nehmen und über sie nachzudenken. Das ist zwar wenig, gemessen an den Ansprüchen der Philosophen, doch in einer Frage von solcher Tragweite zählt sogar die Wahrscheinlichkeit.

Der Theologe befindet sich in einer wesentlich besseren Position, denn er kann sich auf die Offenbarung berufen. Die von ihm betriebene Disziplin läßt die Argumentationsweise »aus Offenbarung« nicht nur zu, sondern macht daraus ihr

Hauptspezifikum. Ich werde dieses Spezifikum hier weder näher analysieren noch seine Konsequenzen erwägen. Es geht mir nur um das Faktum selbst, daß man sich der Offenbarung »bedient«, denn dieses Faktum setzt voraus, daß Gott in irgendeinem Sinne zum Menschen gesprochen und dafür menschliche Ausdrucksmittel verwendet hat. Wenn dem aber so ist, folgt daraus, daß die Sprache der Offenbarung eine Information über Gott übermittelt. Und hier interessiert es mich wiederum nicht, um welche Information es sich dabei handelt, sondern nur, *daß* ihre Übermittlung möglich ist. Darin liegt ein starkes theologisches Argument dafür, daß die menschliche Sprache, trotz all ihrer Beschränktheit, beim Sprechen über Gott nicht völlig hilflos ist. Dieses Argument entscheidet natürlich nicht darüber, auf welche Weise Aussagen über Gott zu interpretieren sind. Die Frage der Interpretation der Offenbarung, insbesondere der biblischen Texte, gehört bekanntlich zu den schwierigsten theologischen Problemen, ist für die gegenwärtige Diskussion jedoch von zweitrangiger Bedeutung; entscheidend ist, daß die Frage der Interpretation überhaupt gestellt werden kann. Denn das Problem der Interpretation einer Sprache entsteht überhaupt nur dann, wenn es die Hoffnung gibt, daß diese Sprache nicht von nichts redet.

Kapitel 5
Die doppelte Wahrheit

1. Unstimmige Ansichten

Wenn Verstandesmenschen ihren religiösen Glauben aufgeben, liegt das Motiv dafür häufig darin, daß sie einen Widerspruch entdecken zwischen irgendeiner »Glaubenswahrheit« und einer »wissenschaftlichen Wahrheit«. Der Akt des Aufgebens selbst hat jedoch selten den Charakter einer Schlußfolgerung auf der Basis von Prämissen. Er pflegt eher im langsamen Anwachsen eines Gefühls der Unstimmigkeit zu bestehen, das sich mit der Zeit zu einem völligen Desinteresse an religiösen Fragen auswächst. Gewöhnlich aber geht es nicht um den Widerspruch zwischen einer klar formulierten religiösen These und einer wissenschaftlichen Behauptung, sondern darum, daß das religiöse und das wissenschaftliche Weltbild »nicht zueinander passen«.

Bei anderen Menschen – namentlich bei solchen, die sich weniger um Logik kümmern und deren Verbundenheit mit der Religion stärker ist als ihr Gefühl für Konsequenz – führt dieses »Nicht-zueinander-Passen« zu einer anderen Haltung: zur Haltung der Toleranz angesichts voneinander abweichender Weltbilder. Damit geht zuweilen einher, daß sie sich eine Philosophie zurechtmachen, die diese dichotomische Denkweise in irgendeiner Form rechtfertigt. In extremen (was nicht bedeutet: in seltenen) Fällen führt eine solche Haltung zur sogenannten Theorie der doppelten Wahrheit, d.h. zu der Überzeugung, daß es vernünftig ist, zwei einander widersprechende Sätze (oder Satzsysteme) zu vertreten, unter der Bedingung, daß jeder von ihnen zu einem »anderen Gebiet« gehört, z.B. zur Menge der religiösen Wahrheiten und zur Menge der wissenschaftlichen Behauptungen. Diese Haltung dürfte häufiger sein, als es scheinen könnte, was keineswegs bedeutet, daß ihre Anhänger geneigt sind, die Sache beim Namen zu nennen und zuzugeben, daß sie die »Theorie der doppelten Wahrheit« vertreten. Zuweilen nimmt diese Theorie die Gestalt der »Herzenswahrheit und der Verstandeswahrheit« an, und dann behaupten ihre Anhänger nicht im eigentlichen Sinne einen Widerspruch zwischen diesen Wahrheiten, sondern neigen eher der Auffassung zu, daß »das Herz Gründe kennt, die dem Verstande nicht zugänglich sind«.[1] Man kann sich darüber streiten, in welchem Grade es sich dabei um eine Theorie der doppelten Wahrheit handelt und in welchem Grade um die Behauptung, daß die Möglichkeiten unseres Verstandes beschränkt sind.[2]

Die Konzeption der doppelten Wahrheit hat sich in der Geschichte der christlichen Theologie immer wieder einmal bemerkbar gemacht. Erwartungsgemäß geschah dies vor allem

1 In noch anderen Fällen führt diese Haltung zum Fundamentalismus, d.h. dazu, die »Herzenswahrheiten« so weit über die »Verstandeswahrheiten« zu stellen, daß man die letzteren einfach ignoriert oder ihnen sogar widerspricht.

2 Nachdem ich diese Worte geschrieben hatte, stieß ich auf eine Aussage von Jan Salamucha, der ähnliche Gedanken vertritt; hier das Zitat: »Der Glaube wird traditionell dem Wissen gegenübergestellt. Das bedeutet selbstverständlich nicht, daß der Glaube mit dem Wissen kollidieren müßte; alle Tendenzen, die versucht haben, programmatisch die Möglichkeit zwischen ›wirklichem Wissen‹ und ›wirklichem Glauben‹ einzuführen, hat die katholische Kirche als heterodox verurteilt. Und solche Tendenzen kamen in der Kirchengeschichte in verschiedenen Gestalten mehrfach vor. [...] [Solche Tendenzen] verbergen sich auch heute noch in der Gestalt eines in fehlerhafter Weise traditionellen oder auch emotionalen Katholizismus. Wenn jemand mit Eifer behauptet, er sei Katholik, weil seine Vorfahren Katholiken gewesen seien und ihn außerdem ›die Stimme des Herzens‹ auf diesem Weg führe, doch man solle über diese Fragen nicht nachdenken, denn in diesem Fall würden sich Schwierigkeiten und unlösbare Konflikte auftun, dann gerät dieser Mensch – im übrigen möglicherweise halb unbewußt – auf den gefährlichen Boden der Theorie von der doppelten Wahrheit.« (»Struktura katolickiego poglądu na świat« [Die Struktur der katholischen Weltanschauung], in: Jan Salamucha: *Wiedza i wiara – Wybrane pisma filozoficzne* [Wissen und Glauben – Ausgewählte philosophische Schriften], hrsg. v. Jacek J. Jadacki u. Kordula Świętorzecka, Lublin 1997, S. 41).

in Zeiten ernsthafter geistiger Krisen. Beispiele für derartige Situationen müssen wir nicht in der Auseinandersetzung heutiger Theologen mit hervorstechenden Zügen der modernen Weltbilder suchen; leichter zu finden sind sie in der Vergangenheit (heute haben wir uns an Krisen gewöhnt, und es stört sich kaum noch jemand an ihnen). Begeben wir uns in das 13. Jahrhundert zurück. Der Westen hatte gerade, durch die Vermittlung der Araber, viele bis dahin verschollene griechische Schriften, darunter solche des Aristoteles, entdeckt. Das fest verankerte und wohlsystematisierte Wissensgebäude, das vor allem auf dem Platonismus in der Version des hl. Augustinus ruhte, war ins Wanken geraten. Auf der einen Seite war es schwierig, sich den philosophischen Gedanken des Aristoteles, namentlich seinem naturphilosophischen Wissen, zu widersetzen; auf der anderen Seite waren, bei einer etwas genaueren Lektüre des Philosophen, ernsthafte Divergenzen zwischen einigen seiner Thesen und der christlichen Lehre nicht zu verkennen. Darüber hinaus zeigte sich bald, daß der – geradezu konkurrenzlos – beste Kommentator der Aristotelischen Werke der arabische Denker Averroes war (man nannte ihn schlicht »den Kommentator«), und dieser verkündete unter anderem, daß die Welt ewig und unabhängiger von Gott sei, als bis dahin die anderen Philosophen geglaubt hatten, sowie daß die Menschen an einem gemeinsamen Geist Anteil hätten und daher ihre individuellen Seelen nicht unsterblich seien. Der (für die damalige Zeit) radikale Rationalismus des Averroes wurde zu einer großen Versuchung für die westlichen Denker. Bald entstand an der Artistenfakultät der Pariser Universität die Gruppe der sogenannten »lateinischen Averroisten«. Zu ihr gehörten unter anderem Siger von Brabant und Boethius von Dacien, welche die Thesen des Averroes in vollem Umfang akzeptierten, ohne jedoch die christliche Religion aufzugeben. Den einzigen Ausweg stellte in dieser Lage die Konzeption der doppelten Wahrheit dar.[3] Die Reak-

3 Ausführlicher vgl. William A. Wallace: »The Philosophical Setting of Medieval Science«, in: *Science in the Middle Ages*, hrsg. v. David C. Lindberg,

tion der Kirche war energisch. Im Jahre 1270 verurteilte der Bischof von Paris, Étienne Tempier, 13 Thesen, darunter auch solche des Averroes. Es folgten weitere Verurteilungen (unter anderem die berühmte Verurteilung von 219 Thesen durch Bischof Tempier im Jahre 1277). Doch bekanntlich wurde die Krisensituation weder durch Verurteilungen noch durch Verbote gelöst. Dies bewirkten Denker wie Albert der Große, Bonaventura und Thomas von Aquin. Ihr Werk war eine spezifische Synthese des christlichen Denkens mit der Philosophie des Aristoteles.

Ich meine, daß uns diese wichtige geschichtliche Episode auch heute noch zu denken geben sollte. Wie haben wir uns in vergleichbaren Krisen zu verhalten? Kontrollieren wir unsere Überzeugungen stets so weitgehend, daß wir in der Lage sind festzustellen, ob sie Widersprüche bergen oder nicht? Und ich meine keineswegs nur Unstimmigkeiten oder Widersprüche zwischen unseren religiösen Glaubensinhalten und dem »weltlichen Wissen«. Ähnliche Unstimmigkeiten und Widersprüche können ebenso in verschiedenen anderen unserer Ansichten auftreten (und treten tatsächlich häufig auf). Darüber hinaus lehrt die Wissenschaftsgeschichte, daß sich einander widersprechende wissenschaftliche Theorien zuweilen gleichzeitig entwickelt haben; ebenso kam es vor, daß ein und dieselbe Theorie in sich widersprüchlich war. Das Postulat der Rationalität hält uns dazu an, vor derartigen Situationen nicht die Augen zu verschließen und auf diese Weise (zumindest implizit) einer Theorie der doppelten Wahrheit anzuhängen, sondern uns zu bemühen, das entstandene Problem auf logische Weise in Ordnung zu bringen. Hier kommt einem die moderne Logik zu Hilfe. Unter ihren zahlreichen Systemen finden sich die sogenannten parakonsistenten Logiken. Deren Schöpfer setzen es sich zum Ziel, formale Grundsätze zu er-

---

Chicago/London 1978, S. 103-107; Michał Heller, Zbigniew Liana, Janusz Mączka u. Włodzimierz Skoczny (wie Teil II, Anm. 6): *Nauki przyrodnicze a teologia: Konflikt i współistnienie* [Die Naturwissenschaften und die Theologie: Konflikt und Miteinander], Kraków/Tarnów 2001, S. 117 f.

arbeiten, die es erlauben sollen, mit den Unstimmigkeiten, ja den Widersprüchen zurechtzukommen, die unvermeidlich in unserem Wissen auftreten. Zwar ist eine Weltanschauung, auch eine religiöse Weltanschauung, kein formales System, doch die Logik hat es an sich, daß sie es erlaubt, bestimmte logische Regeln aus formalen Systemen auf unformalisierte Argumentationen zu übertragen – wovon letztere stets profitieren. Es ist außerordentlich lohnend, diese Fragestellung im Hinblick auf religiöse Anschauungen zu erörtern, insbesondere was deren eventuelle Unstimmigkeiten (oder Widersprüche) im Verhältnis zu Anschauungen wissenschaftlicher Herkunft betrifft. Dies ist das Ziel der vorliegenden Untersuchung.

2. Einige Bemerkungen zum Prinzip der Widerspruchsfreiheit

Das Prinzip der Widerspruchsfreiheit ist der Eckstein des logischen Denkens.[4] Der bekannte Logiker Alonzo Church schrieb:

> »Der Begriff der *Widerspruchsfreiheit* eines logischen Systems ist semantisch motiviert und ergibt sich aus dem Erfordernis, daß nichts, dessen Bedeutung logisch absurd oder immanent widersprüchlich ist, ein Theorem sein darf oder daß es keine zwei Theoreme geben darf, von denen das eine die Negation des anderen wäre.«[5]

Gemäß dieser Aussage soll das Prinzip der Widerspruchsfreiheit vor logischer Absurdität schützen, was eine semantische Forderung sei, d.h. eine solche, die sich auf die Relation zwischen der Sprache und dem, worüber die Sprache redet, bezieht.[6] Hinter Churchs Ausspruch verbergen sich folgende In-

4 In der Literatur wird häufiger die Bezeichnung »Prinzip des Widerspruchs« verwendet; ich ziehe jedoch die Bezeichnung »Prinzip der Widerspruchsfreiheit« vor, da sie deutlich das Postulat unterstreicht, daß Widersprüche zu vermeiden sind.

5 Zit. nach Geoffrey Hunter: *Metalogic*, London 1971, S. 78.

6 Hunter präzisiert, daß der Terminus »semantisch« exakt dasselbe bedeute

tuitionen: Es gibt eine tiefe (metaphysische) Überzeugung, daß nichts, was existiert, in sich widersprüchlich sein kann (ontologisches Prinzip der Widerspruchsfreiheit). Wenn wir sichergehen wollen, daß unsere Sprache der Wirklichkeit entspricht, müssen wir also in Aussagen Widersprüche vermeiden. In der Logik bemühen wir uns jedoch – wie Church weiterhin ausführt –, diesem semantischen Postulat einen syntaktischen Inhalt zu geben, d.h. es so zu modifizieren, daß es sich an ein logisches System, unabhängig von dessen Interpretation, anpaßt.[7]

In der neuzeitlichen Geschichte der Philosophie sind Systeme aufgetaucht, die im Widerspruch ein fundamentales Funktionsgesetz der Welt und der menschlichen Gesellschaften sahen. Man denke nur an Hegel und seine Behauptung, daß aus dem Widerspruch von »These« und »Antithese« sich immer etwas Neues (eine »Synthese«) ergebe, sowie an die marxistische Philosophie mit ihrem »Gesetz von der Einheit der Gegensätze«, doch diese Ansichten trafen auf eine entschiedene Kritik von seiten rationalistischer eingestellter Denker.[8] Allgemein gesprochen gibt es in unserer Kultur so etwas wie einen Kult des Prinzips der Widerspruchsfreiheit. Es herrscht allgemein die Überzeugung, daß es ein letztgültiges und vernichtendes Argument darstellt, in den Ansichten eines anderen Widersprüche aufzuzeigen. Diese Achtung vor dem Prinzip der Widerspruchsfreiheit hat uns Aristoteles eingeflößt, der es zu den »ersten Grundsätzen des Denkens« und den »ersten Grundsätzen der Wirklichkeit« zählte. Nun hat es sich aber

wie »modelltheoretisch«, also: sich über ein Modell (eine Interpretation) auf das beziehend, »worüber die Sprache redet«; vgl. ebd., S. 9.

7 Ebd., S. 78.

8 Wenn man die Behauptungen Hegels und der Marxisten weniger wörtlich, im Sinne der Auffassung interpretiert, daß Spannungen (jedoch keine logischen Widersprüche) oft etwas Schöpferisches haben, dann werden sie recht banal. Es gibt jedoch gewichtige Argumente, die dafür sprechen, daß sowohl Hegel als auch die sogenannten Klassiker des Marxismus ihre Behauptungen wörtlich verstanden. Sie waren beispielsweise der Meinung, daß ihre Philosophie die klassische Logik aus ebendem Grunde ersetzt, daß sie »dialektische Widersprüche« zuläßt.

so ergeben, daß man über die Ansichten des Aristoteles zum Prinzip der Widerspruchsfreiheit heute kaum anders sprechen kann als durch die Vermittlung eines ausgezeichneten kleinen Werks von Jan Łukasiewicz.[9] Dieses hat eine so fundamentale Bedeutung, daß man sich heutzutage kaum eine ausführlichere Abhandlung über die Aristotelische Logik vorstellen kann, die es nicht berücksichtigen würde.

Łukasiewicz unterschied bei Aristoteles (der dies selbst nicht in deutlicher Weise tat) drei Formulierungen des Prinzips der Widerspruchsfreiheit:[10]

1. Ontologische Formulierung: »Kein Gegenstand kann dieselbe Eigenschaft gleichzeitig enthalten und nicht enthalten.«
2. Logische Formulierung: »Zwei Urteile, von denen eines gerade die Eigenschaft einem Gegenstand zuspricht, die ihm das andere abspricht, können nicht gleichzeitig wahr sein.«
3. Psychologische Formulierung: »Zwei Überzeugungen, denen zwei widersprüchliche Urteile entsprechen, können nicht in demselben Geist gleichzeitig existieren.«[11]

Die ersten beiden Formulierungen beziehen sich zwar auf unterschiedliche Inhalte (haben also nicht dieselbe Bedeutung), sind jedoch äquivalent, da sie gegenseitig auseinander folgen. »Die wahren Urteile, bejahende und verneinende, stimmen nämlich mit den objektiven Tatsachen überein, d.h. mit den Beziehungen des Enthaltens und des Nicht-Enthaltens einer Eigenschaft durch den Gegenstand.«[12]

Aristoteles sowie die gesamte sich von ihm herleitende philosophische Tradition schrieb dem Prinzip der Widerspruchsfreiheit in seiner ontologischen Formulierung enorme Bedeutung zu. Die Frage, ob in der Wirklichkeit widersprüchliche Gegenstände vorkommen können, ist eine Fundamentalfra-

9 Jan Łukasiewicz: *Über den Satz des Widerspruchs bei Aristoteles*, Hildesheim 1993; die Erstausgabe erfolgte im Jahre 1910 unter dem Titel *O zasadzie sprzeczności u Arystotelesa* durch die Polska Akademia Umiejętności, Kraków.

10 Łukasiewicz verwendet die Bezeichnung »Satz des Widerspruchs«.

11 Alle Formulierungen ebd., S. 182.

12 Ebd., S. 183.

ge der Metaphysik. Eine verneinende Antwort auf diese Frage wird von zahlreichen Philosophen für ein philosophisches Axiom gehalten. Łukasiewicz behauptet jedoch, man dürfe sie lediglich als Annahme betrachten, da sie sich nicht beweisen lasse. Man könne zwar den Begriff »Gegenstand« definieren als das, »was keine widersprüchlichen Eigenschaften enthalten darf«,[13] doch solche definitorischen Übereinkünfte zwängen die Wirklichkeit zu gar nichts. Heute könnte man hinzufügen, daß Gödels berühmtes Theorem von der Unentscheidbarkeit formaler Systeme, die mindestens so stark sind wie das formale System der Arithmetik (s.u.), Łukasiewiczs Überzeugung stützt, wonach das Prinzip der Widerspruchsfreiheit unbeweisbar sei.

Nach Ansicht von Łukasiewicz ist das psychologische Prinzip der Widerspruchsfreiheit lediglich ein empirisches Gesetz (und zwar ein höchst zweifelhaftes). Ich möchte von mir aus hinzufügen, daß es wunderschön wäre, wenn zwei einander widersprechende Überzeugungen tatsächlich »nicht im selben Geist zu existieren vermöchten«. Alles deutet jedoch darauf hin, daß sie es zu tun vermögen. Die in der Einleitung erwähnte Theorie der doppelten Wahrheit bestätigt dies vom historischen Standpunkt aus. Zwar kann man das psychologische Prinzip der Widerspruchsfreiheit mit der Annahme verteidigen, das Geständnis, man vertrete zwei widersprüchliche Urteile, sei lediglich eine äußerliche Behauptung, die man sich möglicherweise fest eingeredet habe, der aber keine wirkliche, tiefe Überzeugung entspreche – doch diese Strategie scheint zur Erfolglosigkeit verurteilt zu sein. Leider deutet alles darauf hin, daß es außer wirklich verlogenen auch wirklich unkritische Menschen gibt.

Łukasiewicz argumentierte ferner, das Prinzip der Widerspruchsfreiheit in der logischen Formulierung sei – anders als von Aristoteles behauptet – »kein höchstes logisches Gesetz, das heißt [...] keine unentbehrliche Grundlage (auch keine aus-

13 Ebd., S. 186.

reichende) für andere logische Gesetze«.[14] In der Tat, denn es lassen sich logische Systeme konstruieren, in denen das Prinzip der Widerspruchsfreiheit nicht gilt. Solche Systeme sind z.B. die Systeme der mehrwertigen Logiken, wie sie Łukasiewicz später schuf.[15]

Als Łukasiewicz 1910 sein Büchlein über Aristoteles schrieb, nahm er keine Unterscheidung zwischen dem Prinzip der Widerspruchsfreiheit als logischem und als metalogischem Gesetz vor (die deutliche Unterscheidung der »Metaebenen« wurde von Alfred Tarski wesentlich später eingeführt). Falls man eine solche Unterscheidung jedoch vornimmt, ergibt sich das nächste Problem. Und zwar: Selbst wenn man in einem logischen System das Prinzip der Widerspruchsfreiheit nicht zugrunde legt, muß man es auf einem metasystemischen Niveau tun, mindestens in Gestalt einer Metametaregel, die es verbietet, die Metaregeln des Systems zugleich zu befolgen und nicht zu befolgen. Es scheint, daß man auf irgendeiner Metameta...-ebene das Prinzip der Widerspruchsfreiheit anerkennen muß, wenn nicht das ganze System zerfallen soll. Dies ist jedoch eine Argumentation, die auf Intuitionen des gesunden Menschenverstandes beruht. Es besteht das dringende Bedürfnis, das Problem des Prinzips der Widerspruchsfreiheit in der modernen Logik in ähnlicher Form zu bearbeiten, wie Łukasiewicz dies in bezug auf die Aristotelische Logik getan hat; um so mehr, als das oben erwähnte Theorem Gödels (ebenso wie die anderen sogenannten Limitationstheoreme) das ganze Problem in ein völlig neues Licht gerückt hat. Kurt Gödel hat bekanntlich 1931 bewiesen, daß man die Widerspruchsfreiheit des Systems der Arithmetik der natürlichen Zahlen nicht beweisen kann, ohne sich auf die Widerspruchsfreiheit eines anderen formalen Systems zu berufen, das stärker ist als das

---

14 Ebd., S. 184.

15 Trotz seines grundsätzlichen Charakters sollte man Łukasiewiczs kleines Werk über den Satz des Widerspruchs bei Aristoteles nicht als das letzte Wort in dieser Frage ansehen; vgl. z.B. Kap. 1 der umfangreichen Monographie von Robert Poczobut *Spór o zasadę niesprzeczności* [Der Streit um das Prinzip der Widerspruchsfreiheit], Lublin 2000.

System der Arithmetik der natürlichen Zahlen. Jan Woleński schreibt in seiner Einleitung zu Łukasiewiczs Buch:[16]

»Das bedeutet, daß jeder Beweis der Widerspruchsfreiheit der Arithmetik reichere, also des Widerspruchs ›verdächtigere‹, Mittel nutzen muß als die in der Arithmetik beschreibbaren.«

Darüber hinaus führt Gödels Theorem auch zu einer Frage an das ontologische Prinzip der Widerspruchsfreiheit. Die moderne Physik ist eine mathematisierte Wissenschaft. Muß sich daher nicht – wenn in der Mathematik, auf dem Wege der natürlichen Zahlen, das Problem der Widerspruchsfreiheit auftaucht – diese Schwierigkeit auf die physikalische Wirklichkeit, also auf das Seiende, übertragen?[17]

Was ich oben zum Prinzip der Widerspruchsfreiheit geschrieben habe, ist nicht – wie mancher vielleicht vorschnell vermuten könnte – als Vorbereitung des Terrains für folgende Strategie zu verstehen: »Man braucht Widersprüche, die zwischen religiösen und wissenschaftlichen Anschauungen entstehen mögen, nicht zu fürchten, denn das Prinzip der Widerspruchsfreiheit ›gilt gar nicht so richtig‹; selbst auf dem Gebiet der strengen Logik macht es Schwierigkeiten.« Eine solche Sicht der Dinge liegt mir völlig fern. Ganz im Gegenteil, meiner Ansicht nach sollte man stets danach streben, Unstimmigkeiten und Widersprüche in seinen Ansichten und vertretenen Behauptungen zu vermeiden. Und wenn sie auftreten, ist es die Logik, bei der man Hilfe suchen sollte.

Ich denke, daß man mit Woleński zwischen dem beschreibenden und dem postulativen Charakter des Prinzips der Widerspruchsfreiheit unterscheiden muß.[18] Wenn es uns um den beschreibenden Charakter geht, wollen wir erforschen, wel-

---

16 Jan Łukasiewicz: *O zasadzie sprzeczności u Arystotelesa* [Über den Satz des Widerspruchs bei Aristoteles], Warszawa 1987, S. XLI.

17 Vgl. meine ausführlicheren Bemerkungen zu Gödels Theorem in meinem Buch: *Uchwycić przemijanie* [Das Vergehen erfassen], Kraków 1997, S. 236-238.

18 Jan Łukasiewicz: *O zasadzie sprzeczności u Arystotelesa* [Über den Satz des Widerspruchs bei Aristoteles] (wie Anm. 16), S. XLII.

ches der logische und metalogische Status des Prinzips in verschiedenen logischen Systemen ist; wenn wir von seinem postulativen Charakter sprechen, verstehen wir es als eine Art Norm für intellektuelle Untersuchungen. Diese Norm ist eindeutig: Man soll stets danach streben, Widersprüche in seinen Überzeugungen zu vermeiden.

Die letzten Sätze in Łukasiewiczs Opusculum lauten:

> »Weil sich der Satz vom Widerspruch sachlich nicht beweisen läßt, obwohl er eines Beweises bedarf, hat er keinen logischen Wert. Er besitzt allerdings einen beträchtlichen praktisch-ethischen Wert, indem er die einzige Waffe gegen Fehler und Lüge ist. Deswegen müssen wir ihn anerkennen.«[19]

Man muß also akzeptieren, daß das Prinzip der Widerspruchsfreiheit das Postulat einer bestimmten Form von Rationalismus ist, auf der unsere gesamte Kultur beruht. Und zwar nicht nur in der intellektuellen, sondern auch in der ethischen Dimension. Ein Kennzeichen unserer kulturellen Tradition besteht darin, daß diese beiden »Dimensionen«, die wir von den Griechen und dem Christentum ererbt haben, sich zu einem einzigen »Denkethos« verbinden.

3. Haltungen angesichts der Widersprüchlichkeit

Beeilen wir uns jedoch nicht zu sehr mit der Anwendung auf die Theologie. Denn der über die Rationalität religiöser Überzeugungen nachdenkende Theologe kann noch viel von den Logikern lernen, die generell Überzeugungen in dieser Hinsicht analysieren. Logiker haben bereits vor langer Zeit darauf hingewiesen, daß es eine völlig andere Sache ist, sich in formalen Systemen vor Widersprüchen zu hüten, als nach Konsistenz in seinen Überzeugungen zu streben. Selbst die größten Logiker und Mathematiker hegten Überzeugungen,

19 Ebd., S. 186.

die man nicht in formalisierte Systeme bringen könnte. Robert Poczobut schreibt in einer Abhandlung zu diesem Thema[20]:

> »Die in Logik und Philosophie beinahe allgemein und stillschweigend vorausgesetzte Rationalitätskonzeption bringt einen derart idealisierten Begriff von Rationalität mit sich, daß er sich nicht in interessanter Weise auf wirkliche menschliche Wesen anwenden läßt.«[21]

Zugunsten dieses Standpunkts läßt sich eine Reihe von Gründen anführen. Vor allem besteht eine notwendige Bedingung dafür, aus seinen Überzeugungen alle Widersprüche herausfischen zu können, darin, sie in Gestalt von Sätzen auszudrücken. Dies scheint wenn nicht gar unmöglich, so doch zumindest wenig realistisch zu sein. Darüber hinaus müßte man über ein ungeheures (unendliches?) und stets einsatzbereites Gedächtnis verfügen, um jederzeit alle Konsequenzen überprüfen zu können, die sich aus allen von einem gehegten Überzeugungen ergeben. Nötig wären ferner eine entsprechend lange (einige behaupten: eine unendlich lange) Zeit und unerhörte Rechenfertigkeiten, ohne die man die logischen Operationen über der Menge seiner Überzeugungen nicht mit entsprechender Leistungsfähigkeit ausführen könnte. Es ist außerdem zu bedenken, daß in Überzeugungen sowohl logische wie auch psychologische Elemente eingehen, die zuweilen schwer voneinander zu trennen sind. Wie Poczobut treffend bemerkt:

> »Die logischen Verbindungen zwischen in Widersprüche verwickelten Überzeugungen können verborgen und daher unerkennbar sein.«[22]

Er erinnert ferner daran, daß

> »eine Methode, Widersprüche in der globalen Menge der Überzeugungen zu kaschieren, darin besteht, sie in unterschiedliche Schubladen zu stecken, das heißt in der Ten-

---

20 »Sprzeczności doksastyczne a zagadnienie racjonalności przekonań« [Doxastische Widersprüche und die Frage der Rationalität von Überzeugungen], in: *Filozofia Nauki* 7 (1999), Nr. 3/4, S. 61-84.

21 Ebd., S. 62.

22 Ebd., S. 64.

denz, die Menge der Überzeugungen in relativ isolierte Teilmengen aufzuspalten«.[23]

Dies ist eine besonders häufig verwendete Methode, um bestimmte eigene Anschauungen (z.B. die religiösen) vor der Notwendigkeit der Konfrontation mit andersgeartetem Wissen (z.B. naturwissenschaftlichem) zu bewahren. Oft macht man das unbewußt und im besten Glauben, doch wenn hier eine gezielte Strategie zugrunde liegt, geht sie nicht selten mit einer raffinierten logischen Begründung einher. Diese muß nicht immer tendenziös sein. Darüber hinaus sind Menschen fehlbar, und die kritischeren unter ihnen (leider nicht alle) wissen das und fügen dieses Wissen in ihre Überzeugungen ein. In diesem Fall muß selbst das Bewußtsein von Unstimmigkeiten oder Widersprüchen in der Menge meiner Überzeugungen nichts Vernichtendes haben.

Wie lauten die Ratschläge der Logiker im Hinblick auf diese mangelnde »methodologische Reinheit« der menschlichen Überzeugungen? Ganz allgemein gesprochen raten sie, zwei Extreme zu meiden: einerseits das Postulat der idealen Rationalität, d.h. die Ausrichtung an dem rigoristisch verstandenen Grundsatz, alle Widersprüche zu vermeiden; andererseits den völligen epistemologischen Relativismus, d.h. den Verzicht auf jegliche rationalen Grundsätze. Christopher Cherniak[24] etwa stellt die »Bedingung der minimalen Rationalität« auf. Diese Bedingung besteht in der Forderung, daß eine Person mit bestimmten Überzeugungen zumindest diejenigen Folgerungen vornehmen soll, die offensichtlich dazu beitragen, diese Überzeugungen einer Selektion zu unterziehen und sie zu ordnen, sowie daß sie von den dabei eventuell zutage tretenden Widersprüchen wenigstens einige eliminieren soll. Und nach Robert C. Pinto[25] gibt es für unsere Ansichten wesentlich größere erkenntnistheoretische Gefahren als die, sich in Widersprüche

23 Ebd.
24 »Mini Rationality«, in: *Mind* 90 (1981), S. 161-183.
25 »Inconsistency, Rationality and Relativism«, in: *Informal Logic* 17 (1995), S. 279-281.

zu verwickeln. Seiner Meinung nach sollten wir danach streben, daß möglichst viele unserer Überzeugungen richtig und möglichst wenige falsch seien. Wenn unter unseren Überzeugungen zwei widersprüchliche auftauchten, bedeute das lediglich, daß eine von ihnen falsch sei, doch keineswegs, daß dies für alle unsere Überzeugungen gelte. Darüber hinaus könne es vorkommen, daß ein neuerworbenes Wissen zeige, daß zwei bis dahin widersprüchlich erscheinende Überzeugungen sich gar nicht widersprechen. Zum Beispiel hätten die beiden Sätze »Die Erde ruht, und es bewegt sich die Sonne« und »Die Sonne ruht, und es bewegt sich die Erde« als einander widersprechend gegolten, bis man verstanden habe, daß Bewegung relativ ist.[26] Darüber hinaus behauptet Pinto, in einigen Situationen sei es rational, selbst dann eine bestimmte Menge von Überzeugungen zu vertreten, wenn wir uns dessen bewußt seien, daß sich einige von ihnen widersprechen. Diese Situation liege vor, wenn wir nicht in der Lage seien, die einander widersprechenden Überzeugungen zu identifizieren. Ein bedingtes Beibehalten dieser Menge von Überzeugungen könne rationaler sein als ihre sofortige Aufgabe.

In der klassischen Logik gibt es ein nach Duns Scotus benanntes logisches Gesetz, gemäß dem aus einem Widerspruch alles Beliebige folgt (*ex contradictione quodlibet*). Die verbreitete Furcht vor Widersprüchen gründet in diesem Gesetz. Wenn es nämlich so wäre, daß man infolge des Für-richtig-Haltens zweier sich widersprechender Sätze alles Beliebige für richtig halten dürfte, dann würde ein solcher Zustand in der Tat die gesamte Menge der jeweils gehegten Überzeugungen ruinieren. Eine so beschaffene Menge von Überzeugungen wäre vollkommen unlogisch und damit irrational. Doch müssen Widersprüche, wie gesehen, nicht die wirklichen Überzeugungen

26 Eigentlich ist die Angelegenheit sehr viel komplizierter; vgl. meinen Artikel »Względność, układy odniesienia i istnienie fizyki« [Relativität, Bezugssysteme und die Existenz der Physik], in: *Układy odniesienia od Kopernika do Einsteina w nauczaniu fizyki* [Bezugssysteme von Kopernikus bis Einstein in der physikalischen Lehre], hrsg. v. Magdalena Staszel, Józefina Turło u. Maria Berndt, Toruń 1992, S. 141-148.

von Menschen zerstören. Die klassische Logik mit dem Gesetz des Duns Scotus bleibt in Kraft, doch ganz offensichtlich schließen die von der klassischen Logik formalisierten gedanklichen Situationen nicht die wirklichen Mengen menschlicher Überzeugungen mit ein. So ergibt sich die Frage: Lassen sich logische Systeme konstruieren, die auf realistischere Weise die logische Struktur der menschlichen Überzeugungen in ein Modell bringen? Solche Systeme sind in der Tat vorgeschlagen worden – es handelt sich um die oben erwähnten parakonsistenten Logiken.

4. Parakonsistente Logiken

Ein Vorreiter der parakonsistenten Logiken war Nikolaj Wassiljew. Dieser lebte im vorrevolutionären Rußland und war mit der damaligen Logik nicht sonderlich vertraut,[27] doch seine Ideen hatten als Inspiration große Bedeutung für die spätere Entwicklung. Er betonte die Unterscheidung zwischen der wirklichen Welt und (vom menschlichen Geist geschaffenen) »möglichen Welten«. In der wirklichen Welt gelte das Prinzip der Widerspruchsfreiheit in der Fassung: Kein Gegenstand kann widersprüchliche Eigenschaften haben (ontologische Formulierung). Dies wüßten wir aus Erfahrung, das so formulierte Prinzip der Widerspruchsfreiheit habe daher den Charakter eines empirischen Gesetzes. In möglichen Welten könnten andere Logiken gelten, z.B. solche, die das Prinzip des Widerspruchs nicht enthielten. In seiner metalogischen Fassung sei dieses Prinzip jedoch von universeller, uneingeschränkter Gültigkeit. Wassiljew drückte es folgendermaßen aus: »Kein Urteil kann zugleich wahr und falsch sein«; er bezeichnete es als »das Gesetz des absoluten Unterschieds zwischen Wahrheit und Falschheit«.[28]

27 Hier berufe ich mich auf Diderik Batens: »Paraconsistency and Its Relation to Worldviews«, in: *Foundations of Science* 3 (1998/99), S. 258-283.

28 Vgl. ausführlicher Robert Poczobut: *Spór o zasadę niesprzeczności* [Der Streit um das Prinzip der Widerspruchsfreiheit] (wie Anm. 15), S. 53 f.

Es ist interessant, daß sich Wassiljew von den nichteuklidischen Geometrien inspirieren ließ, die bekanntlich durch die Aufgabe eines der euklidischen Axiome entstanden waren. Wassiljew war der Meinung, daß eine analoge Maßnahme (die Aufgabe des axiomatisch geltenden Prinzips der Widerspruchsfreiheit) zur Entstehung »nichtaristotelischer Logiken« führen würde. So gewaltig war der Umbruch, den er in der Logik bewirkte, jedoch nicht.

Das erste Logiksystem im strengen Wortsinne, bei dem die Striktheit gelockert wurde, mit der das Prinzip der Widerspruchsfreiheit normalerweise gilt, wurde von Stanisław Jaśkowski geschaffen, einem Mitglied der logisch-philosophischen Warschauer Schule. Er bezeichnete sein System als diskursive Logik. In diesem ließ er keine immanent widersprüchlichen Sätze zu, duldete jedoch Widersprüche, wenn sie in einer Diskussion von verschiedenen Personen oder durch dieselbe Person, aber unter verschiedenen Umständen ausgesagt werden. Jaśkowskis System war allerdings so konstruiert, daß es in ihm nicht zu der vom Gesetz des Duns Scotus vorausgesehenen Situation kommen konnte: das Erscheinen zweier einander widersprechender Sätze führte nicht zu einer Explosion des Systems (wie die Logiker sagen), d.h. dazu, daß alle beliebigen Sätze akzeptiert wurden. Logische Systeme, die diese Bedingung erfüllen, werden heute parakonsistent genannt.

Seit Jaśkowskis Zeit hat es bei den parakonsistenten Logiken eine erhebliche Entwicklung gegeben; dazu haben unter anderem Denker beigetragen wie Nicholas Resher, Newton da Costa, Richard Routley und Robert K. Meyer.[29] Das Interesse an parakonsistenten Logiken scheint ständig zu wachsen.[30]

---

29 Zur Geschichte der parakonsistenten Logiken vgl. Ayda I. Arruda: »A Survey of Paraconsistent Logic«, in: *Mathematical Logic in Latin America*, hrsg. v. Ayda I. Arruda, Rolando Chuaqui u. Newton C.A. da Costa, Amsterdam 1980, S. 1-41; ders.: »Aspects of the Historical Development of Paraconsistent Logic«, in: *Paraconsistent Logic*, hrsg. v. Graham Priest, Richard Routley u. Jean Norman, München 1989, S. 99-130.

30 Vgl. z.B. das Heft der Zeitschrift *Foundations of Science* 3 (1998/99), Nr. 2, das parakonsistenten Logiken, ihren Anwendungen, aber auch ihrer philosophischen Bedeutung gewidmet ist.

Aus verständlichen Gründen können wir hier nicht einmal eine flüchtige Übersicht geben. So mögen also einige Bemerkungen allgemeinerer Natur genügen.

Wenn in einem System einander widersprechende Sätze auftauchen, die jedoch nicht zur Explosion des Systems führen, werden wir von Inkonsistenzen (oder Unstimmigkeiten) statt von Widersprüchen reden. Parakonsistente Logiken lassen Inkonsistenzen zu, verlangen sie jedoch nicht. Man könnte sagen: Wenn es im System keine Inkonsistenzen gibt, um so besser, doch wenn sie vorkommen, dann »werden wir auch mit ihnen fertig«. In diesem Sinne sind klassische Logiken parakonsistente Logiken, die »sogar konsistent sind«, d.h. solche, in denen keine Inkonsistenzen auftauchen. Die parakonsistenten Logiken erweitern also die Klasse der zulässigen Logiken.

Eine Sonderklasse der parakonsistenten Logiken stellen die adaptiven Logiken dar *(inconsistency-adaptive logic)*, die zuerst von Diderik Batens konstruiert worden sind.[31] Die diesen Logiken zugrundeliegende Strategie ist folgende: Soweit irgend möglich vermeiden wir Widersprüche und wenden die klassische Logik an, doch wenn eine Inkonsistenz auftaucht, würde ein allzu rigoristisches Festhalten am Prinzip der Widerspruchsfreiheit zur Explosion des Systems führen, und unser Wissen würde wertlos werden; in diesem Fall lassen wir Parakonsistenz zu. Eine interessante Eigenschaft dieser Logiken ist hervorhebenswert; Batens bezeichnet sie als »*Beweisdynamik*«.[32] Während wir den Beweis für irgendeinen Satz führen (d.h. ihn aus Axiomen herleiten), kann es geschehen, daß wir auf eine Inkonsistenz stoßen. In einer solchen Lage muß man im Beweis »zurückgehen« und die bisherigen Schritte revidieren. Dessenungeachtet ist die Menge aller »aus Axiomen herleitbaren« Folgerungen wohlbestimmt (»stabil«) und hängt nicht von derartigen Beweisrevisionen ab.

Die Bedeutung der parakonsistenten Logiken ist unbestreit-

31 »Dynamic Dialectical Logic«, in: *Paraconsistent Logic* (wie Anm. 29), S. 187-217.

32 Ebd., S. 275.

bar, und zwar nicht nur für die Logik als akademische Disziplin. In vielen anderen Fächern wie auch im Alltagsleben kommen Unstimmigkeiten (ja selbst offenbare Widersprüche) zu häufig vor, als daß die rationale Reflexion sie ignorieren dürfte. Das Gesagte zusammenfassend, ist Robert Poczobut zuzustimmen, der schreibt:

> »Als man auf das Gesetz der Widerspruchsfreiheit verzichtete, stellte sich heraus, daß der menschliche Geist auf eine Weise zu funktionieren vermag, die weit von den klassischen Standards der Rationalität abweicht. Das Entstehen solcher Systeme [d.h. der parakonsistenten Logiken] bedeutet jedoch nicht, daß unser Geist Widersprüche produzieren sollte. Es geht lediglich darum, daß ihr Auftreten nicht zu einer zerstörerischen Lähmung führen muß.«[33]

5. *Die Logik und der »Himmel in Flammen«**

Versuchen wir, die oben angestellten Überlegungen auf die Beziehungen zwischen Religion und Wissenschaft anzuwenden. Es geht mir um zwei Arten von Beziehungen: erstens um die Beziehungen zwischen den religiösen und wissenschaftlichen Überzeugungen von Individuen, zweitens um diejenigen theologischen Systeme – aus Vergangenheit und Gegenwart –, die auf die eine oder andere Weise Unstimmigkeiten zwischen Behauptungen der Religion und der Wissenschaft (oder Philosophie) gutgeheißen haben. Im Grunde ist es nicht entscheidend, ob Unstimmigkeiten zwischen religiösen und wissenschaftlichen Behauptungen auftreten oder zwischen religiösen Behauptungen und solchen irgendeiner anderen Provenienz; es kann sich sogar um Unstimmigkeiten innerhalb der Religion

33 *Spór o zasadę niesprzeczności* [Der Streit um das Prinzip der Widerspruchsfreiheit] (wie Anm. 15), S. 361.

* Anspielung auf das gleichnamige Werk von Jan Parandowski (*Niebo w płomieniach*, 1936; deutsche Übers.: Weimar 1975), in dessen Mittelpunkt die religiöse Krise eines Gymnasiasten steht, der sich mit rationalistischer Religionskritik konfrontiert sieht (Anm. d. Übers.).

selbst handeln. Wenn ich die Beziehung zwischen Religion und Wissenschaft in den Mittelpunkt stelle, dann nur deswegen, weil dies immer ein besonders heikler Punkt gewesen ist.

Natürlich sind weder die Religion noch die Wissenschaft (mit Ausnahme sehr spezieller Theorien) formalisierte Systeme, und daher lassen sich auf Unstimmigkeiten (Inkonsistenzen) zwischen ihnen keine der von den Logikern erarbeiteten formalen Mittel anwenden. Eine der Aufgaben der Logik besteht jedoch darin, formale Systeme zu konstruieren, die Idealisierungen wirklicher, beim Urteilen auftretender Situationen darstellen sollen und daher als Muster für diese Situationen dienen können. Was können wir also von den parakonsistenten Logiken und verwandten logischen Analysen im Hinblick auf die Frage lernen, welche Haltung gegenüber Unstimmigkeiten im Rahmen einer Weltanschauung angemessen ist?

Vor allem, daß die Theorie der doppelten Wahrheit, wenn sie wörtlich verstanden wird, d.h. als Behauptung, man könne gleichzeitig zwei einander widersprechende, sich auf denselben Gegenstand beziehende Sätze für wahr halten, an die Situation der Explosion eines formalen Systems erinnert. Die Theorie der doppelten Wahrheit im engen Sinne kann entweder ein Zyniker vertreten, der programmatisch keine Überzeugungen hat, oder ein im Denken inkonsequenter Mensch, der es nicht versteht, Folgerungen aus seinen Überzeugungen zu ziehen.

In der Praxis tritt die Theorie der doppelten Wahrheit jedoch häufig in abgemilderter Form auf. Gewöhnlich handelt es sich nicht um zwei einander widersprechende Wahrheiten, sondern um Wahrheiten, die sich »in gewisser Hinsicht« widersprechen. Wenn jemand in dieser Lage die Theorie der doppelten Wahrheit ins Feld führt, dann ist das entweder eine Provokation oder die Folge dessen, daß er sich nicht klargemacht hat, daß hier kein zerstörerischer Widerspruch vorliegt, sondern genau das, was die Logiker als Inkonsistenz bezeichnen. Und in diesem Fall lohnt es sich, bei der Logik Hilfe zu suchen. Soweit irgend möglich soll man also seine Ansichten (einschließlich der religiösen) »der klassischen Logik gemäß«

ordnen, erst wenn diese versagt, hat man sich der Lehre zu bedienen, die uns die parakonsistenten Logiken erteilen. Und es lohnt sich nicht nur, inkonsistente Überzeugungen miteinander zu konfrontieren (unter anderem indem man versucht, den Ursprung der Inkonsistenz zu ermitteln), sondern auch zu den Prämissen »zurückzugehen« und sich noch einmal anzusehen, wie (und ob) sich inkonsistente Überzeugungen aus ihnen ergeben.

Dabei hat man stets zu bedenken, daß Überzeugungen »lebendig« sind und sich nicht formalisieren lassen;[34] entscheidend ist jedoch, daß es selbst im Alltagsleben nützlich ist, sich nach der Logik zu richten, und daß darin ein Kriterium rationalen Handelns besteht.

Ein Faktor, der besonders leicht zu Widersprüchen und Unstimmigkeiten führt, ist die Hinzufügung neuer Überzeugungen zu bereits bestehenden sowie das Ziehen neuer Folgerungen aus beiden.[35] Eine solche Situation ergibt sich häufig im Zuge der Konfrontation religiöser Überzeugungen mit neuerworbenen wissenschaftlichen Erkenntnissen. Dieser Prozeß nimmt nicht selten die Gestalt des »Himmels in Flammen« an, wobei psychologische Gesetzmäßigkeiten mit den Prinzipien der Logik konkurrieren. Hier jedoch beschäftigt uns nicht die psychologische, sondern die logische Seite des Problems. Zwar gewinnt die Psychologie hier meistens die Oberhand, doch die Logik liefert uns die Muster des rationalen Handelns.

6. Von der klassischen Logik zu den nichtklassischen Logiken

Die Anwendung von Errungenschaften der Logik zur Analyse religiöser Überzeugungen und Strukturen religiöser Systeme

34 Natürlich kann man eine Formalisierung vornehmen, doch deren Ergebnis wird höchstens ein künstliches »Modell« der wirklichen Überzeugungen sein.

35 Vgl. Robert Poczobut: *Spór o zasadę niesprzeczności* [Der Streit um das Prinzip der Widerspruchsfreiheit] (wie Anm. 15), S. 69 f.

ist nichts Neues. In der Zeit der mittelalterlichen Scholastik entwickelten sich Logik und Theologie in enger Symbiose. Im Grunde gab es damals keine andere Logik als die im Dienst der Theologie stehende; und zuweilen war diese Logik sehr raffiniert. Diese Tradition ist in der Neuzeit abgerissen. Mit der üppigen Entwicklung der Logik seit der zweiten Hälfte des 19. Jahrhunderts gingen keine Anwendungen in der Theologie einher. Pionierarbeiten in dieser Hinsicht stammen von Jan Salamucha[36] und Pater Józef M. Bocheński; zu nennen ist besonders die *Logik der Religion* des letzteren.[37] Beide Autoren hatten jedoch die deutliche Neigung, religiöse Überzeugungen als etwas zu betrachten, das einem formalen System sehr nahekommt (wenngleich sie sich natürlich völlig darüber im klaren waren, daß religiöse Überzeugungen kein formales System sind), und auf sie in möglichst kompromißloser Weise die Prinzipien der klassischen Logik anzuwenden. Dieser Ansatz läßt sich gut anhand der folgenden Aussage Jan Salamuchas illustrieren:

> »Um uns die folgenden Überlegungen zu erleichtern, wollen wir annehmen, daß die Theologie und Philosophie methodisch in Deduktionssysteme geordnet sind, das heißt, daß alle Annahmen (Axiome) deutlich formuliert und die übrigen Thesen aus den genannten Annahmen logisch abgeleitet sind. Grundsätzlich gibt es sowohl in der Theologie als auch in der Philosophie Tendenzen zu einer solchen deduktiven Anordnung – insofern ist unsere Annahme nicht allzu künstlich; allerdings fehlt diesen Tendenzen noch viel zur vollen Verwirklichung, wobei bemerkenswert

36 Ich denke hier nicht allein an seine berühmte Formalisierung des Beweises *ex motu* für die Existenz Gottes, sondern auch an seine kleineren Artikel und Essays, die sich mit verschiedenen Problemen aus dem Grenzgebiet von Logik und Theologie beschäftigen; sie sind enthalten in den Teilen I und II seiner gesammelten Schriften: Jan Salamucha: *Wiedza i wiara – Wybrane pisma filozoficzne* [Wissen und Glauben – Ausgewählte philosophische Schriften], hrsg. v. Jacek J. Jadacki u. Kordula Świętorzecka, Lublin 1997.

37 Vgl. *Logik der Religion*, Paderborn ^{2}1981.

sein dürfte, daß in dieser Hinsicht die Situation in der Theologie zweifellos weitaus besser ist als in der Philosophie.«[38] Wie wir sehen, weiß dieser Autor sehr wohl, daß die Behandlung der Theologie und Philosophie als Deduktionssysteme eine Vereinfachung darstellt, doch aus seiner Aussage spricht die Hoffung, die Lage möge sich – wenn auch der entsprechenden Tendenz »noch viel zur vollen Verwirklichung« fehlt – in der Zukunft bessern. Heute wissen wir, daß dies eine trügerische Hoffnung war. Sowohl Salamucha als auch Bocheński waren zwar Pioniere, doch ebenso Kinder ihrer Zeit. Die damals – unter ihrer maßgeblichen Mithilfe – erzielten Fortschritte in der klassischen Logik (die erst den Ausgangspunkt für die nichtklassischen Logiken schufen) erweckten den trügerischen Anschein, diese stelle ein Universalwerkzeug für die philosophische und theologische Forschung dar. Dieser Illusion erlagen nicht nur Salamucha und Bocheński, sondern auch viele andere Mitglieder der Warschauer Schule, die dazu neigten, alle philosophischen Probleme im Lichte ihrer eigenen Errungenschaften zu sehen (wobei die meisten sich allerdings nicht für theologische Anwendungen interessierten). Der Wissensfortschritt wies jedoch einen anderen Weg. Zum einen zeigten analytische Forschungen zu Überzeugungen und Weltanschauungen, daß diese eine von Deduktionssystemen erheblich abweichende Struktur aufweisen und keineswegs die Tendenz haben, sich letzteren anzupassen. Zum anderen ging die Entwicklung der Logik nicht so sehr in Richtung auf die Perfektionierung der klassischen Logik als vielmehr (wozu übrigens Mitglieder der Warschauer Schule selbst den Anstoß gaben) in Richtung auf die Schaffung verschiedener nichtklassischer Logiken, darunter auch solcher, die sich besser als die klassische Logik zur Analyse von Überzeugungen und Weltanschauungen eignen. Zu dieser Gruppe gehören die parakonsistenten Logiken. Es ist anzunehmen, daß Salamucha und

38 Vgl. Jan Salamucha: *Wiedza i wiara – Wybrane pisma filozoficzne* [Wissen und Glauben – Ausgewählte philosophische Schriften] (wie Anm. 36), S. 48.

Bocheński, wenn sie noch lebten, in ihren Untersuchungen aus dem Grenzbereich von Logik und Theologie ebendiesen Weg beschreiten würden. Mögen sie Nachfolger finden!

7. Rationalität und Transzendenz

Das Problem der Unstimmigkeit zwischen religiösen und wissenschaftlichen Wahrheiten ist sowohl unter psychologischem als auch theologischem Gesichtspunkt von enormer Bedeutung. Man sollte jedoch nicht vergessen, daß das Gebiet der Religion eine eigene Spezifik hat, die ebenfalls logische Probleme aufwirft. Religiöse Überzeugungen unterscheiden sich dadurch von allen anderen Überzeugungen, daß sie den Menschen in den Umkreis des Mysteriums führen. Dies ergibt sich aus der Transzendenz Gottes. Er transzendiert die menschlichen Erkenntnismöglichkeiten, d.h., Er übersteigt sie. Wer daran glaubt und rational sein will, befindet sich in einer schwierigen logischen Lage. Einerseits ist er mit dem gesamten Arsenal der logischen Grundsätze und der sich aus diesen ergebenden Handlungsregeln ausgestattet, andererseits ist er sich dessen bewußt, daß sie früher oder später einem Etwas weichen müssen, das zu verstehen er nicht imstande sein wird. Kann man hier von Inkonsistenz sprechen? Wohl eher von den Grenzen des menschlichen Erkennens. Und doch – psychologisch wird dies von vielen Menschen als Widerspruch empfunden. Unter formalem Gesichtspunkt gibt es hier allerdings keinen Widerspruch, denn ein solcher entsteht, wenn wir mit einem Satz und dessen Negation zu tun haben, hier jedoch kommt es zu einer Begegnung (oder stärker: Konfrontation) von etwas, das wir behaupten, das unsere Überzeugung ist und das wir in Form eines Satzes oder einer Satzmenge auszudrücken vermögen, mit etwas, das zu verstehen wir nicht in der Lage sind.

Ein Standpunkt positivistischen Typs scheint hier attraktiv zu sein. In seiner schwächeren Form fordert er, man solle über das schweigen, was man nicht versteht. Dieser Standpunkt führt zum Agnostizismus (wenn auch nicht notwendigerweise: Schweigen ist eine gute Haltung angesichts des Mysteriums). In seiner stärkeren Form behauptet er, was über die Rationalität hinausgehe, sei irrational, also unsinnig, also nicht existent. Ein einfacher Standpunkt, würde ich sagen: Er beseitigt den Bereich, in dem Schwierigkeiten auftreten. Die Versuchung des praktischen Positivismus ist groß, daher erliegen ihr viele.

Ist jedoch die Haltung, die Rationalität nur auf das zu beschränken, was man versteht, rational? Im täglichen Leben mit Sicherheit nicht. Es gibt viele Menschen, die vieles nicht verstehen, was aber andere verstehen, die begabter oder gebildeter sind als sie. Daß ein Erstkläßler die Differentialrechnung nicht versteht, bedeutet nicht, daß die Differentialrechnung irrational wäre. Gerade die Rationalität scheint uns dazu zu zwingen, die Möglichkeit zu akzeptieren, daß es etwas gibt, das man nicht versteht. Eine solche Haltung bezeichnen wir zuweilen als offen. Natürlich beweist das nicht, daß es die Transzendenz gibt, denn die beschränkten Erkenntnisfähigkeiten einzelner Individuen sind etwas anderes als die generelle Beschränktheit der Erkenntnis; doch es scheint nichts Irrationales an sich zu haben, die offene Haltung auf die Transzendenz auszudehnen. Mehr noch, für einen Menschen mit religiösen Überzeugungen kann der Glaube an die Transzendenz geradezu die Grundlage der Rationalität bilden. Denn wenn man von der Annahme ausgeht, Gott sei die höchste Rationalität, dann ist die uns zukommende Rationalität gewissermaßen in die Göttliche Rationalität eingetaucht und schöpft aus dieser ihr Sein, hat in ihr gewissermaßen die ontologische Grundlage.

Ist eine derartige ontologische Grundlage der Rationalität notwendig? Was wäre die Rationalität ohne eine solche Grundlage? Eine Konvention unter anderen, deren alleinige Begründung in ihrer Nützlichkeit läge. Dostojewskis, von Leszek Kołakowski in Erinnerung gerufener Ausspruch »Wenn es Gott nicht gibt, ist alles erlaubt« bezieht sich nicht nur auf die Moral. Wenn es Gott nicht gibt, dann ist auch auf dem Gebiet der Logik alles erlaubt. Wenn eine Folgerung sich nicht aus den Prämissen ergibt, ich sie aber trotzdem akzeptiere – na und? Schließlich bin ich die höchste Norm und tue, was ich will und wie ich es will.

Doch wenn es Gott gibt ... Wohl am radikalsten hat Leibniz Gott als ontologische Grundlage der Rationalität verstanden. Ihm zufolge ist Gott ganz einfach die Logik. Zu Leibniz' Zeit erregte dieser Satz zwar Widerspruch bei seinen Kritikern, bereitete aber keine besonderen Verständnisschwierigkeiten. Heute kennen wir viele Logiken: Welche wäre mit Gott zu identifizieren? Ich denke, wenn Leibniz heute lebte, würde er seine Behauptung aufrechterhalten, doch er würde Gott mit keinem einzelnen logischen System identifizieren, sondern mit der Tatsache, daß es Logiken gibt, an sich. Wie ist das zu verstehen? Eben! Früher oder später müssen wir an die Grenzen unseres Verständnisvermögens stoßen ... denn Gott ist die Transzendenz.

In der Logik des Glaubens reicht es nicht aus, sich nach den parakonsistenten Logiken zu richten, denn der Glaube an Gott bringt keine Unstimmigkeiten in unsere Überzeugungen hinein, sondern übersteigt unsere Denkkategorien. Es scheint, die höchste Inkonsistenz, die Inkonsistenz *par excellence* wäre es, wenn wir Gott vollständig verstehen könnten. Denn das wäre die Negation der Transzendenz.

Im Zusammenhang mit diesen Überlegungen zur Transzendenz drängt sich jedoch eine Bemerkung auf, die zwar nicht direkt mit den parakonsistenten Logiken in Zusammenhang steht, aber doch mit den von diesen nahegelegten Reflexionen. Ein Gläubiger sollte sich nicht allzu rasch »hinter der Transzendenz verstecken«, wenn innerhalb seiner religiösen Überzeugungen (oder an den Berührungspunkten mit anderen Überzeugungen) etwas erscheint, das Widerspruch oder Inkonsistenz signalisiert. Vor allem gibt es unter den religiösen Überzeugungen eine ganze Masse an Sachverhalten, die sich nicht (direkt) auf die Transzendenz beziehen (z.B. verschiedene Sachverhalte historischer Natur), und hier kann es zu echten Widersprüchen kommen. In diesem Fall sollte man die Lehren aus den parakonsistenten Logiken befolgen. Doch auch was Überzeugungen betrifft, die sich direkt auf Gott beziehen, sollte man, »solange es geht«, die Prinzipien der klassischen Logik anwenden. Die Strategie der adaptiven Logik bleibt auch auf diesem Gebiet in Kraft.

Teil III

Naturalismus und Evolution

Wenn man die methodologischen Grundlagen der Theologie auf moderne Weise behandeln will, müssen die Errungenschaften der heutigen Logik, Wissenschaftsphilosophie und philosophischen Sprachtheorie berücksichtigt werden. Die Analysen des vorhergehenden Kapitels stellen einen Versuch in dieser Richtung dar. Soll jedoch der volle Kontakt mit dem modernen Denken gewahrt bleiben, muß man früher oder später von methodologischen Fragestellungen zur inhaltlichen Problematik übergehen. In Teil III der vorliegenden Überlegungen werde ich versuchen, die traditionelle theologische Problematik in den Kontext zweier großer Tendenzen des modernen Denkens zu stellen: des Naturalismus und des Evolutionismus.

Die gegenwärtigen naturalistischen Tendenzen stellen für die Theologie eine große Herausforderung dar. Dieser begegne ich in Kapitel 6. Der gemeinsame Kern der verschiedenen heutigen Varianten des Naturalismus besteht in einer Anschauung, die man als naturalistischen Monismus bezeichnen könnte; ihr zufolge gibt es – ganz allgemein gesagt – keinerlei »übernatürliches Element«. Die christliche Theologie dagegen ist seit ihren Anfängen mit einer dualistischen Metaphysik verbunden. Es stellen sich jedoch folgende Fragen:

- *Zwingt die christliche Religion ihre Anhänger tatsächlich zu einer dualistischen Anschauung?*
- *Läßt sich eine Weltanschauung schaffen, die einerseits mit den modernen naturalistischen Tendenzen in Einklang steht, andererseits aber das Authentische der christlichen Botschaft bewahrt?*

Es gibt eine Gruppe von Theologen, die versuchen, diese Möglichkeit zu realisieren, und sich dabei auf verschiedene Theorien der modernen Physik berufen (Quantenmechanik, Chaostheorie), um Gott die Möglichkeit zu sichern, ohne Verletzung der Naturgesetze in den Weltlauf einzugreifen.

- *Wie sind diese Versuche zu bewerten?*
- *Und ist die traditionelle Doktrin von der creatio continua nicht in gewissem Sinne radikaler als sie?*

Doch wenn letztere ihre intellektuelle Anziehungskraft bewahren soll, muß sie stets von neuem in den sich ständig wandelnden wissenschaftlichen und philosophischen Kontext gestellt werden.

Eine der am entschiedensten naturalistischen Welterklärungen ist die evolutionäre. In Kapitel 7 stelle ich die Theologie gegenwärtigen, im Geiste des Evolutionismus operierenden Denkströmungen gegenüber. Zwar handelt es sich dabei um die Theorie der biologischen Evolution, doch muß man bedenken, daß diese nur ein Glied im großen kosmischen Evolutionsprozeß bildet, den uns die moderne Kosmologie vor Augen führt.

Vor allem stellt sich die Frage:

- *Warum soll der Theologe die Evolutionstheorie nicht bekämpfen?*

Dafür gibt es sowohl theoretische als auch seelsorgerische Gründe. Man darf jedoch die Augen nicht vor der Tatsache verschließen, daß die Evolutionstheorie den Theologen dazu zwingt, bestimmte Probleme neu zu durchdenken, mit denen sein Fach schon immer gerungen hat. Vor allem:

- *das Problem des Leidens – im Hinblick auf die Grundstrategie der Evolution, die auf der Eliminierung des schlechter Angepaßten beruht;*

doch ebenso:

- *das Problem der Freiheit – im Hinblick auf die unbarmherzige Rolle, die der Zufall bei der Entscheidung über die Zukunft spielt.*

Das moderne evolutionäre Weltverständnis erscheint also als eine mächtige Inspiration für das theologische Nachdenken.

- *Wie sollen die Theologen diese Inspiration nutzen?*

Kapitel 6
Christlicher Naturalismus

1. Natur und Naturalismus

Sobald ein Begriff in den weiteren Umlauf kommt, verschwimmt seine Bedeutung im Handumdrehen. Das gilt ebenso für philosophische Begriffe. In solchen Fällen verlieren sie häufig ihre ursprüngliche technische Bedeutung (falls sie eine solche je besessen haben) und werden zu Trägern von schlagwortartigen Assoziationen. Dies ist auch dem Begriff »Naturalismus« widerfahren. Verschlimmernd kam hinzu, daß dieser Begriff teilnimmt an der Bedeutungsäquilibristik seines »Mutterbegriffs«, d.h. des Begriffs *natura*, der seit der Zeit des Aristoteles so oft etwas anderes bedeutete, daß er heute alles Mögliche bedeuten kann. Wenn wir unter Naturalismus, ganz allgemein gesprochen, eine Denkrichtung verstehen, welche die Natur »als einziges Fundament (*arché*) alles Seienden«[1] betrachtet, dann läßt sich bei der Konkretisierung dieses Begriffs ein (zumindest knapper) Exkurs in die Bedeutungsentwicklung des Naturbegriffs nicht vermeiden.

Der Terminus *natura* wurde zu einem der ersten Termini technici der europäischen Philosophie, doch der mit ihm verbundene Inhalt blieb notorisch nebelhaft. Beinahe alle philosophischen Abhandlungen der Vorsokratiker (sowie viele aus späterer Zeit) trugen den Titel Περὶ φύσεως, d.h. *Von der Natur*, obwohl sie von den verschiedenartigsten Dingen handelten. Jürgen Mittelstraß bemerkt im Hinblick auf diese frühen philosophischen Abhandlungen, sie sprächen sowohl von

1 Edmund Runggaldier: »Il naturalismo filosofico contemporaneo e le sue implicazioni antropologiche« [Der gegenwärtige philosophische Naturalismus und seine anthropologischen Implikationen], in: *La Civiltà Cattolica* 152 (2001), Nr. 3626, S. 137-150, hier S. 137.

»Dingen der Natur« als auch von der »Natur der Dinge«.[2] Diese Unterscheidung wurde von Aristoteles verschärft, um dann für Jahrhunderte das Nachdenken über die Natur zu prägen.

Aristoteles unterschied: (1) die Natur als Menge aller »natürlichen Körper« sowie (2) die Natur als das Wesen der einzelnen Körper (wie es sich in deren Wirken zeigt). Unter natürlichen Körpern sind diejenigen Körper zu verstehen, die »ein Prinzip der Bewegung in sich haben«.[3] Gereon Wolters stellt die Aristotelische Naturlehre in Gestalt zweier »Axiome« dar:

Axiom 1: Natürliche Körper haben eine unveränderliche Natur; die Natur als Menge der natürlichen Körper besteht also aus der Menge der Klassen ein für allemal festgelegter, d.h. unveränderlicher Wesen.

Axiom 2: Die Veränderungen, denen natürliche Körper unterliegen, können die Beschränkungen nicht überschreiten, die sich aus der Wesensklasse des jeweiligen natürlichen Körpers ergeben.[4]

Eine solche Naturauffassung wurde später zu einem der philosophischen Hauptgründe gegen die Darwinsche Evolutionsidee. Als in der Renaissance eine Reaktion gegen den damals dominierenden Aristotelismus einsetzte, nahm er die Gestalt des Protests gegen die Lehre von der Unveränderlichkeit der Wesen an. Dies geschah in der Alchemie. Gemäß deren Annahmen (aber entgegen dem aristotelischen Axiom 1) lassen sich die Körper in gestaltlose – und folglich wesenlose – Elemente zerlegen, aus denen man dann (entgegen Axiom 2) neue, vollkommenere Körper »zusammensetzen« kann.[5] In der

2 »Philosophy began as philosophy of nature, and the subject matter of this philosophy of nature included both things of nature and the nature of things.« Jürgen Mittelstraß: »Historical and Epistemological Aspects of the Concept of Nature«, in: *Changing Concepts of Nature at the Turn of the Millennium*, Vatican City 2000 [= Pontificiae Academiae Scientiarum Scripta Varia 95], S. 3-19, hier S. 3. In diesem Band finden sich viele interessante Artikel zu Themen aus dem Umkreis des Naturbegriffs.

3 Aristoteles: *Physik* 192b.

4 Gereon Wolters: »Evolving Concepts of Nature«, in: *Changing Concepts* (wie Anm. 2), S. 169-182, besonders S. 170 f.

5 Ebd., S. 171.

Renaissancezeit wurde die Alchemie – auch wenn sie nach heutigen Kriterien nur eine Pseudowissenschaft war – zur »paradigmatischen Lehre«. Auf ihrer Grundlage entwickelte sich eine animistische Weltanschauung: Das Weltall ist unendlich, sein Zentrum befindet sich überall. Die Weltseele ist der Materie immanent; diese vermag verschiedene, ineinander übergehende Existenzformen anzunehmen.[6] Man kann hier von Naturalismus in einem Sinne sprechen, der dem heutigen nahekommt.

Es ist nicht meine Absicht, eine Geschichte der Begriffe »Natur« und »Naturalismus« zu schreiben. Ich nehme lediglich Bezug auf die Historie, um die Flüssigkeit und Unbestimmtheit dieser Begriffe deutlich zu machen. Zur Zeit der Französischen Revolution, als man die Natur verehrte und Tempel für sie entwarf, dachte niemand mehr aristotelisch über die Natur. Die Natur wurde beinahe zu einem Synonym für alles, was es auf der Welt gibt und was nicht von Menschen gemacht ist. Das zeitgenössische Verständnis des polnischen Begriffs »przyroda« leitet sich von eben solchen Bedeutungsassoziationen her und wurde besiegelt durch die Gegenüberstellung: Natur – Kultur. Noch als Rousseau sein »Zurück zur Natur!« verkündete, das sowohl für die moralische als auch für die soziale Sphäre galt, verstand er dieses Schlagwort im wertenden Sinne: Was der Natur nähersteht, ist besser – was der Mensch geschaffen hat, schlechter. Doch schon kurze Zeit später sollte die Darwinsche Revolution die Mauer zwischen Natur und Nicht-Natur niederreißen: Der Mensch ist selbst ein Produkt der Natur, und die Kultur läßt sich als Fortsetzung der natürlichen Evolution verstehen.[7]

---

6 Ein typischer Vertreter dieser Weltanschauung war Giordano Bruno; vgl. z.B. Michał Heller, Zbigniew Liana, Janusz Mączka u. Włodzimierz Skoczny: *Nauki przyrodnicze a teologia: Konflikt i współistnienie* [Die Naturwissenschaften und die Theologie: Konflikt und Miteinander] (wie Anm. 2, Kap. 3), S. 334-363.

7 Interessante Bemerkungen zu diesem Thema macht Konrad Lorentz: »Nature and Culture – Obsolete Distinction«, in: *Changing Concepts* (wie Anm. 2), S. 211-222.

Infolge dieser Wandlungen hörte der Naturbegriff auf, ein aus dem Wortschatz der »Naturwissenschaften« entnommener Terminus technicus zu sein, er wurde vielmehr – wie Gereon Wolters unter Berufung auf Husserl schreibt[8] – zu deren »Horizont«. Dies ist im Sinne des Postulats zu verstehen, daß die Erklärungen der Naturwissenschaften diesen Horizont nicht überschreiten sollen (daß also diese Wissenschaften sich nicht auf »übernatürliche« Erklärungen berufen dürfen). Insofern enthalten Positivismen und Reduktionismen jeglicher Art ein naturalistisches Element. Und in diesem Sinne ist auch die Methodologie der Naturwissenschaften naturalistisch.

Ein so verstandener Naturalismus war in der Methodologie der empirischen Wissenschaften immer gegenwärtig, aber es ist ein interessantes historisches Faktum, daß man sich erst vor verhältnismäßig kurzer Zeit an das *Wort* »Naturalismus« erinnerte. Doch die Erinnerung war folgenreich. Das Wort ist heute in Mode gekommen, und diese Mode scheint immer noch im Wachsen begriffen zu sein.

Einer der Hauptgründe für die »naturalistische Wende« (man könnte geradezu von einem »neuen Naturalismus« sprechen) sind die gewaltigen Fortschritte in den kognitiven Neurowissenschaften sowie auf dem Gebiet der sogenannten künstlichen Intelligenz. Hier wirkt folgender Antriebsmechanismus. Auf der einen Seite ist der Forschritt in den genannten Fächern tatsächlich imponierend; auf der anderen Seite wissen wir vom menschlichen Geist immer noch sehr wenig, und da liegt es nahe, die wissenschaftlichen Ergebnisse durch philosophische Spekulationen zu »ergänzen«. Viele Neurophysiologen und Spezialisten für künstliche Intelligenz unternehmen, ohne ausgebildete Philosophen zu sein, den Versuch, auf eigene Faust zu philosophieren. Darin werden sie durch sporadische (direkte oder literarisch vermittelte) Kontakte mit professionellen Philosophen bestärkt, die sehr oft wissenschaftlich nicht darauf vorbereitet sind, einen solchen Dialog zu führen,

8 Gereon Wolters: »Evolving Concepts of Nature«, in: *Changing Concepts* (wie Anm. 2), S. 169.

wodurch dieser nutzlos wird. Man spricht heute bereits von der sogenannten Neurophilosophie; diese entsteht auf einem von der traditionellen Philosophie wenig bearbeiteten Terrain und ist naturgemäß eng mit den kognitiven Neurowissenschaften verbunden (zuweilen gehen diese Wissenschaften unmerklich in philosophische Überlegungen über).[9] In einer solchen Lage entsteht wie von selbst die Tendenz, das methodologische Postulat von der Selbstgenügsamkeit der Wissenschaften als ontologische Doktrin von der »Selbstgenügsamkeit der Natur« zu verstehen. Doch die bloße Unterscheidung zwischen einem »methodologischen« und einem »ontologischen Aspekt« erledigt, bei aller Wichtigkeit für eine erste Orientierung, die Angelegenheit nicht. Daraus ergibt sich die Notwendigkeit tiefergehender Studien zum modernen Naturalismus.

Zum Abschluß dieser einleitenden Reflexionen noch eine Bemerkung. Während der Begriff des Naturalismus früher eine Ableitung vom Begriff »Natur« darstellte, haben sich die Rollen heutzutage umgekehrt: Der Naturbegriff wird gegenwärtig mehr in Literatur und Kunst als in der Wissenschaft und Wissenschaftsphilosophie verwendet. Wenn in letzterer Disziplin von Natur die Rede ist, dann eher als eine Art Hintergrund für naturalistische Tendenzen.

2. *Naturalistischer Monismus*

Wie dargestellt, hat der Begriff des Naturalismus viele Gesichter, doch sie alle gehen auf einen gemeinsamen Kern zurück. Zu diesem Kern gehören zweifellos starke monistische Tendenzen. Das ist insofern verständlich, als jemand, der auf dem Standpunkt des Dualismus steht, außer einem »natürlichen Prinzip« (wie immer er dieses auch verstehen mag: als physikalische Körper, Materie, der Sinneserkenntnis zugängliche

9 Vgl. Edmund Runggaldier: »Il naturalismo filosofico contemporaneo e le sue implicazioni antropologiche« in: *La Civiltà Cattolica* (wie Anm. 1), S. 144.

Welt u. ä.) noch ein »anderes Prinzip« annimmt (den Geist, Ideen, mathematische Objekte usw.), so daß man ihn kaum als Naturalisten bezeichnen kann. Es sei jedoch darauf hingewiesen, daß beide Standpunkte – der monistische wie der dualistische – metaphysischer Natur sind. Der Streit zwischen ihnen läßt sich nicht auf der Basis von Indizien entscheiden, die den empirischen Wissenschaften entnommen sind. Der Monist kann sich höchstens auf Ockhams Rasiermesser berufen, indem er behauptet, weniger vorauszusetzen als sein Opponent. Dies ist jedoch kein entscheidendes Argument, denn zuweilen sind zur Begründung (Erklärung) eines faktischen Zustands stärkere Annahmen nötig.

Obwohl die ursprüngliche christliche Botschaft nicht in Form einer Metaphysik verkündet wurde, verband sich das christliche Denken beinahe von Anfang an mit der dualistischen Philosophie. Mit der Zeit verfestigte sich dieser Stand der Dinge. Zwar gab es unter den christlichen Denkern immer eine recht große Anzahl von solchen, die versuchten, sich dieser Tendenz zu widersetzen; gewöhnlich wurden sie jedoch mit Mißtrauen betrachtet, und die dualistische Metaphysik verwuchs in einem solchen Grade mit der populären und weniger populären Interpretation der christlichen Religion, daß offen dualistische Formulierungen in verschiedenen Formen von Katechismen heimisch wurden.

»Zwingt« die christliche Religion aber tatsächlich ihre Anhänger zur Annahme eines metaphysischen Dualismus? Ist es möglich, eine Weltanschauung zu schaffen, die mit den monistischen Tendenzen der modernen Wissenschaft und den an sie angelehnten philosophischen Richtungen in Einklang steht und gleichzeitig für einen gläubigen Christen akzeptabel wäre? Zwar werde ich mich im folgenden auf den philosophischen Aspekt der Frage des »wissenschaftlichen Naturalismus« beschränken, doch tue ich das in der ausgesprochenen Absicht, zu ermitteln, ob derartige Analysen einen Weg eröffnen können, der zu streng theologischen Überlegungen führt. In der Sprache der traditionellen Terminologie könnte man sagen, daß ich das Problem des *praeambulum fidei* aufwerfe.

Ehe wir zu der Frage zurückkehren, ob die christliche Weltanschauung ein Bekenntnis zum ontologischen Dualismus »erzwingt«, ist zu überlegen, ob es sich überhaupt lohnt, von der traditionellen dualistischen Lehre abzugehen. Selbstverständlich würde es sich nicht lohnen, wenn es sich bloß um eine intellektuelle Mode handelte. Es geht jedoch um etwas Wesentlicheres. Der monistische Zugang zur Wirklichkeit stellt eine der Grundannahmen der wissenschaftlichen Methode dar. Die Anerkennung »jenes anderen« Prinzips, das definitionsgemäß nicht der empirischen Methode der Wissenschaft unterliegt, würde bedeuten, *a priori* zu akzeptieren, daß diese Methode Grenzen hat, was also ihrem »angeborenen Eroberungsdrang« zuwiderliefe. Zwar ist methodologischer Monismus etwas anderes als ontologischer Monismus, und um mit der wissenschaftlichen Methode in Einklang zu bleiben, reicht ersterer völlig aus, doch man muß damit rechnen, daß die Effektivität der empirischen Methoden etwas über die Wirklichkeit aussagt, und was sie aussagt, mag unter anderem die Folgerung sein, daß eine Version des ontologischen Monismus korrekt ist. Wenn man daher das Christentum nicht gegenüber den modernen Denkströmungen in eine marginale Position bringen will (wobei Modeströmungen bloß saisonalen Charakters hier keine Rolle spielen), lohnt die Frage, ob die Möglichkeit besteht, es mit einem monistischen Weltbild zu vereinbaren.

Ist es also möglich, den ontologischen Monismus so zu verstehen, daß dadurch eine sich auf die christliche Religion stützende Weltanschauung nicht ausgeschlossen würde? Sehen wir uns Willem Drees' Analysen an.[10] Er ist ein radikaler – für meinen Geschmack sogar allzu radikaler[11] – Anhänger des Naturalismus, doch seine Analysen des Naturalismusbegriffs dürften für meine Überlegungen nützlich sein. Nach Drees läßt sich der durch die Naturwissenschaften gestaltete (*informed by the natural sciences*) Naturalismus auf sechs Postulate

10 Willem Drees: *Religion, Science and Naturalism*, Cambridge 1996.

11 Denn ich bin der Meinung, daß sein Naturalismus auf einem allzu einseitigen Verständnis der Wissenschaft und ihrer Methode beruht.

(*claims*) reduzieren. Das erste der Postulate lautet (die übrigen interessieren vorläufig nicht): »Die von den Naturwissenschaften erforschte Welt[12] stellt die gesamte Wirklichkeit dar, von der wir irgend etwas wissen und mit der wir in Kontakt treten können (*interact*); kein übernatürlicher oder spiritueller Bereich, der von der natürlichen Welt verschieden wäre, zeigt sich *innerhalb* dieser Welt, nicht einmal im geistigen Leben der Menschen.«[13] Dieses Postulat bezeichnet Drees als ontologischen Naturalismus.

Drees' Formulierung ist ausgewogen, wenngleich sie dem gläubigen Christen unannehmbar erscheinen mag. Dies jedoch nicht wegen des zweiten Teils seiner Aussage, in der er ausschließt, daß sich die übernatürliche Welt in der natürlichen manifestiert. Denn wenn man bedenkt, daß Drees unter der natürlichen Welt die von den empirischen Wissenschaften erforschte Welt versteht, ist dieser Teil seiner Aussage nichts anderes als bloß eine Deklaration des methodologischen Naturalismus. Die Betonung des Punktes, daß dies »nicht einmal im geistigen Leben der Menschen« geschehe, läßt sich ebenfalls auf ähnliche Weise verstehen. Größere Bedenken erweckt jedoch der erste Teil der Aussage, der unser Wissen und unsere Kontakte allein auf die natürliche Welt beschränkt. Wenn man Wissen allein im Sinne wissenschaftlichen Wissens versteht, dann würde das Ganze wieder auf den methodologischen Naturalismus hinauslaufen; der Hinweis auf »Kontakte« deutet jedoch darauf hin, daß es hier um mehr geht: um Kontakte, die sich nicht nur auf solche beschränken, die man mittels streng wissenschaftlicher Methoden aufnimmt. Hier scheint der Begriff des Übernatürlichen selbst in Frage gestellt zu sein. Kann der Christ sich damit abfinden?

Lassen wir die persönlichen Ansichten von Drees beiseite; ich habe sie lediglich deswegen zitiert, weil sie einen guten

12 Im Original schreibt der Autor kurz »*the natural world*«, doch aus einer früheren Erklärung geht hervor, daß er die Welt meint, die die Naturwissenschaften erforschen.

13 Willem Drees: *Religion, Science and Naturalism* (wie Anm. 10), S. 12.

Ausgangspunkt für selbständigere Analysen bilden. Für einen denkenden Christen hat es nie ein ernsthaftes Problem dargestellt, den methodologischen Naturalismus zu akzeptieren. Das Problem beginnt in dem Moment, in dem wir uns klarmachen, daß der methodologische Naturalismus – wie oben dargestellt – doch eine gewisse ontologische Botschaft enthält. Was ist, wenn die »übernatürliche Welt« sich deswegen nicht in der »natürlichen« Welt manifestiert, weil es sie als eine von der natürlichen Welt verschiedene ganz einfach nicht gibt? Es ist entscheidend, daß in dieser Frage betont wird: »als eine von der natürlichen Welt verschiedene«. Sehen wir uns das etwas genauer an.

Eine monistische These, die für einen christlichen Denker annehmbar wäre, würde behaupten, daß Gott nicht durch irgendwelche außerordentlichen Interventionen Einfluß auf die Welt nimmt, sondern immer durch den natürlichen Weltlauf. Sein Wirken wird im natürlichen Weltlauf nicht deswegen nicht manifest, weil es Sein Wirken dort nicht gäbe, sondern weil der gesamte natürliche Weltlauf Sein Wirken ist.

Wenn man ihren Inhalt recht versteht, ist das keine revolutionäre These. Sie betont lediglich die Immanenz Gottes in der natürlichen Welt, doch sie verdient es, verteidigt zu werden, denn bei vielen gebildeten Christen ist immer noch die Überzeugung tief verwurzelt, daß Gott in der Welt mit Hilfe von »Sondererlassen« wirkt, die den natürlichen Lauf der Natur durchbrechen, indem sie Folgen hervorrufen, die diesem völlig widersprechen.

3. Muß die Theologie gerettet werden?

Traditionell denkenden Anhängern des Christentums mag das im vorhergehenden Kapitel aufgestellte Problem recht müßig erscheinen. Denn wenn man die Existenz eines allmächtigen Gottes annimmt, sollte das Problem Seines Eingreifens in die Welt keinerlei Schwierigkeiten bereiten. Nichtsdestoweniger bereitet es denjenigen Anhängern des Christentums Schwierigkeiten – und zwar durchaus ernsthafte –, die in näherem Kontakt mit den empirischen Wissenschaften stehen. Um das wahrzunehmen und zugleich den Kern des Problems genauer zu erfassen, wollen wir uns eine bestimmte Diskussion zu diesem Thema etwas näher ansehen, die sich in den letzten Jahren unter christlichen Denkern entsponnen hat.

Der eigentlichen Diskussion gingen recht zahlreiche Bemerkungen vieler Autoren voraus, die in den Unschärfen der Quantenmechanik Raum für göttliches Wirken in der Welt ohne Verletzung der Naturgesetze erblickten. Ein Beispiel für derartige Spekulationen sind die Gedanken William Pollards, der zugleich Geistlicher der Episkopalkirche und (am »Manhattan-Projekt« zur Konstruktion der Atombombe beteiligter) Physiker war.[14] Im Hinblick auf außerordentliche Eingriffe Gottes schrieb er:

> »Jeder, dem das Privileg zuteil geworden ist, die ganze herrliche Struktur der mathematischen Physik in seiner Vorstellung zu erblicken und einen Bewunderungsschauer für sie zu empfinden, kann auf den Gedanken einer solchen Intervention nicht anders reagieren als mit einem Schock.«[15]

Wenn man davon ausgehe – und diese Voraussetzung müsse man machen –, daß jedes Ereignis in der geschaffenen Welt sich nur mit Hilfe wissenschaftlicher Methoden vollständig erklären lasse, dann bestehe die einzige Möglichkeit, Gott einen Einfluß auf den Weltlauf zu garantieren, darin, Ihn mittels der Quantenunschärfe wirken zu lassen. Die Gesetze der Quantenmechanik hätten Zufallscharakter, und Gott könne, um seine Ziele zu erreichen, auf Quantenwahrscheinlichkeiten Einfluß nehmen, ohne diese Gesetze selbst zu verletzen.

Die eigentliche Diskussion spielte sich während eines Zyklus von Studienkonferenzen ab, die vom Vatikanischen Observatorium und dem Center for Theology and the Natural Sciences, Berkeley, zum Thema »Gottes Wirken in der Welt«

14 William G. Pollard: *Change and Providence: God's Action in the World Governed by Scientific Laws*, London 1958.

15 Ebd., S. 28 f.

organisiert wurden – genauer gesagt, während eines Treffens im Rahmen dieses Zyklus, das 1993 in Berkeley stattfand und dem Problem »Chaos und Komplexität« gewidmet war.[16] Zu den radikalsten Anhängern der These, daß Gott durch die Quantenunschärfe wirkt, gehörte damals Nancey Murphy.[17] Zuerst zählte sie die theologischen Kriterien auf, welche eine Konzeption des göttlichen Wirkens in der Welt zu erfüllen hätte: Ganz allgemein gesprochen, liefen sie auf die Vermeidung einerseits des Deismus – also der Gleichgültigkeit Gottes gegen den »Weltlauf« – sowie andererseits des Okkasionalismus (d.h. der Annahme einer außerordentlichen Einflußnahme Gottes auf jedes Weltereignis) hinaus. Anschließend argumentierte sie für die These, daß die einzige Konzeption, die es erlaube, diese beiden Gefahren zu meiden, in dem Gedanken bestehe, daß Gott die Gesetze der Quantenphysik zur Einflußnahme auf das Weltgeschehen nutzt. Diesen Gesetzen gemäß seien Quantenobjekte nicht determiniert, sondern hätten immer eine ganze Skala möglichen zukünftigen Verhaltens vor sich. Mit diesem Verhalten seien bestimmte Wahrscheinlichkeiten verbunden. Und hier sei Raum für das Wirken Gottes, der dafür sorgen könne, daß eine ganz bestimmte, durch die Wahrscheinlichkeitsverteilung zugelassene Möglichkeit realisiert werde. Dies ist ein Beispiel für ein Einflußnehmen Gottes auf den Weltlauf, das gewissermaßen von unten (vom Quantenniveau) nach oben erfolgt. In diesem Zusammenhang spricht man häufig von »Kausalität von unten« (*bottom-up causality*). Nancey Murphys Standpunkt wurde von George Ellis unterstützt,[18] der ihre Konzeption in einen weiteren theologischen und wissenschaftlichen Kontext stellte.

---

16 Der Band mit den Konferenzbeiträgen ist erschienen u. d. T. *Chaos and Complexity*, hrsg. v. Robert John Russell, Nancey Murphy u. Arthur Peacocke, Vatican City/Berkeley 1995.

17 Vgl. Nancey Murphy: »Divine Action in the Natural Order: Buridan's Ass and Schrödinger's Cat«, in: *Chaos and Complexity* (wie Anm. 16), S. 325-357.

18 George Ellis: »Ordinary and Extraordinary Divine Action: The Nexus of Interaction«, in: *Chaos and Complexity* (wie Anm. 16), S. 360-395.

Die Konzeption des göttlichen Handelns durch Quantenunschärfe ist natürlich dem Vorwurf ausgesetzt, lediglich eine raffiniertere Rückkehr zur kompromittierten Theologie des »Lückenbüßergottes« zu sein. Dieser Vorwurf wurde im Verlauf der Diskussion tatsächlich erhoben. Thomas Tracy nahm die Herausforderung an.[19] Er unterschied zwischen »Erklärungslücken« (*explanatory gaps*) und »Kausallücken« (*causal gaps*). Erstere seien das Ergebnis unserer, möglicherweise vorläufigen, Unwissenheit; letztere entstünden, wenn »Ereignisse durch ihre Vorgängerereignisse nicht eindeutig determiniert sind«.[20] Die Nutzung ersterer sei in der Theologie nicht zulässig, doch letztere seien zu erwarten, wenn man an Gottes Wirken in der Geschichte glaube. Die Gesetze der Quantenmechanik schüfen dazu die Möglichkeit.

Die von den obengenannten Autoren vertretenen Ideen trafen auf die Kritik John Polkinghornes,[21] dessen Einwände sich an der Tatsache festmachten, daß derartige mit der Quantenmechanik arbeitende theologische Konzeptionen eine spezifische Interpretation der Quantenmechanik voraussetzen, und zwar eine solche, die deren probabilistischen Charakter bestätige. Polkinghorne selbst sieht im Sinne der Theologie die Chance für Gottes Wirken in der Welt in modernen Theorien des Chaos und der Komplexitätssteigerung, welche die Idee einer »Kausalität von oben« (*top-down causality*) nahelegten. Seiner Ansicht nach sollte uns die Tatsache, daß chaotische Systeme von »immanenter Unvorhersagbarkeit« sind,

> »zu einer metaphysischen Hypothese führen, der gemäß diese epistemologischen Eigenschaften darauf hindeuten, daß die physikalische Welt ontologisch weitgehend offen und integriert ist«.[22]

Polkinghornes Standpunkt wurde von Arthur Peacocke un-

---

19 Vgl. Thomas Tracy: »Particular Providence and the God of Gaps«, in: *Chaos and Complexity* (wie Anm. 16), S. 289-324.

20 Ebd., S. 290.

21 John Polkinghorne: »The Metaphysics of Divine Action«, in: *Chaos and Complexity* (wie Anm. 16), S. 147-156.

22 Ebd., S. 153.

terstützt und weiterentwickelt.[23] Dieser schlägt folgendes Bild dafür vor, wie Gott von oben (*top-down*) auf die Welt einwirkt. Dieses Wirken sei eine Art von Zwang, welcher der Welt auferlegt sei und Änderungen in ihrem Lauf verursache, ohne dabei ihre Gesetze und Regeln zu brechen.

»Diese holistische Weise des Wirkens und Einflußnehmens auf die Welt ist Gott gemäß und kommt Ihm allein zu. Die Einwirkung Gottes auf das Ganze und die Beschränkungen [die Fesseln], die Er dem Ganzen auferlegt, gestalten die Ereignisse und steuern sie auf den untersten Ebenen so, daß Gottes Ziele im Endeffekt nicht verfehlt werden. Ein solches Einwirken Gottes kann geschehen, ohne in irgendeinem Punkt die natürlichen Beziehungen zu beeinträchtigen, die der Möglichkeit unterschiedlichen Verhaltens und der Handlungsfreiheit auf allen Ebenen zugrunde liegen, die von den Wissenschaften entdeckt werden und die den Gegenstand der gewöhnlichen menschlichen Erfahrung darstellen, selbst auf den untersten von ihnen.«[24]

Die Diskussionen zu diesen Themen auf dem Berkeleyer Symposion waren wesentlich hitziger, als sich aufgrund des Tagungsbandes vermuten ließe. Sie fanden ihre Fortsetzung auf den nächsten Symposien dieses Zyklus.[25] Die Bedenken der Gegenseite entzündeten sich daran, daß theologische Folgerungen allzu stark vom gegenwärtigen Stand wissenschaftlicher Theorien abhängig gemacht wurden. Insbesondere gilt das für den Status der Quantenmechanik, von der wir heu-

---

23 Arthur Peacocke: »God's Interpaction with the World: The Implications of Deterministic ›Chaos‹ and Interconnected and Interdependent Complexity«, in: *Chaos and Complexity* (wie Anm. 16), S. 263-287.

24 Ebd., S. 286.

25 Widerklänge dieser Diskussion lassen sich in Gestalt umfangreicher Artikel in weiteren Bänden dieser Serie finden: *Evolutionary and Molecular Biology*, hrsg. v. Robert John Russell, William R. Stoeger u. Francisco J. Ayala, Vatican City/Berkeley 1998; *Neuroscience and the Person*, hrsg. v. Robert John Russell, Nancey Murphy, Theo C. Meyering u. Michael A. Arbib, Vatican City/Berkeley 1999; *Quantum Mechanics*, hrsg. v. Robert John Russell, Philip Clayton, Kirk Wegter-McNelly u. John Polkinghorne, Vatican City/Berkeley 2001.

te wissen, daß sie keine letztgültige Theorie ist, da sie die Quanteneffekte der Gravitation nicht berücksichtigt. Die Vereinigung der Quantenmechanik mit der Gravitationstheorie (der Allgemeinen Relativitätstheorie) kann eine fundamentale Neuinterpretation beider Theorien nötig machen. Darüber hinaus hat die Konzeption, nach der Gott die Quantenunschärfe nutzt, nur bei bestimmten Interpretationen der Quantenmechanik Sinn. So ist z.B. die Quantenmechanik in der Bohmschen Version völlig deterministisch und läßt infolgedessen keinen Raum für das Wirken Gottes, von dem Nancey Murphy und andere sprechen. Dazu kommt noch, daß auch ein genaueres Eindringen in den Formalismus der gegenwärtigen Quantenmechanik (ganz unabhängig von deren unterschiedlichen Interpretationen) dazu geeignet ist, eine Reihe von Vorwürfen an die Adresse dieser Konzeption zu formulieren.[26] Ich habe diese Diskussion nicht deswegen kurz (und ausschnittsweise) referiert, um mich in sie einzuschalten, sondern um zu illustrieren, auf welche Gedanken die (im übrigen wenig zahlreichen) Theologen, die den Geist der modernen Wissenschaft spüren, zurückgreifen, um Gott die Möglichkeit eines »nichtinterventionistischen« Einwirkens auf die Welt zu sichern. Einerseits verspüren sie einen starken Druck von seiten der Wissenschaften in Richtung auf ein naturalistisches Weltverständnis, andererseits aber sind sie sich als gläubige Theologen dessen bewußt, daß es faktisch die Vernichtung der gesamten christlichen Theologie bedeuten würde, Gott die Möglichkeit abzusprechen, tatsächlich auf die Welt einzuwirken. Ist es aber nötig, zur »Rettung der Theologie« zu so riskanten Konzeptionen Zuflucht zu nehmen?

26 Die vollständigste Kritik dieser Konzeption hat Nicholas Saunders unternommen, und zwar in seinem Artikel »Does God Cheat at Dice? Divine Action and Quantum Possibilities«, in: *Zygon* 35 (2000), S. 517-544.

4. Der Radikalismus der Tradition

Dieses Problem existierte ebenso für die traditionelle Philosophie und Theologie, und seine Lösung bestand in der thomistischen Doktrin von der göttlichen Weltschöpfung. Die Schöpfung ist gemäß dieser Doktrin nicht nur das Ins-Dasein-Rufen der Welt, sondern auch das unaufhörliche Sie-im-Dasein-Halten (*creatio continua*). Dies ist nicht nur ein »passiver« Akt, durch den die Dinge sind, sondern ein »dynamisch schöpferischer« Akt, durch den die Dinge im Einklang mit der »natürlichen Ordnung« sind und wirken - durch den sie insbesondere als wirkliche Ursachen anderer Dinge und Sachverhalte, die ihrerseits ihre Folgen sind, fungieren können. Spätere Theologen fügten die Unterscheidung zwischen den kategorialen Ursachen und der Transzendentalen Ursache hinzu (Rahner). Die kategorialen Ursachen - d.h. alle Ursachen außer Gott - wirken, indem sie Folgen entsprechend der ihnen jeweils eigentümlichen Kausalkategorie hervorbringen. Die Transzendentale Ursache, also Gott, ist sowohl dadurch, daß sie den kategorialen Ursachen Dasein verleiht, als auch dadurch, daß sie den Kausalzusammenhang selbst ermöglicht, unmittelbar gegenwärtig im Funktionieren der Welt wie auch in jedem einzelnen dort vorkommenden Kausalzusammenhang. Gott muß zu seinem Handeln daher nicht die Quantenunschärfe nutzen. Er ist allen natürlichen Prozessen schöpferisch immanent, ohne ihre Integrität und Autonomie zu beeinträchtigen.[27] In moderneren Interpretationen, die aber grundsätzlich mit dem traditionellen Ansatz in Einklang stehen, spricht man statt von »natürlicher Ordnung« und »Im-Dasein-Halten« eher von der Immanenz Gottes in den Na-

27 Konzeptionen des göttlichen Handelns durch die Quantenunschärfe kritisiert William E. Carroll vom Standpunkt der traditionellen Philosophie aus in seinem Artikel »Creation and Science«, in: *Science and the Future of Mankind* (= Pontificiae Academiae Scripta Varia 99/2000), S. 333-349.

turgesetzen. Eine solche Interpretation schlägt unter anderem Józef Życiński vor,[28] der schreibt:

> »Statt anzunehmen, daß Gott in der Heisenbergschen Unschärfe verborgen ist oder sich im sogenannten physikalischen Chaos ausdrückt, schlagen wir ein Modell vor, in dem Gott der kosmischen Geschichte immanent ist: sowohl in den Naturgesetzen wie auch in dem, was wir metaphorisch ›Randbedingungen‹ nennen. Dieser Ausdruck bezeichnet die Randbedingungen im theologischen Verständnis; dabei sind auch nichtphysikalische (also biologische, psychische, geistige usw.) Faktoren – jeweils ›aus der Göttlichen Perspektive‹ betrachtet (was auch eine Metapher ist) – mit gemeint.«[29]

Wenn ich es richtig verstehe, ist die Idee die folgende. In der unzeitlichen Perspektive Gottes gibt es keinerlei Schwierigkeiten damit, beispielsweise ein im 21. Jahrhundert gesprochenes Gebet zu erhören, indem in den »Anfangsbedingungen« des Universums Festlegungen getroffen werden, die seine Erfüllung garantieren. Dies widerspricht nicht der Freiheit des Betenden, denn gemäß dieser Konzeption sieht Gott die Gesamtgeschichte des Universums – in unserer Perspektive: seine Vergangenheit, Gegenwart und Zukunft – einschließlich der freien Entscheidungen vernünftiger Wesen, greift aber nicht direkt in sie ein, sondern stellt lediglich für das Gesamtsystem und alle seine Teile den Garanten ihrer Existenz dar.

In einer solchen Auffassung verwischt sich die dualistische Unterscheidung zwischen dem Natürlichen und dem Übernatürlichen, aber nicht durch den Ausschluß des Übernatürlichen, sondern dadurch, daß man den immanenten Gott auch in dem wahrnimmt, was bisher als natürlich galt. Die Unterscheidung zwischen »natürlich« und »übernatürlich« könnte höchstens gewissermaßen als sprachliche Annäherung bestehen bleiben, die beschreibt, »wie wir es aus unserer Perspek-

---

28 Józef Życiński: »The Laws of Nature and the Immanence of God in the Evolving Universe«, in: *Studies in Science and Theology* 5 (1997), S. 3-19.

29 Ebd., S. 15.

tive und von unserem gegenwärtigen Wissensstand aus wahrnehmen«.

Der traditionelle Ansatz scheint mir radikaler zu sein als die verschiedenen Mechanismen, die für Gottes Handeln in der Welt gegenwärtig vorgeschlagen werden. Wie gesehen, läßt sich dieser Ansatz nichtdualistisch und nichtinterventionistisch interpretieren, ohne daß die geringste Gefahr bestünde, daß Gott dadurch aus der Welt eliminiert würde. Ganz im Gegenteil, er garantiert die Gegenwart des Schöpfers sowohl im Gesamtsystem der Welt wie auch in den winzigsten Erscheinungen, die dessen Funktionieren ausmachen. Dies bedeutet jedoch nicht, daß sich zum traditionellen Ansatz nichts Neues mehr sagen ließe. Wenn er seine intellektuelle Anziehungskraft behalten soll, darf man ihn nicht nur im traditionellen Begriffssystem wiederholen. Man muß ihn immer wieder von neuem in den sich wandelnden philosophischen und wissenschaftlichen Kontext stellen und durch Elemente ergänzen, die dieser Kontext bereitstellt. In diese Richtung zielt der Versuch, den ich im nächsten Unterkapitel unternehmen werde.

5. *Theologie und Vorstellungskraft*

In theologischen Überlegungen, wie auch in strengeren theologischen Analysen, spielt die Vorstellungskraft eine wichtige Rolle. Das »Sehen mit den Augen des Geistes« ersetzt häufig das, was in der gewöhnlichen Wahrnehmung die Beobachtung mit Hilfe der Sinne zu leisten hat. Die Vorstellungskraft ist geprägt von kulturellen Traditionen, der Erziehung, den eigenen Denkgewohnheiten ... und manchmal drängt sie sich so sehr auf, daß sie logische Evidenz auf perfekte Weise simuliert. Zu solchen Vorstellungsgewohnheiten unserer kulturell-religiösen Tradition gehört das Bild des Allmächtigen Gottes ... Wir stellen uns vor, daß Ihm das Aussprechen eines Worts genügt, um eine sofortige Wirkung zu erzielen. Natürlich sind wir uns dessen bewußt, daß das Aussprechen des Worts lediglich eine Metapher für den Willensakt ist, doch der Willensakt selbst –

so scheint uns – hat verwirklichende Kraft. An dieser Stelle schöpft die Vorstellungskraft Material aus unserer psychologischen Erfahrung. Sooft wir wollen, daß ein Wunsch sich erfüllt, wollen wir es sehr, strengen unseren ganzen Willen an und ... treffen auf den passiven Widerstand der Wirklichkeit, die unserem Wollen gegenüber unempfindlich bleibt. Im Prinzip funktioniert der gleiche Mechanismus (oder funktioniert vielmehr nicht), wenn wir jemanden mit einem Schrei dazu zwingen wollen, sich unserem Willen anzupassen, und dieses Ziel nicht erreichen. Und wenn wir an Gottes Allmacht denken, schreiben wir dieser gewissermaßen automatisch das zu, was wir selbst besitzen möchten, aber nicht besitzen: die Möglichkeit, mit nichts als einem einzigen Willensakt jeglichen Widerstand der Wirklichkeit zu brechen.

Doch geben wir es zu: ein solcher Mechanismus der göttlichen Allmacht würde sich kaum von Magie unterscheiden. Man sollte besser auf tiefere Schichten der biblischen Metaphorik zurückgreifen und annehmen, daß das von Gott gesprochene Wort im Sinne des griechischen Vorbilds zu verstehen ist: Logos – Vernunft – kosmischer Plan – Rationalität.[30] Gott verwirklicht seine Absichten mithin durch rationales Handeln, nicht durch magische Beschwörungen. Selbst in den Formulierungen der Katechismen lesen wir, daß Gott trotz seiner Allmacht keine Widersprüche zu verwirklichen, z.B. einen quadratischen Kreis zu erschaffen vermag – denn Widerspruch ist Nichtsein, fügen mehr metaphysisch eingestellte Autoren hinzu, und das Nichtsein läßt sich nicht erschaffen. Selbst von Gott kann man nicht verlangen, daß er ontologische Widersprüche verwirklicht. Wirkliche Folgen durch das bloße Fassen einer Absicht hervorzurufen, ohne daß damit rationales Handeln einherginge, trägt alle Züge eines ontologischen Widerspruchs. Unsere »theologische Vorstellungs-

---

30 Solche Bedeutungsnuancen (wenn auch natürlich keine griechischen Einflüsse) lassen sich in der Schöpfungsgeschichte des 1. Buchs Mose ausmachen; sie sind in der biblischen Weisheitsliteratur sehr markant, und im Johannesevangelium sind sogar griechische Einflüsse bereits deutlich sichtbar.

kraft« bedarf daher der Unterstützung durch eine rationalere Argumentation.

In der christlichen theologischen Tradition hat es nicht an Vermutungen gefehlt, wonach Gott mathematisch denke. Es genügt, an die Doktrin des hl. Augustinius von Hippo zu erinnern, der behauptete, die »ewigen Wahrheiten«, also auch die mathematischen Wahrheiten, seien in Gott oder seien »Gedanken Gottes«, doch da in Gott alles eins sei, seien sie ganz einfach Er selbst. Ebenso lassen sich die Ansichten von Leibniz heranziehen, der tief davon überzeugt war, daß Gott und – die hinreichend weit verstandene – Mathematik samt Logik identisch sind. Und Leibniz' berühmter Ausspruch *Dum Deus calculat mundus fit* (Wenn Gott rechnet, entsteht die Welt) ist mehr als eine Andeutung, daß der Schöpfungsakt nach Meinung dieses Denkers ein wesenhaft mathematischer Akt war, und zwar ein solcher, der mehr dem Ausführen von Rechnungen glich als beispielsweise dem Beweisen von Sätzen. Eine bedenkenswerte Idee, die eine genauere Betrachtung verdient.

6. *Dum Deus calculat mundus fit*

Im theologischen Denken haben wir keine andere Möglichkeit, als uns auf unsere menschliche Erfahrung zu stützen. In unserer menschlichen Erfahrung aber gibt es eine bestimmte Situation, in der »wir rechnen, und es entsteht eine Welt«. Ich meine natürlich die Maßnahme des mathematischen Modellierens, die eine grundlegende Methode der modernen Physik darstellt. Die Welt, die dabei entsteht, ist das mathematische Modell eines bestimmten Fragments oder eines bestimmten Aspekts der physikalischen Wirklichkeit. Ein solches Modell ist eine entsprechend interpretierte mathematische Struktur. Diese Struktur – die häufig eine ganze Hierarchie verschiedenartig logisch miteinander verbundener Unterstrukturen darstellt – ist entsprechend interpretiert, d.h. bestimmten Elementen dieser Struktur sind bestimmte Merkmale der Wirklichkeit zugeordnet, aber solche Merkmale, die sich messen und in Zahlen ausdrücken lassen.

Ein auf diese Weise konstruiertes mathematisches Modell ist nicht nur die *Beschreibung* eines Fragments oder Aspekts der Wirklichkeit, sondern auch dessen Modell, d.h. gewissermaßen eine vereinfachte Kopie des Originals, die in bestimmten Hinsichten ähnlich wie das Original *funktioniert.* Letzteres ist dadurch sichergestellt, daß beim Konstruieren des Modells bestimmte Eigenschaften der Welt in Zahlen ausgedrückt werden und sich danach durch Manipulation dieser Zahlen, d.h. durch Ausführen entsprechender Rechnungen (im Rahmen des Modells), das zukünftige Verhalten des modellierten Wirklichkeitsfragments effektiv vorhersagen läßt. Wenn also der theoretische Physiker rechnet, entsteht eine bestimmte Welt (ein Modell), die (unter dem modellierten Aspekt) ähnlich wie die wirkliche Welt funktioniert.

In Analogie zu diesem Handeln des theoretischen Physikers könnte man sagen, daß Gottes Schöpfungsakt der in der Physik verwendeten Maßnahme des mathematischen Modellierens ähnelt, wobei man zwei grundsätzliche Unterschiede stark betonen muß: Erstens verwendet Gott eine wesentlich vollkommenere Mathematik als die uns bekannte – eine, die um so vieles vollkommener ist, daß man sich in ihr keinerlei Vereinfachungen und Idealisierungen zu bedienen braucht. Die Welt ist eine genaue Kopie des göttlichen Plans, besser gesagt: sie ist ganz einfach der göttliche Plan. Zweitens müssen im Falle der Methode der modernen Physik mathematische Strukturen entsprechend interpretiert werden, um Weltmodelle werden zu können. Im Falle des Schöpfungsakts besteht das Analogon zu dieser Interpretation in der Verwirklichung einer gegebenen mathematischen Struktur – Gott rechnet, und die Welt entsteht.

Genau an diesem Punkt stehen wir vor dem Mysterium der Allmacht: ein vernünftiger Plan, logisch in seinen allerkleinsten Abhängigkeiten und Zusammenhängen – ein Plan, der sich selbst realisiert. Der Logos – das sich selbst verwirklichende Wort.

»Zu verstehen, was man nicht versteht«, dürfte bereits ein erheblicher Teil (zumindest aber eine wesentliche Vorbedingung) des Verstehens sein. Angesichts der Transzendenz aber ist uns wahrscheinlich nur diese Etappe zugänglich. Ich denke, wir müssen uns mit den folgenden, notwendigerweise provisorischen Schlußfolgerungen begnügen.

Wenn Gott mathematisch denkt und handelt, dann ist Seine Mathematik mit Sicherheit unendlich viel (umfang)reicher als unsere Mathematik. Wir dürfen kaum hoffen, daß es uns gelungen ist, in unserer Mathematik mehr als einen verschwindend kleinen Bruchteil Seiner Mathematik zu rekonstruieren. Die Naturgesetze, die uns gegenwärtig bekannt sind und die wir in Zukunft kennenlernen können, sind in der Sprache unserer Mathematik ausgedrückt (bzw. werden es sein), und zwar – allem Anschein nach – in der Sprache lediglich eines bestimmten Teils von ihr (nicht alle unsere mathematischen Theorien werden als Naturtheorien oder -gesetze interpretiert). Man kann daher metaphorisch sagen, daß derjenige Teil unserer Mathematik, den wir als Naturgesetze interpretieren, in die göttliche Mathematik »eingetaucht« ist. Unsere menschliche Erfahrung mit der Mathematik lehrt uns, daß mathematische Strukturen, selbst solche aus voneinander entfernten Gebieten der Mathematik, aufeinander einwirken oder – um eine weniger metaphorische Sprache zu verwenden – daß zwischen ihnen starke Verbindungen bestehen.[31] Das muß auch in bezug auf die göttliche Mathematik gelten. Gott kann daher auf die Naturgesetze einwirken, indem Er ihre Verbindungen mit dem Rest Seines »mathematischen Feldes« nutzt, nicht indem Er sie aufhebt oder okkasionell modifiziert. Das System der Naturgesetze ist einfach nicht vom Ganzen der göttlichen Mathematik isoliert; es ist ein Teil von ihr, der – wie man annehmen muß – in starker Wechselwirkung mit dem Rest steht.

---

31 Das zu zeigen, habe ich mich in folgendem Artikel bemüht: »Co to jest matematyka?« [Was ist Mathematik?], in: *Zagadnienia Filozoficzne w Nauce* 28/29 (2001), S. 71-83.

Bei solch einem leibnizianischen Gottesverständnis wäre es geradezu merkwürdig, wenn Er beschlossen hätte, die Welt zu erschaffen, indem Er die in ihr herrschenden Gesetze vom Rest Seiner Aktivität isoliert. Gemäß dieser Interpretation sollte man sich das Wirken Gottes in der Welt nicht als »anti-naturalistische« Anstöße oder außerordentliche Interventionen vorstellen, sondern als Seine immanente Gegenwart in der Welt und in ihren Gesetzen. Gott ist in der Welt, erschöpft sich aber nicht in der Welt. Wenn wir unsere beschränkte Sprache verwenden (und eine andere steht uns nicht zur Verfügung), müssen wir feststellen, daß Gott eine Ganzheit ist, die sich nicht in voneinander isolierte Teile zerlegen läßt. Wie aber wirkt Gott auf die Welt ein: durch die Quantenunschärfe, das dynamische Chaos oder aber die Festlegung von Anfangs- oder Randbedingungen? Keine dieser Möglichkeiten kann ausgeschlossen werden, doch im Hinblick auf die Vorläufigkeit unserer wissenschaftlichen Theorien ist es besser, diese Frage offenzulassen. Selbst die am besten bestätigten Theorien können mit der Zeit zu Sonderfällen (oder Grenzfällen) allgemeinerer Theorien werden und infolgedessen einer weitgehenden Uminterpretation unterliegen. Die Ableitung theologischer Schlußfolgerungen aus jeweils gerade aktuellen Modellen oder wissenschaftlichen Theorien war schon immer ein riskantes Unterfangen.

Die von mir vorgeschlagene Version des christlichen Naturalismus ist kein Versuch, das Übernatürliche zu neutralisieren oder es auf das Natürliche zurückzuführen, sondern beruht auf dem Eingetauchtsein dessen, was wir das Natürliche nennen, in das unerschöpfliche Feld der Göttlichen Rationalität.

Kapitel 7
Evolutionstheorie und Theologie

1. Einleitung

Der Widerstand, den immer noch ein bedeutender Teil der Theologen und ein noch größerer Teil der Geistlichen, der seelsorgerisch Tätigen sowie der gläubigen Christen der Evolutionstheorie entgegenbringt, gibt zu denken. Ich meine, daß dieser Widerstand eher durch den Mißbrauch der Evolutionstheorie für die antireligiöse Propaganda als durch innere Gründe bedingt ist. Andererseits jedoch halten viele Biologen und Anhänger der Evolutionstheorie diesen Widerstand für den »offiziellen Standpunkt der Religion«, was sie in der Überzeugung bestärkt, daß zwischen den religiösen Wahrheiten und der Evolutionstheorie ein echter Widerspruch besteht. Dieses Phänomen gegenseitiger Abneigung ist so verbreitet und bestimmt so weitgehend die Haltungen der beiden Seiten, daß ich geneigt bin, es als das Haupterschwernis für den zeitgenössischen Dialog zwischen Religion und Wissenschaft anzusehen. Das Problem bedarf der Überlegung.

Zwar bin ich kein Biologe, doch ich interessiere mich leidenschaftlich für Fragen der Evolution, und zwar nicht nur wegen der Verbindung zur Theologie oder aus intellektueller Neugier, sondern auch aufgrund meiner Arbeit auf dem Gebiet der Kosmologie. Das von der modernen Kosmologie gezeichnete Bild der Welt ist durch und durch evolutionär: beginnend beim Urknall über die Synthese der chemischen Elemente sowie die Entstehung und Entwicklung der kosmischen Strukturen – Galaxienhaufen, Galaxien, Sterne, Planetensysteme – bis hin zu ... nichts anderem als den lebenden Organismen. Die biologische Evolution stellt sich uns heute als eine von vielen Etappen der kosmischen Evolution dar.

Und es ist diese weitere Perspektive, aus der ich mich dem Verhältnis zwischen Evolutionstheorie und Theologie nähern werde – es geht mir also um die Theologie, nicht unmittelbar um das Verhältnis der Evolutionstheorie zu religiösen Glaubenssätzen. Denn wenn man sich mit diesem Verhältnis in epistemologisch einigermaßen organisierter Weise beschäftigt, vergleicht man in jedem Fall eine wissenschaftliche Theorie, nämlich die Evolutionstheorie, mit der theologischen Interpretation religiöser Anschauungen. Ein solcher Vergleich nimmt automatisch auch die Philosophie in Anspruch, denn er stellt den Forscher in eine bestimmte Perspektive sowohl relativ zur Theologie als auch relativ zur Evolutionstheorie, d.h. er bewirkt, daß sich der Forscher – unabhängig davon, ob es sich bei ihm um einen Theologen oder einen Evolutionsbiologen handelt – gewissermaßen außerhalb beider Disziplinen positioniert und vergleichende sowie wertende Maßstäbe anlegt; er wird also zu einem Wissenschaftsphilosophen.

Wenn man das Problem »Evolutionstheorie und Theologie« formulieren will, kommt man nicht darum, zugleich einige konkrete theologische Fragen aufzuwerfen. Die erste davon besteht zweifellos in dem Problem des Leidens. Die biologische Evolution vollzieht sich auf dem Weg der natürlichen Auslese, d.h. der Eliminierung schwächerer und schlechter angepaßter Lebewesen. Damit ist ein Meer des Leidens verbunden. Wie läßt sich diese Tatsache mit der Idee des guten Gottes vereinbaren? Es ist dies ein Unterproblem der allgemeineren theologischen Fragestellung »Warum gibt es das Übel?«. Ich berühre diese Problematik nur insoweit, als sie im Kontext der Evolutionstheorie erscheint (und sie erscheint hauptsächlich in Gestalt der Frage nach dem Leiden in der Natur); insbesondere übergehe ich das Problem des Bösen (lediglich bei der Erörterung des Freiheitsproblems werde ich am Rande darauf zu sprechen kommen).

Das Problem des Leidens hängt auf offensichtliche Weise mit einem anderen Problem zusammen, das häufig in der Gottesphilosophie und im theologischen Sprechen über Gott berührt wird – ich meine das Problem der Zielgerichtetheit. Wie läßt sich die »blinde Evolution« mit der Göttlichen Vorhersehung vereinbaren, d.h. damit, daß Gott seine Ziele in der Welt verwirklicht? Diese Frage wiederum führt zum Problem der Zeit: In welchem Maße unterliegt Gott der Zeit? Kennt er die Zukunft »aus der Anschauung«, oder ist sie für ihn »noch nicht existent«?

Alle diese Fragen will ich im vorliegenden Kapitel berühren. Ich bin nicht sicher, ob ich in dieser Angelegenheit etwas Neues zu sagen habe. Möglicherweise werde ich lediglich wohlbekannte Dinge zusammenstellen, die man in verschiedenen Texten und bei verschiedenen Autoren finden kann. Einige von diesen werde ich zitieren, doch ich werde mich nicht besonders darum bemühen, meine Ausführungen zu belegen. Hauptsächlich werde ich mich auf meine eigenen Überlegungen stützen, doch da diese Überlegungen – wie ich meine – »aus dem Innern der Wissenschaft« stammen, die ich betreibe, mögen sie einen gewissen Wert für all jene besitzen, die persönlich mit den Spannungen zu kämpfen haben, die zwischen den Behauptungen der Wissenschaft und ihrer jeweiligen religiösen Weltanschauung bestehen.

2. *Warum soll ein Theologe nicht die Evolutionstheorie bekämpfen?*

Vor allem muß man sich einen Umstand ganz klarmachen: Weder das kirchliche Lehramt noch irgendein Theologe ist dazu berufen, darüber zu urteilen, ja sogar sich überhaupt dazu zu äußern, ob die Evolutionstheorie (oder irgendeine andere wissenschaftliche Theorie) wahr ist oder nicht. Dies liegt ausschließlich in der Kompetenz der Spezialisten für eine bestimmte Theorie. Natürlich kann ein Theologe, wie jeder andere auch, seine eigene, private Meinung zur Evolutionstheorie haben, doch er hat kein Recht, *als* Theologe in dieser Angelegenheit das Wort zu ergreifen. Das Lehramt und die Theologen sind dagegen vollkommen dazu berechtigt, sich in der Frage zu äußern, ob eine wissenschaftliche Theorie einer Glaubenswahrheit widerspricht oder nicht. Im Lichte der neuesten Dokumente des Heiligen Stuhls ist es offensichtlich, daß die wissenschaftliche Evolutionstheorie keiner christlichen Glaubenswahrheit widerspricht und daß ein Christ sie vertreten darf.[1] Man kann sich höchstens wundern, daß so viele Theologen und religiöse Autoren diese wichtige Entscheidung des Heiligen Stuhls nicht kennen oder bewußt mit Schweigen übergehen.

Theologen, die der Evolutionstheorie gegenüber feindselig eingestellt sind und ihre Bedeutung herabsetzen wollen, stellen zuweilen die Frage: Ist die Evolutionstheorie eine Tatsache oder eine Hypothese? Natürlich erwarten sie die Antwort, sie sei eine Hypothese, denn sie enthält ja eine ganze Reihe von unsicheren Behauptungen. Eine solche Frage verrät mangelnde Vertrautheit mit der Wissenschaftsphilosophie. Denn die Evolutionstheorie ist weder eine Tatsache noch eine Hypothese, sondern eine wissenschaftliche *Theorie*. Der Ausdruck »Theorie« ist in der Wissenschaft ein Adelsprädikat. Man kann ohne Übertreibung sagen, daß das Ziel wissenschaftlicher Tätigkeit in der Schaffung von Theorien besteht. Ganz allgemein gesprochen ist eine Theorie ein logisch verbundenes System von Erfahrungstatsachen, Naturgesetzen und erklärenden Hypothesen. Es gibt keine »nackten Tatsachen«; Tatsachen erlangen nur im Lichte einer Theorie Bedeutung, und manchmal lassen sich Tatsachen ohne die Hilfe einer Theorie überhaupt nicht wahrnehmen (das ist der gewöhnliche Fall in der Atomphysik und subatomaren Physik). Systematisch wiederkehrende Zusammenhänge zwischen Beobachtungsergebnissen und Messungen werden als Naturgesetze

---

1 Eines der wichtigsten Dokumente zu dieser Frage ist: Johannes Paul II.: *To the Members of the Pontifical Academy of Sciences* (Rede, gehalten am 22. Oktober 1996). Die französische Originalversion dieses Textes wurde im *Osservatore Romano* vom 23. Oktober 1996 veröffentlicht, die englischsprachige Fassung in der englischen Ausgabe dieser Zeitschrift vom 30. Oktober 1996. Sowohl der französische als auch der englische Text sind zu finden in: *Evolution and Molecular Biology*, hrsg. v. Robert John Russell, William R. Stoeger u. Francisco J. Ayala, Vatican City/Berkeley 1998, S. 2-9.

bezeichnet. Doch die Naturgesetze treten nicht isoliert voneinander auf, sondern stellen ein größeres System miteinander zusammenhängender Strukturen dar. Um dieses System zu rekonstruieren, sind zuweilen Hilfshypothesen notwendig. Diese spielen bei der Wissenschaftsentwicklung eine wichtige Rolle. Im Zuge des wissenschaftlichen Fortschritts müssen einige Hypothesen verbessert oder durch andere ersetzt werden. Ebenso kommt es vor, daß bestimmte Hypothesen mit der Zeit den Status von Beobachtungstatsachen oder Naturgesetzen erlangen. Auch wissenschaftliche Theorien sind voneinander nicht unabhängig, sondern bilden gemeinsam das, was wir oft das »Gebäude« einer Wissenschaft nennen.

In ebendiesem Sinne ist die Evolutionstheorie eine wissenschaftliche *Theorie*. Ihren Kern stellt eine andere große Theorie der modernen Biologie dar: die Vererbungslehre (oder Genetik) sowie das Darwinsche Prinzip von der natürlichen Auslese. Diese Theorie verfügt über ein ungeheures Tatsachenmaterial, das aus verschiedenen Disziplinen der Biologie stammt: der Genetik, der Paläobiologie, der Morphologie, der vergleichenden Biologie usw. Viele dieser Fakten werden von Naturgesetzen (die sich auch auf die Biochemie und Molekularbiologie stützen) geordnet. In dieser ganzen Struktur gibt es zweifellos auch gewisse Lücken und Fragezeichen, die man mit verschiedenartigen Hypothesen auffüllt, doch das ist eine für die gesamte Wissenschaft charakteristische Lage: Wenn wir heute bereits alles wüßten, wäre der wissenschaftliche Fortschritt nicht nur überflüssig, sondern sogar unmöglich.

Karl Popper hat einmal behauptet, die Evolutionstheorie sei überhaupt keine wissenschaftliche Theorie, sondern ein metaphysisches Forschungsprogramm. Dies sei deshalb der Fall, da sie eine für wissenschaftliche Theorien unerläßliche Bedingung nicht erfülle: sie sei nicht falsifizierbar, d.h., es folgten aus ihr keine Vorhersagen, die sich experimentell überprüfen ließen, um so feststellen zu können, ob die experimentellen Ergebnisse ihnen widersprechen.[2] Popper hat jedoch nicht be-

2 Vgl. Karl Popper: *Ausgangspunkte*, Hamburg 1979, S. 243-262.

hauptet, daß die Evolutionstheorie falsch sei. Ganz im Gegenteil, seiner Ansicht nach ist die Evolutionstheorie als wissenschaftliches Forschungsprogramm beinahe definitionsgemäß wahr, und zwar deswegen, weil ihr fundamentales Prinzip, das Prinzip der natürlichen Auslese, d.h. »die Idee von Versuch und Fehlerelimination [...] nicht bloß anwendbar, sondern fast logisch notwendig wird«.[3]

Doch diesen Thesen Poppers kann man heutzutage kaum noch zustimmen. Der bekannte polnische Biologe Adam Łomnicki hat gezeigt, daß Poppers Ansichten vielleicht vor 30 Jahren, als er sich zu dem Thema äußerte, richtig gewesen sein mögen, daß sie sich aber heute nicht mehr halten lassen. Denn der Fortschritt in der Biologie hat bewirkt, daß konkrete empirische Voraussagen auf der Basis der modernen Evolutionstheorie nicht nur möglich sind, sondern gegenwärtig auch getroffen werden.[4]

Außer der Möglichkeit, empirisch bestätigt oder falsifiziert werden zu können, müssen wissenschaftliche Theorien noch ein wichtiges (wenn auch von Wissenschaftsphilosophen nicht immer ausreichend gewürdigtes) Kriterium erfüllen: sie müssen sich gut in die Gesamtwissenschaft »einpassen«. Theorien, die von anderen Theorien unabhängig, gewissermaßen an diese angebaut sind, haben eine geringere wissenschaftliche Bedeutung. Theorien, die für andere geradezu existenznotwendig sind, haben fundamentale Bedeutung. Solche Theorien sind in der modernen Physik beispielsweise die Quantenmechanik und die Relativitätstheorie. Ohne sie würde die moderne Physik in mehrere, wenig oder gar nicht miteinander verbundene »lokale« Modelle zerfallen. Theorien mit vergleichbarer Bedeutung wollen wir als *Globaltheorien* bezeichnen. Sie bilden

3 Ebd., S. 245.

4 Adam Łomnicki: »Czy darwinowska teoria ewolucji jest falsyfikowalną teorią naukową?« [Ist die darwinistische Evolutionstheorie eine falsifizierbare wissenschaftliche Theorie?], in: *Otwarta nauka i jej zwolennicy* [Die offene Wissenschaft und ihre Anhänger], hrsg. v. Michał Heller u. Jacek Urbaniec, Kraków/Tarnów 1996, S. 11-21; vgl. auch die Diskussion zu diesem Artikel in: *Zagadnienia Filozoficzne w Nauce* 22 (1998), S. 93-113.

gewissermaßen das Knochengerüst einer Wissenschaft, sie sind Theorien *par excellence.*

Für die moderne Biologie ist die Evolutionstheorie zweifellos eine Theorie dieser Art. Sie stellt gewissermaßen das allgemeine Schema dar, um das herum sich die anderen biologischen Theorien anordnen. Der Verzicht auf die Evolutionstheorie würde die Biologie zu einer Ansammlung diverser »lokaler«, nur locker miteinander verbundener Theorien und Konzeptionen degradieren. Und die Genetik, die zweifellos für die Biologie ebenfalls eine Globaltheorie darstellt, könnte man sich ohne die Evolutionstheorie kaum vorstellen. Die genetische Information in den DNS-Molekülen stellt schließlich eine Information über die Geschichte des Lebens dar. Es läßt sich sogar sagen, daß die Evolutionstheorie und die Genetik nicht zwei globale Theorien der modernen Biologie sind, sondern zusammen eine einzige biologische Globaltheorie bilden.

Die Wissenschaft verzichtet auf ihre Globaltheorien nicht einmal dann, wenn in ihnen Schwierigkeiten auftreten oder sich fehlende Übereinstimmungen mit experimentellen Ergebnissen zeigen. Im 19. Jahrhundert war die klassische Mechanik eine Globaltheorie der damaligen Physik. Etwa seit Mitte jenes Jahrhunderts tauchten in ihr theoretische, mit der Elektrodynamik bewegter Körper zusammenhängende Schwierigkeiten auf, und zusätzlich stand sie mit diversen Beobachtungen nicht im Einklang. Der Planet Merkur etwa wies »Anomalien« in seiner Bewegung auf, d.h. die beobachtete Merkurbewegung wich deutlich von der Bewegung ab, welche die Newtonschen Gesetze für diesen Planeten vorhersahen. Trotz des Bestehens dieser Schwierigkeiten und mißlungener Versuche, in den Newtonschen Bewegungsgesetzen Verbesserungen vorzunehmen, dachte jahrzehntelang niemand daran, die klassische Mechanik zu verwerfen. Ohne sie hätte die Physik auf den Stand vor Galilei zurückfallen müssen. Und das war undenkbar. Besser eine Theorie mit Problemen als gar keine Theorie. Bekanntlich hat erst die Spezielle Relativitätstheorie die Schwierigkeiten mit der Elektrodynamik bewegter Körper gelöst und die Allgemeine Relativitätstheorie die

Anomalien der Merkurbewegung erklärt. Beide Theorien sind als neue Globaltheorie der modernen Physik anzusehen. Doch diese neue Theorie hat die klassische Mechanik nicht entfernt, sondern hat sie sich als Spezialfall (oder besser: Grenzfall) einverleibt. So mußte es sein. Denn die klassische Mechanik erklärte zu viel, als daß man sie einfach straflos hätte über Bord werfen können.

Eine ähnliche Situation liegt heute mit der Evolutionstheorie vor. Auch sie kämpft mit verschiedenen Schwierigkeiten: Wir hätten gerne mehr Fossilien, namentlich aus besonders wichtigen Etappen der Geschichte des Lebens, einige speziellere Mutationsmechanismen werfen Kontroversen auf usw. (Gegner der Evolutionstheorie bauschen diese Schwierigkeiten gewöhnlich drastisch auf). Doch weil die Evolutionstheorie eine Globaltheorie ist, kann die Biologie folglich nicht auf sie verzichten, da sie dies in ihrer Entwicklung weit über 100 Jahre zurückwerfen würde. Am Horizont aber ist keine andere biologische Globaltheorie zu sehen, die sie ersetzen könnte und gleichzeitig all das zu erklären vermöchte, was sie erklärt.

Wenn man darüber hinaus in Betracht zieht, daß die Evolutionstheorie sich – wie in der Einleitung erwähnt – logisch in das Bild der kosmischen Evolution einfügt, das von den unbestreitbaren Errungenschaften der modernen Kosmologie gezeichnet wird, dann wird klar ersichtlich, daß sie ein wesentlicher Bestandteil der modernen Wissenschaft ist. Wer immer also gegen die Evolutionstheorie auftritt, begibt sich, gewollt oder ungewollt, in eine Gegenposition zur Wissenschaft. Wenn es sich bei diesem Gegner um einen Theologen handelt, sollte er bedenken, daß er damit die Theologie wie auch die von dieser repräsentierte Religion in den Augen all derer kompromittiert, für die die Wissenschaft einen hohen Wert darstellt. Und wenn dieser Gegner ein Seelsorger ist, sollte er sich darüber im klaren sein, daß er so bei vielen seiner Gläubigen Gewissenskonflikte hervorrufen oder sogar bewirken kann, daß sie sich vom christlichen Glauben abwenden. Natürlich wird weder von Theologen noch von Seelsorgern verlangt, daß sie die Evolutionstheorie (oder irgendeine andere wissenschaftliche Theorie) verteidigen, doch es wird sehr wohl von ihnen verlangt, daß sie die in offiziellen Dokumenten formulierte Haltung ihrer Kirche im Hinblick auf deren Verhältnis zu wissenschaftlichen Theorien, speziell zur Evolutionstheorie, kennen.

3. Das Problem des Leidens

Im Zusammenhang mit der Evolutionstheorie taucht unvermeidlich das Problem des Leidens auf. Dieses Problem ist nicht spezifisch für diese Theorie; es kommt – im Prinzip mit gleicher Dringlichkeit – auch in antievolutionistischen Theorien vor, doch die Evolutionstheorie steigert seine Dramatik in einem solchen Grade, daß es zuweilen scheinen kann, als verleihe sie ihm noch größeren Ernst. Es handelt sich um das Problem des Leidens, nicht um das Problem des Bösen; in der biologischen Welt gibt es, abgesehen vom Menschen, nichts Böses, es gibt nur Leid. Und diesem Problem werde ich im vorliegenden Unterkapitel nachgehen.

Die Schwierigkeit besteht darin, wie sich Gottes Güte und Allmacht mit der Existenz des Leidens in der von Ihm geschaffenen Welt vereinbaren läßt. Und zwar eines Leidens, das in dieser Welt nichts Zufälliges ist, sondern ein Grundelement darstellt, das in die Strategie der Prozesse eingebaut ist, die dazu führen, daß immer höher organisierte Strukturen, einschließlich des Menschen, erscheinen. Man sollte diese Schwierigkeit nicht *ad hoc* lösen – d.h. indem man Gründe sucht, die nur dazu dienen, dieses eine Problem aufzuklären oder zumindest zu verkleinern –, sondern im Rahmen einer umfassenderen Konzeption von Gott. Hier muß ich auf meine früheren Überlegungen zum Thema der Göttlichen Allmacht verweisen.[5] Wenn wir uns diese Allmacht auf magische Weise vorstellen, so daß das Aussprechen eines Wunsches gleichbedeutend mit dessen Erfüllung ist, dann ist es in der Tat schwie-

5 Vgl. Kap. 6, Unterkapitel 5 und 6.

rig, Gott gegen den Vorwurf zu verteidigen, daß Er für das Leid verantwortlich ist. Denn es würde für Ihn ausreichen, zu wollen, daß es kein Leid geben soll. Wenn jedoch Gott nur das vermag, was Seinem rationalen Wirken erreichbar ist, dann ist es nicht ausgeschlossen, daß Er in der Absicht, ein bestimmtes Ziel zu erreichen, das Leiden zulassen mußte. Und wenn darüber hinaus dieses Ziel so erhaben ist, daß es die Existenz des Leidens »aufwiegt«, dann kann Gott »gerechtfertigt« werden.

Gemäß der allertraditionellsten theologischen Lehre liegt die Verwirklichung von Widersprüchen für das rationale Wirken Gottes nicht im Bereich des Möglichen. Wir wollen uns diesen Standpunkt zu eigen machen, doch darauf hinweisen, daß nicht jeder Widerspruch so leicht »mit bloßem Auge« sichtbar ist wie beispielsweise der sich im Ausdruck »viereckiger Kreis« verbergende Widerspruch. Wir sehen unmittelbar, daß die Eigenschaften des Quadrats und des Kreises sich gegenseitig ausschließen. Doch es gibt Widersprüche, die wir nicht unmittelbar wahrnehmen. In der Mathematik muß man bekanntlich sehr häufig lange Folgerungsketten aufstellen, um an ihrem Ende zu dem Schluß zu kommen, daß zwei mathematische Sachverhalte einander widersprechen. Schwerwiegende Argumente unterstützen die Auffassung, daß bei den gegenwärtigen Gesetzen der Physik (doch könnte es andere geben?) ein Zuwachs an Komplexität allein auf Kosten eines Zuwachses an Entropie in der Umgebung erfolgen kann, d.h., daß er nicht ohne entsprechende Energiezufuhr erfolgen kann. Darauf hat Arthur Peacocke mit folgenden Worten hingewiesen:

> »In all dem liegt eine Art strukturelle Notwendigkeit, der zufolge komplexere Strukturen nur dann in größerer Anzahl entstehen können, wenn der Energieverbrauch durch die Verwendung von bereits fertig in der Umgebung vorliegenden Unterstrukturen minimiert wird. Diese strukturelle Notwendigkeit ist für den Chemiker und Biochemiker genauso offensichtlich wie jede mathematische Identität von der Art $(3 + 5) = 8$. Ebenso wie wir uns keinen Gott vorstellen können, für den $(3 + 5) \neq 8$, da dies ein analytischer

Sachverhalt ist, entsteht die gleiche Schwierigkeit, wenn wir uns einen Gott vorstellen wollten, der komplexe Materiestrukturen anders zusammensetzen könnte als aus weniger komplexen Einheiten, denn auch das ist eine Notwendigkeit, die eine eigene ›Logik‹ hat. Das bereitet normalerweise keine Probleme, wenn es um die anorganische Welt geht, und dürfte allgemein als ziemlich offensichtlich gelten.«[6]

Der von Peacocke eingeführte Begriff der strukturellen Notwendigkeit scheint mir wichtig zu sein. Er enthält die Notwendigkeit der Vermeidung von Widersprüchen, doch es ist nicht ausgeschlossen, daß er ebenso die Notwendigkeit umfaßt, sich anderen Mitteln logischen Zwangs zu unterwerfen.[7] Der biologische Ausdruck des Grundsatzes von der wachsenden Komplexität durch Entropiezuwachs in der Umgebung ist das Prinzip der natürlichen Auswahl. Der »Abfall der Evolution« ist daher eine notwendige Bedingung des biologischen Fortschritts. Anders gesagt, in einer evolvierenden Welt ist die Existenz des Leidens eine strukturelle Notwendigkeit.

Warum also eine evolvierende Welt? Könnte es eine andere geben? Beim heutigen Stand unseres Wissens haben wir keine Antwort auf diese Frage, doch wir haben das Recht, anzunehmen, daß auch hier strukturelle Notwendigkeiten am Werk sind. Die Schöpfung ist das Ergebnis eines rationalen Plans und nicht irrationaler Kräfte.

Sowohl in traditionellen theologischen Traktaten wie auch in den Formulierungen der Katechismen wird immer unterstrichen, daß Gott nicht der Urheber des Leidens ist, sondern es lediglich *zuläßt*. In meinem Versuch, »Gott zu rechtferti-

---

6 Arthur R. Peacocke: *Science and the Christian Experiment*, London 1971, S. 136.

7 Dieser Abschnitt über das Verhältnis der Göttlichen Allmacht zur Notwendigkeit der Vermeidung von Widersprüchen ist im Kontext von Kapitel 5 zu lesen, in dem ich ausgewählte Ansichten zur Rolle des Prinzips der Widerspruchsfreiheit in der modernen Logik vorgestellt habe. Man muß jedoch bei allen Versuchen, Gott die Prinzipien unserer Logik aufzuzwingen, große Vorsicht (oder besser: eine gewisse begriffliche Distanz) an den Tag legen.

gen« (denn es handelt sich nur um einen Versuch), nimmt das Wort »zuläßt« seinen eigentlichen Sinn an: Gott strebt ein Ziel an, will es; das Leiden liegt zwar nicht in Seiner Absicht, doch Er muß es in Seinen Plan aufnehmen, denn so verlangt es die strukturelle Notwendigkeit, die Er ja Selbst ist.

4. Evolution und Freiheit

Die Evolutionstheorie führt in das Weltbild sehr deutlich den Zeitaspekt ein. In einer konsequent evolutionären Weltsicht hört die Zeit auf, ein äußerer, den Ablauf der Ereignisse messender Parameter zu sein; sie wird zu einem wesentlichen Bestandteil des Ganzen, der die Folge der Ereignisse in einen verzeitlichten Prozeß verwandelt. Diese Sichtweise spricht die Vorstellungskraft einiger Theologen (namentlich solcher, die von der sogenannten Prozeßphilosophie herkommen) so stark an, daß sie – entgegen einer langen theologischen Tradition – die Kategorie der Verzeitlichung auch auf Gott ausdehnen. In diesem Zusammenhang stellen sie häufig die These auf, daß Gott die Zukunft nicht kennt. Denn wie könne man etwas kennen, das es nicht gibt? Auf diese Weise wird ihrer Meinung nach das Problem des Leidens und des Bösen gemildert (oder gar gelöst). Wenn Gott die Zukunft kennen würde und zuließe, daß in ihr Leiden und Böses entsteht, wäre Gott dafür verantwortlich. Wenn es die Zukunft nicht gäbe, gäbe es in ihr auch weder Leiden noch Böses. So verschwinde Gottes Verantwortlichkeit. Diese Argumentation überzeugt mich nicht. Wir Menschen kennen die Zukunft nicht, und doch sind wir zumindest für einige zukünftige Folgen unseres Handelns verantwortlich. Denn wir können diese Folgen voraussehen. Um wieviel mehr an Voraussicht verfügt der Herrgott!

Die Anhänger der Idee vom »verzeitlichten Gott« führen noch ein anderes Argument an. Wenn Gott die Zukunft »aus Anschauung« kennen würde, dann gäbe es sie auf irgendeine Weise bereits, wäre sie auf irgendeine Weise bereits beschlossen. Bliebe da Platz für die Freiheit des Menschen? Was uns als eigene Entscheidung erschiene, wäre in irgendeinem Sinne bereits verordnet.

In vollem Bewußtsein davon, daß unsere Spekulationen über Gott lediglich den Wert ungeschickter Vorstellungen haben, ist mir die traditionelle Sicht des außerhalb der Zeit existierenden Gottes dennoch lieber. Mein Argument ist einfach. Wenn die moderne Physik uns immer deutlicher einen Weltbereich zeigt (den sogenannten Fundamentalbereich unterhalb der »Planck-Schwelle«), in dem die Zeit (im gewöhnlichen Sinne) nicht fließt, ja selbst der Begriff der Zeit seinen Sinn verliert, in dem aber trotzdem eine echte Dynamik möglich ist,[8] dann erscheint es als Anachronismus, die Kategorie »der Zeit unterworfen« auf Gott auszudehnen. Nicht mehr nur philosophische Spekulationen, sondern Argumente aus der Physik scheinen darauf hinzudeuten, daß das Vergehen der Zeit eng mit bestimmten physikalischen Gesetzen zusammenhängt.

Ich denke auch nicht, daß die Konzeption des verzeitlichten Gottes Ihn im Hinblick auf das Problem des Leids und des Bösen in eine bessere Lage bringt. Ich meine sogar, daß die Sichtweise, wonach Gott außerhalb der Zeit existiert, dieses Problem besser entschärft und daß die Schwierigkeiten, die ihre theologischen Gegner in ihr sehen, daher rühren, daß sie sie nicht recht verstanden haben. Dies betrifft vor allem das »Freiheitsargument«. Daß Gott die Zukunft »kraft Anschauung« kennt, muß ganz und gar nicht bedeuten, daß er ihr Urheber ist. Nehmen wir folgendes Beispiel. Ich betrachte ein großes Bild, das, sagen wir, eine Schlachtszene darstellt. Ich erfasse das Ganze, doch ich kann meine Aufmerksamkeit auf irgendein Detail auf der linken Bildseite konzentrieren oder den Blick auf die rechte Seite richten, wenn mich dort etwas fasziniert. Setzen wir nun für das Bild die Geschichte des Universums ein. Die linke Bildseite möge der Vergangenheit, die rechte der Zukunft entsprechen. Der Betrachter ist Gott. Er sieht sowohl Vergangenheit wie Zukunft, obwohl die Urheber des Geschehens die am Drama der Geschichte teilnehmenden

8 Vgl. Kap. 4, besonders die Unterkapitel 6 und 7.

Menschen sind, nicht Er Selbst. Er hat sie mit der Freiheit beschenkt und greift nicht in ihre Entscheidungen ein, obwohl Er sie sieht, bevor sie von ihnen getroffen werden.

Das ist natürlich nur eine Metapher, doch sie hat ihre Logik: eine Logik, die zeigt, daß die traditionelle Vorstellung der Ewigkeit Gottes als Existenz außerhalb der Zeit oder – um an die dynamischere Definition des Boethius anzuknüpfen – als Besitz des gesamten Lebens auf einmal nichts von ihrer Attraktivität verloren hat.

Es gibt noch einen Aspekt der Konzeption, wonach die Ewigkeit dynamisch ist, doch die Zeit transzendiert, den ich ästhetisch sehr ansprechend finde. Denn in dieser Sichtweise verlieren die Zeit und die Evolution etwas von ihrer Absolutheit; sie werden zu einer Episode innerhalb einer umfassenderen und getreueren Dynamik. Kein Augenblick vergeht, selbst der flüchtigste nicht, sondern ist ein bleibender Teil des Großen Plans und der Großen Aktivität.

5. *Die Evolution und die Theologen*

Die Evolutionstheorie ist zweifellos eine Herausforderung für den heutigen Theologen, doch – wie ich mich zu zeigen bemüht habe – zugleich eine Chance für ihn. Denn sie stellt nicht nur ein wesentliches Element des Weltbildes dar, das der Theologe bei seiner Forschung berücksichtigen sollte,[9] sondern schafft auch ein neues begriffliches Umfeld für das neuerliche Durchdenken alter theologischer Probleme; sie fungiert also als das, was die Theologen *locus theologicus* nennen.

Die Evolutionsproblematik ist in der Theologie natürlich kein Neuland. Es gibt zahlreiche Aufsätze und Monographien zu diesem Thema, doch sind sie im kollektiven theologischen

9 Vgl. das Kapitel »Naukowy obraz świata a zadanie teologa« [Das wissenschaftliche Weltbild und die Aufgabe des Theologen] in meinem Buch *Czy fizyka jest nauką humanistyczną?* [Ist die Physik eine Geisteswissenschaft?], Tarnów 1998, S. 143-156.

Bewußtsein und vor allem in der seelsorgerisch orientierten Populärtheologie immer noch zu wenig präsent. Darüber hinaus ist die große Mehrheit der theologischen Abhandlungen zum Evolutionismus vom übermächtigen Einfluß der Ansichten Teilhard de Chardins durchdrungen, und man muß bedenken, daß man zwar der Teilhardschen Vision Größe und Inspiriertheit kaum absprechen kann, daß sie jedoch sehr weit von den Ansichten entfernt ist, die Biologen und andere Forscher auf dem Gebiet der Evolution zu diesem Thema hegen. Der Hauptgrund für diesen Stand der Dinge liegt darin, daß Teilhard de Chardin im Prozeß der Evolution einen immateriellen Faktor, eine neue Gestalt der »Schöpferenergie« am Werke sah, welche die Welt zur evolutionären Erfüllung führe,[10] während die Strategie der modernen Wissenschaft darauf hinausläuft, evolutionäre Prozesse mit Hilfe bekannter (und eher prosaischer) Mechanismen zu erklären, deren Richtung nicht durch eine »letzte Erfüllung« bestimmt wird, sondern durch die Methode von Versuch und Irrtum. Dies hat zur Folge, daß die heutigen Biologen – wenn sie die Ansichten Teilhard de Chardins überhaupt kennen – die Größe und den Mut seiner Vision bewundern, doch in ihr keine attraktive, in der modernen Biologie verankerte Verallgemeinerung sehen. Teilhard de Chardin ist ein Klassiker, und zwar ein Klassiker großen Formats, doch auch die Klassiker muß man angemessen bewerten.

Ich denke, daß die »Generallinie« umgekehrt verlaufen sollte als bei Teilhard de Chardin. Dieser versuchte, ausgehend von theologischen Prämissen, die Evolutionstheorie entsprechend »auszurichten«. Ich denke, was der Theologie heute wirklich not tut, ist – ganz im Gegenteil – die Evolutionstheorie genau in der Gestalt, wie die moderne Wissenschaft sie sieht, gewissermaßen als etwas »Gegebenes« (als *locus theologicus*) zu akzeptieren und dieses »Datum« in ihre Forschungen einzubeziehen. Dies betrifft im übrigen nicht nur die Evo-

10 Ausführlicher habe ich mich dazu in folgendem Artikel geäußert: »Teilhard's Vision of the World and Modern Cosmology«, in: *Zygon* 30 (1995), S. 11-23.

lutionstheorie als rein biologische Theorie, sondern auch das evolutionäre Weltbild, wie es die moderne Kosmologie und andere Wissenschaften zeichnen. Da ein solches Weltbild nicht so scharf umrissen ist wie konkrete wissenschaftliche Theorien, ist hier ein gewisser kritischer Abstand zu wahren, um (beispielsweise) nicht die Produkte ungeschickter populärwissenschaftlicher Darstellungen für das wissenschaftliche Weltbild zu halten.

Viele Theologen vertreten – in der Absicht, aus den schlechten Erfahrungen der Vergangenheit eine Lehre zu ziehen – die Ansicht, in der theologischen Forschung solle man sich auf kein Weltbild festlegen. Diese Strategie ist nur scheinbar richtig. Ein Weltbild läßt sich nicht vermeiden, denn man denkt nicht im luftleeren Raum, sondern immer in einem kulturellen Umfeld, und jedes kulturelle Umfeld ist von einem bestimmten Weltbild durchdrungen. Wenn ein Theologe das Weltbild, dessen er sich bedient, nicht bewußt kontrolliert, dann bedient er sich beinahe mit Sicherheit – und zwar unbewußt – eines nicht mehr aktuellen Weltbildes.[11]

Wenn aber der Theologe das Bild der sich entwickelnden Welt ernst nimmt, steht er sogleich vor gewichtigen Aufgaben. Nicht nur vor der Notwendigkeit, die Probleme des Leidens und des Bösen im neuen Kontext zu durchdenken (s. o.), sondern auch vor der Notwendigkeit, viele fundamentale Glaubenswahrheiten neu zu interpretieren: die Schöpfung, die Erbsünde, die Erlösung, die Eschatologie ... praktisch also die ganze Theologie. Ich möchte nicht den Eindruck erwecken, daß in dieser Angelegenheit bis jetzt nichts geschehen wäre. Die theologische Literatur zu dieser Problematik wird immer reicher.[12] Schade nur, daß sie es so schwer hat, breiter rezipiert zu werden.

---

11 Ich verweise den Leser noch einmal auf meinen Aufsatz »Naukowy obraz świata a zadanie teologa« [Das wissenschaftliche Weltbild und die Aufgabe des Theologen] (wie Anm. 9).

12 Wenn auch in entschieden zu vielen dieser Werke wissenschaftliche Theorien inkompetent oder geradezu fehlerhaft dargestellt werden. Ich ziehe es vor, keine Beispiele dafür anzuführen.

Meine Überlegungen möchte ich mit einem Hinweis auf ein optimistisch stimmendes Beispiel abschließen. Ich meine das Buch des australischen Theologen Denis Edwards mit dem Titel *The God of Evolution – A Trinitarian Theology.*[13] Dies ist ein durch und durch theologisches Buch, das dadurch um so größeren Wert besitzt, daß es in einfacher, verständlicher Sprache geschrieben und daher für jedermann zugänglich ist. Der Autor geht von der Voraussetzung aus, daß das evolutionäre Weltbild sich so sehr vom Weltbild unterscheidet, in dessen Rahmen die biblischen, patristischen, mittelalterlichen, aber auch die neuzeitlichen Autoren ihre Synthesen verfaßt haben, daß diese Tatsache den modernen Theologen zu tiefgreifenden Überlegungen verpflichtet.

Wie gesagt, es handelt sich um ein theologisches Buch. Der Autor schöpft aus dem Fundus theologischer Argumentationen, beruft sich auf theologische Quellen und versucht nicht, den Leser durch seine Kenntnisse der Biologie zu beeindrukken. Nur selten und in großer Kürze begibt er sich auf deren Gebiet. Aber in Büchern dieser Art geht es meiner Ansicht nach auch nicht darum, den Anspruch zu erheben, sich in Fächern auszukennen, die nicht zum eigenen Spezialgebiet gehören, sondern darum, »ein Gespür für das Problem zu haben« und sich nicht in Spezialfragen verwickeln zu lassen, zu deren Aufklärung man nicht berufen ist. Dabei handelt es sich um ein mutiges Buch. Teilhard de Chardin, Karl Rahner und Jürgen Moltmann erscheinen in ihm nicht als theologische Revolutionäre, sondern als natürliche Glieder einer Kette, deren frühere Glieder Denker wie Augustinus, Bonaventura und Thomas von Aquin waren. Die Theologie ist keine verknöcherte Disziplin, in der man nur auf unterschiedliche Weise wiederholt, was bereits gesagt worden ist, sondern sie ist ein Prozeß, der einer ständigen Evolution unterliegt.

13 *The God of Evolution – A Trinitarian Theology*, New York 1999.

Teil IV

Schöpfung und Sinn

Die Frage nach dem Sinn des Lebens ist ein fundamentales existentielles Problem des Menschen. Ohne große Übertreibung läßt sich sagen, daß dieses Problem – direkt oder indirekt – die Antriebskraft hinter der gesamten Geschichte des menschlichen Denkens darstellt. Philosophische Systeme kommen mit dieser Schwierigkeit nicht zurecht. Die einen versuchen, sie zu neutralisieren, die anderen bieten lediglich hypothetische Lösungen an. Entscheidend für die vitale Kraft der Religion ist, daß sie mehr anbietet. Aus diesem Grunde halte ich die Frage nach dem Sinn des Lebens für ein zentrales – und vielleicht etwas vernachlässigtes – theologisches Problem.

Die Frage nach dem Sinn des Lebens läßt sich nicht von der Frage nach dem Sinn des Universums trennen. Der Mensch ist das Produkt der kosmischen Evolution, und seine Sinnhaftigkeit ist untrennbar mit der Sinnhaftigkeit des Kosmos verbunden. Aus theologischer Sicht stellt das Sinnproblem einen Aspekt des Schöpfungsproblems dar. Und daher bilden diese beiden Probleme gemeinsam das Thema der Überlegungen im vorliegenden Teil des Buchs.

Kapitel 8 stellt lediglich eine Einführung in diese Problematik dar. Es hat mehr philosophischen als theologischen Charakter; es bietet keine Lösung an, sondern versucht nur, uns vor das Mysterium zu stellen. Gott sprach das Wort. Und es geschah. Genau hier liegt das Kernproblem:

- *Welcher Weg führt vom Wort zum Dasein?*

In der Logik spricht man in solchen Situationen vom Übergang von der Syntax zur Semantik, und diese Übergänge stellen häufig den Ursprung von Antinomien dar. Es scheint jedoch so zu sein, daß »Antinomien« zur Strategie der Evolution gehören. Davon zeugen die folgenden Fragen:

- *Welcher Weg führt vom genetischen Code zum Leben?*
- *Welcher Weg führt von Signalen in den Neuronen zum Bewußtsein?*

- *Erfordern derartige »unzulässige Sprünge« nicht eine neue »Sprachlogik«?*

Die eigentliche Schöpfungsproblematik taucht in Kapitel 9 zusammen mit der Sinnfrage auf. Doch ehe dieses Problem in seiner ganzen Gewichtigkeit vor uns steht, muß die Frage gestellt werden:

- *Reicht nicht doch der »Sinn des Augenblicks«, die gewöhnliche Freude am Leben in der Gegenwart, aus?*

Der Ausdruck »Sinn« kommt inhaltlich dem Ausdruck »Bedeutung« nahe. Das bringt uns wiederum zu einer sprachlogischen Problematik:

- *Was läßt sich aus ihr für die Frage nach dem Lebenssinn und nach dem Sinn des Universums lernen?*

Die Sprache der Mathematik zieht unsere besondere Aufmerksamkeit auf sich, denn sie ist es, die zur Modellierung des Universums bzw. einiger seiner Unterstrukturen dient. Allgemein wird angenommen, die Sprache der Mathematik sei bedeutungsleer. Daran läßt sich jedoch zweifeln, und was ihre Anwendung zur Modellierung der Welt betrifft, ist das mit Sicherheit nicht der Fall.

- *Hängen die Bedeutungen, welche die Sprache dann trägt, nicht in irgendeiner Weise mit dem Sinn des Universums zusammen?*
- *Und wenn dem so ist, läßt sich dieser Sinn auf den Menschen als auf eine »Unterstruktur« des Universums übertragen?*

Die Suche nach Antworten auf diese Fragen führt zu dem Schluß, daß wir – wenn wir in der naturalistischen Perspektive verharren – die Wahl haben: entweder die Sinnlosigkeit oder etwas, das unser gegenwärtiges Verständnis übersteigt, d.h. das Mysterium. Es gibt jedoch keine logische Notwendigkeit, in der naturalistischen Perspektive zu verharren.

Bei Annahme der theologischen Perspektive entsteht die Frage:

- *Inwiefern sieht man die Welt mit den Augen des Glaubens anders als mit den Augen der wissenschaftlichen Erkenntnis?*

Als Folge dieser Andersheit ergeben sich weitere Fragen:

- *Welcher Bedeutungstransformation unterliegen alle bisherigen Überlegungen zum Thema Sinn und Bedeutung nach dem Übergang zur theologischen Perspektive?*

- *Speziell: Wie hängt in dieser Perspektive der Sinn des Menschen mit dem Sinn des Universums zusammen?*

Wenn wir jedoch vom Sinn des Menschen und dem Sinn des Universums sprechen und diesen Sinn auf Gott beziehen, müssen wir uns aller methodologischen und sprachlichen Beschränkungen klar bewußt bleiben. Unter dieser Voraussetzung lohnen sich zwei abschließende Fragen:

- *Wie hängen »Sinntheologie« und »Schöpfungstheologie« zusammen?*
- *Die »Sinntheologie« wäre unvollständig ohne eine »Erfüllungstheologie«. Die letzte Frage betrifft also die kosmische Eschatologie.*

Kapitel 8
Die Logik der Schöpfung

1. Docta ignorantia

Zu den größten wissenschaftlichen Errungenschaften des vergangenen Jahrhunderts ist die – heute unzweifelhaft feststehende – Folgerung zu rechnen, daß die Welt nicht statisch ist, sondern einer Evolution unterliegt, die nicht nur das Leben auf unserem Planeten, sondern auch das Universum in seinem größten uns gegenwärtig zugänglichen Maßstab umfaßt. Es gibt jedoch drei »Stellen« in dieser Evolution, die bis heute ein Rätsel darstellen: die Entstehung des Universums, die Entstehung des Lebens und das Aufblitzen des Bewußtseins. Es läßt sich kaum bezweifeln, daß auch diese »Stellen« sich nahtlos in den Gesamtplan einfügen, doch trotz unzweifelhafter Fortschritte in allen drei Bereichen ist unser Nichtwissen immer noch größer als unser Wissen von ihnen. Das Ziel der Notizen zum vorliegenden Kapitel[1] – denn man kann sie wohl nicht einmal als Vortragsskizze bezeichnen – ist es, dieses Nichtwissen einigermaßen zu organisieren und in quasilogischer Weise auszudrücken.

2. Aus der Sprachlogik

Die Einteilung der Sprachlogik in folgende drei Disziplinen kann bereits als traditionell gelten: Syntax, Semantik und Pragmatik. Die Syntax beschäftigt sich mit der Erforschung der Beziehungen zwischen den Ausdrücken einer gegebenen Spra-

1 Eine erste Version ist auf Englisch erschienen u. d. T. »›Illicit Jumps‹ – The Logic of Creation«, in: *Science and the Future of Mankind*, Vatican City 2001 [= Pontificiae Academia Scientiarum Scripta Varia 99], S. 501-506.

che. Sie ist das älteste Teilgebiet der Sprachlogik und – was daher nicht wundernimmt – auch das am weitesten entwickelte. Die Semantik erforscht die Relationen zwischen den Ausdrücken einer Sprache und dem, worauf diese sich beziehen. Die Pragmatik dagegen interessiert sich für die Beziehungen zwischen einer Sprache und ihren Benutzern. Erst in letzter Zeit hat die Entwicklung der Pragmatik an Dynamik gewonnen. Man muß unterstreichen, daß alle diese drei Teilgebiete der Sprachphilosophie rein formale Wissenschaften sind, d.h., daß sie sich nicht auf empirische Forschungen zur Sprache stützen, sondern sich lediglich auf rein formale Forschungsinstrumente beschränken. Im folgenden wird mich die »Wechselwirkung« zwischen Semantik und Syntax interessieren, der pragmatische Aspekt dagegen bleibt am Rande; wobei ich sowohl die Syntax als auch (insbesondere) die Semantik zuweilen in etwas weiterem Sinne verstehen will als in der Sprachlogik üblich. Wenn ich z.B. von der »Wirklichkeit« spreche, auf die sich eine gegebene Sprache bezieht, werde ich darunter in einigen Fällen nicht einen formal aufgefaßten Sprachbezirk (oder ein semantisches Modell – s. u.) verstehen, sondern den Bezirk oder Weltaspekt, der von einer bestimmten (in einer bestimmten Sprache formulierten) wissenschaftlichen Theorie erforscht wird. Solch eine weitere Auffassung der Sprachlogik ist insofern gerechtfertigt, als eine der wichtigen Aufgaben der Logik darin besteht, wirkliche Situationen zu modellieren und Analysen, die über den Bereich der reinen Logik hinausgehen, mit Argumentationsmustern zu versehen. Ich hoffe, daß diese Lockerung der Regelstrenge nicht zu Mißverständnissen führt.

Es gibt Sprachen, die völlig frei von semantischen Aspekten sind. Dazu gehören die formalen Sprachen, die auf ein »Spiel mit Symbolen« hinauslaufen und sich auf nichts beziehen.[2] Alle anderen Sprachen sprechen über etwas, »haben ihre Semantik«, haben etwas, auf das sie sich beziehen. Fachbe-

2 Das bedeutet natürlich nicht, daß man keine formalen Modelle solcher Sprachen konstruieren würde, aber das ist hier nicht gemeint; vgl. unten Unterkapitel 3.

griffe wie »Bedeutung«, »Denotat«, »Bezug« (Referenz) sind Beispiele für semantische Termini oder sogenannte semantische Operatoren: Sie wirken auf die Sprache ein, indem sie einen »Wert« in der Welt (dem Modell) erhalten, die von der jeweiligen Sprache beschrieben wird. Dank dieser Operatoren vermag die Sprache eine Sprache über etwas zu sein.

Es kann vorkommen, daß sich eine Sprache auf eine andere Sprache bezieht (über eine andere Sprache spricht). Wir haben es dann mit zwei Sprachen zu tun: mit einer Sprache (der sogenannten Metasprache), deren wir uns bedienen, um über eine andere Sprache (die Objektsprache) zu sprechen. Man kann sich leicht eine ganze Hierarchie solcher Sprachen ausmalen: Sprache (Objektsprache), Metasprache, Metametasprache usw. Daß man sich dieser Hierarchie bewußt geworden ist, war eine wichtige Errungenschaft in der Entwicklung der Sprachlogik; sie erlaubte die Beseitigung einer Reihe von Antinomien, d.h. von scheinbar korrekten Argumentationen, die zu unsinnigen Schlußfolgerungen führen. Antinomien, die infolge unkontrollierten Umherspringens von der Sprache zur Metasprache (oder umgekehrt) entstehen, heißen semantische Antinomien (es gibt noch andere Typen von Antinomien). Ein Beispiel für eine solche Antinomie ist die berühmte »Antinomie des Lügners«. (Eine ihrer Formulierungen lautet: »Was ich jetzt schreibe, ist eine Lüge.« Ist dieser Satz wahr oder falsch?)

Es ist jedoch nicht so, daß das Übergehen von der Sprache zur Metasprache immer zu Antinomien führen würde. Im Gegenteil, wenn man es geschickt nutzt, kann es als mächtiges Beweismittel dienen. Kurt Gödel etwa hat sein berühmtes, die Philosophie der Mathematik in ihren Grundfesten erschütterndes Theorem von der Unvollständigkeit des arithmetischen Systems bewiesen, indem er die Strategie des Übergehens von der Metasprache zur Sprache der Arithmetik und zurück raffiniert nutzte. Zuerst übersetzte er einen bestimmten Satz über die Arithmetik (der also zur Metasprache der Arithmetik gehörte) in einen Satz über Zahlen (der also zur Sprache der Arithmetik gehörte). Die Sprache der Arithmetik ist sehr funktional, da sie die Durchführung verschiedenartiger Rechnungen erlaubt. Nach Durchführung der entsprechenden Rechnungen übersetzte Gödel die mit ihrer Hilfe erzielten Ergebnisse in die Metasprache. Die auf diese Weise erhaltenen Sätze drückten sein Theorem über die Unvollständigkeit der Arithmetik aus. Eine derartige Methode des Übergehens von der Metasprache zur Sprache heißt Methode der *Selbstreferenz* (*self-reference*). Sie ist sehr effektiv. Doch man muß noch einmal betonen, daß eine winzige Unaufmerksamkeit bei ihrer Anwendung bewirken kann, daß wir statt einer gültigen Folgerung eine Antinomie erhalten.

3. *Sprache und Interpretation*

Genaugenommen ist eine strenge Kontrolle von Argumentationen nur in formalen Sprachen möglich, die – wie wir wissen – keinerlei Semantik besitzen, sich also auf nichts außerhalb der Sprache selbst beziehen. Wir können einen solchen Bezug zu einer formalen Sprache jedoch »künstlich« hinzufügen; wollen wir aber auf logischem Terrain bleiben, muß dieser Bezug ebenfalls rein formal sein. Man erhält ihn, indem man ein rein formales »Substitut« der Wirklichkeit konstruiert und eine semantische Relation zwischen der Sprache (der Theorie) und diesem Substitut herstellt, das wir als *semantisches Modell* (oder kurz: Modell) einer Sprache (oder Theorie) bezeichnen. Sobald ein solches Modell konstruiert ist, sagen wir, daß die betreffende formale Sprache (oder Theorie) eine *Interpretation* erhalten hat oder *interpretiert* worden ist. Wenn wir über eine formale Theorie sowie deren Interpretation (semantisches Modell) verfügen, können wir uns der exakten Kodifizierung der Regeln für das Übergehen von der Theorie (Sprache) zum Modell und zurück widmen. Dabei sind natürlich die Grundsätze für das Operieren mit Sprache und Metasprache zu beachten.

Diese Strategie verfügt über wichtige Anwendungen. Eine davon ist Tarskis berühmte Wahrheitsdefinition. Sie besagt, daß ein Satz, der zu einer formalen Sprache gehört, dann und nur dann wahr ist, wenn er etwas über das semantische Modell dieser Sprache behauptet, das in diesem Modell tatsächlich der Fall ist. Tarskis Definition gilt zwar nur für formale Sprachen, doch die sich aus ihr ergebenden Inspirationen hatten allgemein einen großen Einfluß auf die philosophischen Ansichten des 20. Jahrhunderts. Sobald wir jedoch das sichere Gebiet der Theorie formaler Sprachen verlassen, treten beim Übergehen von der Syntax zur Semantik (und zurück) ernsthafte Schwierigkeiten auf. Das Terrain wird tückisch, doch es ist reich an wichtigen Problemen.

In der scholastischen Philosophie gab es eine Unterscheidung, die stark an die Teilung in Syntax und Semantik erinnert. Man sprach damals von einer »logischen« und einer »ontologischen Ordnung«. Die logische Ordnung bezog sich jedoch nicht so sehr auf die Sprache, sondern eher auf das, »was im Intellekt ist«, die ontologische Ordnung wiederum nicht auf formale Modelle (die damals noch unbekannt waren), sondern auf das, »was in der Wirklichkeit ist«. Auf diese Unterscheidung berief sich etwa der hl. Thomas von Aquin, als er gegen den vom hl. Anselm von Canterbury vorgeschlagenen ontologischen Gottesbeweis polemisierte. Dem hl. Anselm zufolge ist »Gott etwas, über das hinaus nichts Vollkommeneres gedacht werden kann« (*Deus est aliquid quo nihil maius cogitari possit*). Doch – so Anselms Argumentation – ein existierender Gott ist vollkommener als ein nicht existierender. »Gott existiert also.«[3] Der hl. Thomas entgegnete mit dem Hinweis darauf, daß die erste Prämisse des »Beweises« (»Gott ist dasjenige, über das hinaus nichts Vollkommeneres gedacht werden kann«) zur »logischen Ordnung« gehöre, seine »Konklusion« (»Gott existiert«) jedoch zur »ontologischen Ordnung«. Der Fehler beruht also – wie wir heute sagen würden – auf einem unerlaubten Sprung von der Syntax zur Semantik.

Unser »Gefühl für Logik« läßt uns mit dem Standpunkt des

3 Man sollte jedoch bedenken, daß der hl. Anselm selbst diese Argumentation nicht als strengen Beweis verstand. Er fügte sie in eine asketische Ansprache an Mönche ein, die sie zu einem vollkommenen Leben ermuntern sollte.

hl. Thomas sympathisieren. In der Argumentation des hl. Anselm ist die aus dem Verknüpfen von Sprache und Metasprache resultierende Verwirrung in der Tat leicht zu erkennen.[4] Auf jeden Fall haben wir es hier mit einem sehr wichtigen Problem zu tun: mit dem Verhältnis zwischen der Sprache und dem, worauf sich diese bezieht. Und das ist nicht nur eine »interne Angelegenheit« der Logik (wie man etwa am Beispiel der Anselmschen Argumentation sieht). Im Funktionieren der Welt begegnen wir diversen Situationen, in denen Sprache (oder etwas sehr Sprachähnliches) die »Kausalursache« von etwas wirklich Geschehendem ist. Eine typische Situation dieser Art ist ein Computerprogramm (also eine bestimmte Sprache) und seine Realisierung, d.h. das, was unser Computer tatsächlich macht; doch es gibt auch analoge Situationen von weit größerer philosophischer Bedeutung. Das Ausborgen einiger technischer Mittel der Sprachlogik mag für das tiefere Verständnis ihrer Problemhaftigkeit hilfreich sein.

4. Der genetische Code

Der Terminus »Code« in der Bezeichnung »genetischer Code« ist im Grunde ein Synonym für den Begriff »Sprache«. Das Alphabet dieser Sprache setzt sich bekanntlich aus vier (mit den Symbolen A, C, G und T bezeichneten) Basen zusammen, deren lineare, die DNS-Moleküle bildenden Sequenzen die gesamte Information enthalten, die nötig ist, um ein Kleeblatt oder Albert Einstein hervorzubringen. Heute können wir bereits weitgehend die formalen Regeln rekonstruieren, welche die Abfolge dieser »Buchstaben des Lebens« bestimmen. Dabei handelt es sich zweifellos um den syntaktischen Aspekt der genetischen Sprache.

Das eigentliche Problem liegt jedoch darin, daß die Syn-

4 Ein Logiker vom Format Kurt Gödels war allerdings der Meinung, der Beweis des hl. Anselm sei zu retten, indem man eine entsprechende Prämisse hinzufüge, der zufolge das Vollkommenste Wesen existieren kann.

tax des genetischen Codes seine Semantik erzeugen muß. Die in ihm enthaltene Information muß sich in Folgen wirklicher Prozesse umsetzen, die am Ende ein Kleeblatt oder Albert Einstein hervorbringen. Traditioneller gesprochen könnte man sagen, daß ein Sprung von der »logischen Ordnung« zur »ontologischen Ordnung« erfolgen muß. Ein lebendiger Organismus ist schließlich kein rein sprachliches, sondern ein wirkliches Objekt. Der genetische Code beschreibt nicht nur bestimmte Handlungsweisen, sondern verwirklicht sie auch.

Jacques Monod stellte in seinem bekannten Buch *Zufall und Notwendigkeit*[5] diese »semantische Autonomie« folgendermaßen dar: Der genetische Code wäre völlig nutzlos, wenn es nicht einen Mechanismus gäbe, der die in ihm enthaltene Information decodiert und in biochemische Prozesse umsetzt. Ohne diese Dekodierungseinrichtung könnte die im genetischen Code enthaltene Information niemals über die Syntax dieses Codes hinausgelangen. Doch die Information über die Struktur der Dekodierungseinrichtung ist nirgendwo anders enthalten als im genetischen Code. Wir haben also eine klassische Antinomie: Ohne die Dekodierungseinrichtung kann der Code nicht funktionieren, doch die Dekodierungseinrichtung kann nicht anders hergestellt werden als nur dadurch, daß die im Code enthaltene Information decodiert wird. Dies ist eine neue Version des alten Dilemmas: Was war zuerst da, das Huhn oder das Ei? Die Situation gleicht einem Zirkelschluß. Wie ist sie im Evolutionsprozeß entstanden?[6] Ich führe diese Überlegung nicht als Argument gegen die Evolutionstheorie an; ich möchte lediglich darauf hinweisen, daß das, was in der Sprachtheorie als »unerlaubter Sprung« von der Syntax zur Semantik erscheinen kann, in der Strategie evolutionärer Prozesse nicht nur tatsächlich vorkommt, sondern sogar an

5 *Zufall und Notwendigkeit*, München 1971.

6 Interessantes über Versuche, dieses Dilemma zu überwinden, sowie über den sprachlichen Aspekt der genetischen Information schreibt John Maynard Smith im Artikel »Evolution and Information«, in: *Images of the World – Science, Humanities, Art*, hrsg. v. Aleksander Koj u. Piotr Sztompka, Kraków 2001, S. 13-17.

neuralgischen Punkten erscheint. Kann man hierin nicht eine gewisse Analogie zur Methode sehen, die Gödel im Beweis seines Theorems genutzt hat? Die Methode der Selbstreferenz ist effektiv, unter der Bedingung, daß man sie auf raffinierte Weise einsetzt.

5. *Die Sprache des Gehirns*

Ein anderer Bereich, in dem man »syntaktisch-semantische Tricks« am Werk sehen kann, ist das Funktionieren des menschlichen Gehirns. In diesem Fall wird die Sprache von elektrischen Signalen gebildet, die sich entlang von Nervenzellen fortpflanzen, und der »unerlaubte Sprung« ist diesmal noch radikaler: Er beruht nicht auf dem Übergang vom Niveau der Sprache zu etwas, worüber diese Sprache spricht, sondern auf dem Übergang von der Sprache zu etwas, das vorher gar nicht (oder nur in rudimentärer Form) da war: zum Bewußtsein. Das Problem, mit dem wir uns hier auseinandersetzen müssen, ist also noch schwieriger und unser Wissen auf diesem Gebiet noch weniger ausreichend. Eine der Hauptfunktionsweisen des Bewußtseins ist die Selbstreferenz. Sie erzeugt das Selbstbewußtsein und zusammen mit diesem alle Probleme, mit denen wir uns abmühen.

6. *Ein »unerlaubter Sprung«*

Ein dritter wichtiger Bereich, in dem der »sprachliche Ansatz« nützlich sein mag, ist das Universum oder, genauer gesagt, sind die Naturgesetze, die es konstituieren. Oft sagt man, die Naturgesetze drückten sich in der Sprache der Mathematik aus. Physikalische Handbücher sind voller mathematischer Formeln, die nichts anderes darstellen als Elemente einer rein formalen, mit einer entsprechenden Interpretation versehenen Sprache (obwohl die Sprachen physikalischer Theorien in recht seltenen Fällen als Axiomensysteme rekonstruiert werden). Kraft dieser Interpretation erlangt die mathematische Sprache einen »semantischen Bezug« zur »physikalischen Wirklichkeit«, und bestimmte Formeln dieser Sprache werden als Naturgesetze interpretiert. Unter Verwendung der in Unterkapitel 3 eingeführten Begriffe läßt sich sagen, daß das Universum (oder einige seiner Bereiche) ein »semantisches Modell« einer bestimmten mathematischen Sprache ist. Der Ausdruck »semantisches Modell« ist hier jedoch in Anführungszeichen zu setzen, denn das Universum (oder einer seiner Bereiche) ist keine Menge von Zeichen oder symbolischen Notationen, wie es in einem technisch verstandenen semantischen Modell der Fall ist. Zwar versuchen Logiker und Wissenschaftsphilosophen zuweilen (im technischen Sinne) semantische Modelle physikalischer Theorien zu konstruieren, doch die Physiker beziehen beim Aufstellen ihrer Gleichungen diese gewöhnlich direkt auf das, was sie »physikalische Wirklichkeit« nennen.

Egal wie wir diese Methode beschreiben: wie Logiker und Philosophen mit Hilfe formaler Modelle oder wie Physiker, indem wir uns auf die Forschungspraxis berufen – erstaunlich ist, daß diese Methode so effektiv funktioniert. Mit ihrer Hilfe können wir beispielsweise mit unerhörter Präzision (welche die unseren Sinnesorganen mögliche Präzision um viele Größenordnungen übersteigt) Ereignisse in der Welt der Quanten und Elementarteilchen vorhersagen, von der wir nichts wüßten, wenn es nicht ebendiese Methode gäbe. Man kann sich kaum des Eindrucks erwehren, daß wir es auch hier mit einem »unerlaubten Sprung« von der Syntax der mathematischen Sprache zu ihrer Semantik zu tun haben, die sich in der außerordentlichen Effektivität bei der Erklärung und Vorhersage von Phänomenen zeigt, die in der wirklichen Welt auftreten.

Es scheint, daß das Problem, mit dem wir uns hier auseinandersetzen müssen, noch tiefer ist als im Fall des genetischen oder neuronalen Codes. Denn sowohl die Struktur der DNS als auch die Struktur der elektrischen Signale in den Neuronen gehören zur »Sprache der Natur«, und wenn wir den Übergang von der Syntax dieser Sprachen zu ihrer Semantik verstehen wollen, können wir uns auf noch nicht erforschte »Geheimnisse der Natur« berufen. Im Fall der mathematischen Sprache der Naturwissenschaften ist die Situation insofern komplizierter, als die Sprache der Mathematik unser eigenes Produkt ist; sie wurde von Menschen im langen Entwicklungsprozeß der menschlichen Kultur geschaffen. Es könnte also so scheinen, daß das Problem des Übergangs von der Syntax dieser Sprache zu ihrer Semantik nicht komplexer ist als im Falle anderer menschlicher Sprachen, und doch deutet alles darauf hin, daß wir hier an das tiefste Geheimnis der Existenz rühren.

Wenn unsere mathematisch-empirische Methode zur Erforschung der Welt richtig ist, was ihre bisherigen Erfolge sehr nahelegen, dann lassen sich alle Eigenschaften der Welt aus einer entsprechend gewählten Menge von Naturgesetzen herleiten, d.h. aus einer entsprechenden Menge angemessen interpretierter mathematischer Formeln. Alle Eigenschaften der Welt mit Ausnahme einer – ihrer Existenz. Es ist richtig, daß die theoretischen Physiker heute imstande sind, unter Verwendung der quantenphysikalischen Gesetze ein Modell der Entstehung des Universums aus dem Nichts zu konstruieren, doch dabei müssen sie die Annahme treffen, daß die Gesetze der Quantenphysik im Verhältnis zu der Welt, die sie erzeugen wollen, *a priori* existieren (*a priori* im logischen Sinne, nicht notwendigerweise im Sinne der zeitlichen Folge). Ohne anzunehmen, daß wir »am Anfang« die Gesetze der Physik zur Verfügung haben, kämen wir beim Bauen unserer Modelle keinen einzigen Schritt voran.[7] Und doch existiert das Universum wirklich. Der »unerlaubte Sprung« von der Nichtexistenz zur Existenz muß irgendwie erfolgt sein. Genau das ist das Mysterium der Schöpfung.

7 Ausführlicher habe ich mich zu diesem Thema im Kapitel 14 meines Buchs *Czy fizyka jest nauką humanistyczną?* [Ist die Physik eine Naturwissenschaft?], Tarnów 1998, geäußert.

7. Die neue Logik

Ich fühle mich verpflichtet, den Leser vor der allzu naheliegenden Versuchung zu warnen, die oben besprochenen »unzulässigen Sprünge« als Stellen zu betrachten, die mit der »Hypothese Gott« auszufüllen sind. Wenn die Wissenschaft nicht ihre Berufung verraten will, darf sie niemals in der Fragenkette innehalten und die Strategie aufgeben, Antworten mit Hilfe wissenschaftlicher Methoden zu suchen. Meiner Ansicht nach ist das, was uns heute als »unzulässiger Sprung« erscheint (z.B. vom Nicht-Leben zum Leben oder vom Nicht-Bewußtsein zum Bewußtsein), nur vom Gesichtspunkt unserer heutigen Logik aus etwas Unzulässiges, es stellt im Grunde genommen jedoch eine fundamentale Strategie der Natur beim Lösen ihrer schwierigsten Probleme dar. Die Beschränkungen unserer Logik sind heute allzu bekannt, als daß man sie erwähnen müßte (vgl. Gödels erwähntes Theorem sowie die anderen Limitationstheoreme). Alles deutet darauf hin, daß unsere gegenwärtige »postaristotelische Logik« allzu simpel ist, um sich auf ihrer Basis mit den fundamentalsten Problemen auseinanderzusetzen, vor die uns die Wissenschaftsentwicklung stellt. Ich neige zu der Meinung, daß wir einen radikal neuen Blick auf die Logik benötigen – einen Blick, der nicht dadurch entstehen würde, daß man diese oder jene Regel, dieses oder jenes Axiom in Frage stellt oder verwirft, sondern daß man die Logik in einem völlig neuen Licht sieht. Ich denke nicht, daß dies durch das Experimentieren mit rein formalen Operationen zu erreichen ist, die man dann auf konkrete wissenschaftliche Probleme anwenden könnte (wie beispielsweise auf das Problem der Entstehung des Lebens oder des Bewußtseins). Die neue Logik muß vielmehr im Zuge der Lösung wissenschaftlicher Probleme als vollwertiger Partner anderer Bestandteile der wissenschaftlichen Methode entstehen.

Wird die »neue Logik« einen erhellenden Lichtstrahl auf diese wichtigste aller Fragen werfen: Warum gibt es überhaupt etwas und nicht vielmehr nichts? Ich hoffe es. Doch ich denke, daß diese Frage für immer eine Quelle metaphysischer Faszination sein wird. Denn es gibt uns ja, obwohl es am einfachsten wäre, wenn es nichts gäbe.

Kapitel 9
Der Sinn des Lebens und der Sinn des Universums

1. Die Große Frage

Zu den wichtigsten Fragen in der gesamten Philosophiegeschichte sowie im Leben eines jeden Menschen gehören die Fragen nach dem Sinn des menschlichen Lebens (nach dem Sinn des Menschen) und nach dem Sinn des Universums. Dies sind philosophische Fragen von außerordentlicher Bedeutung – im Grunde genommen stehen sie im Mittelpunkt alles philosophischen Denkens; auch dann, wenn sie nicht in klarer Form gestellt werden. Selbst die positivistische These, wonach der Bereich des Sinnvollen an der Grenze des eindeutig Empirischen endet, ist schließlich nichts anderes als der Ausdruck eines heroischen Ringens mit dem Sinnproblem. Und daß die Frage nach dem Sinn des Lebens für jeden Menschen wichtig ist, bedarf nicht einmal einer Begründung. Die meisten menschlichen Tragödien gehen letztlich darauf zurück, daß die Suche nach einer Antwort auf diese Frage scheitert.

Die Fragen nach dem Sinn des Menschen und nach dem Sinn des Universums sind eng miteinander verknüpft. Eigentlich stellen sie eine einzige Große Frage dar. Der Mensch ist entstehungsgeschichtlich mit dem Universum verbunden. Die Wurzeln des Menschen reichen in die Geschichte des Weltalls hinein. Wenn das Universum einen Sinn hat, umfaßt dieser Sinn vermutlich auch den Menschen, denn dieser ist ein Teil – mehr noch: ein Strukturelement – des Weltalls. Könnte es aber einen mit Sinn begabten Menschen in einem sinnlosen Universum geben? Sicherlich könnte man sich mit etwas philosophischer Phantasie eine solche Situation vorstellen, doch man muß zugeben, daß dies eine »halsbrecherische« Lage wäre – vielleicht kein Widerspruch, doch auf jeden Fall eine logische Dissonanz.

Wir stimmen also ohne großes Widerstreben zu, daß die Fragen nach dem Sinn des Menschen und nach dem Sinn des Universums wichtige und eng miteinander zusammenhängende Fragen sind. Doch was bedeutet in diesen Formulierungen das Wort »Sinn«? Wir haben hier eine recht eigenartige Situation vor uns: Wir akzeptieren die Bedeutung der Fragen, obwohl wir nicht wissen, was sie bedeuten. Die Geschichte dieser Frage sowohl in der Philosophie als auch im Leben vieler gewöhnlicher Menschen aber lehrt etwas Entscheidendes: Das Verständnis des Sinnes ist ein wesentlicher Teil der Antwort auf die Frage, ob es einen Sinn gibt. Daher werde ich mich in der vorliegenden Untersuchung nicht so sehr bemühen, den Sinn des Menschen und des Universums zu suchen, als vielmehr zu verstehen, was Sinn und Sinnsuche in diesem Zusammenhang bedeuten mögen.

Die Begriffe »Sinn« und »Bedeutung« sind bedeutungsähnlich (im letzten Satz des vorhergehenden Absatzes ließe sich genausogut fragen, welchen Sinn die Sinnsuche hat). Um sich daraus möglicherweise ergebende Mißverständnisse zu vermeiden, werde ich im folgenden den Begriff »Bedeutung« in bezug auf sprachliche Ausdrücke verwenden. So kann ich beispielsweise nach der Bedeutung des Wortes »Konkoktion« oder nach der Bedeutung des Wortes »Sinn« fragen. Den Terminus »Sinn« dagegen werde ich auf außersprachliche Gegenstände anwenden; beispielsweise kann ich fragen, welchen Sinn das Universitätsstudium hat oder eben: was der Sinn des Menschen und des Universums ist. Selbst so verstanden sind die Begriffe »Sinn« und »Bedeutung« aber nicht unabhängig voneinander. Die Bedeutung sprachlicher Ausdrücke ist für uns gewissermaßen das Modell des Sinns. Wenn wir beispielsweise im Universum einen Sinn erfassen, tun wir das in analoger Weise zu der Art, wie wir die Bedeutung einer Aussage in einer uns bekannten Sprache erfassen. Letzteres ist keine einfache Angelegenheit. Man sieht das etwa daran, daß wir zwar im allgemeinen die Bedeutungen alltagssprachlicher Wörter verstehen und uns ihrer geschickt zu bedienen vermögen, doch in ernsthafte Schwierigkeiten geraten, wenn wir etwas präziser bestimmen sollen, was beispielsweise »Sinn« bedeutet. Das Problem der Bedeutung gehört zu den schwierigsten und subtilsten der modernen Sprachphilosophie und Logik. Auf diese Lage ließe sich der Ausspruch des hl. Augustinus über die Zeit anwenden: Ich weiß, was Bedeutung ist, solange mich niemand danach fragt.

Ich denke jedoch, das es trotz dieser Verwandtschaft zwischen den Begriffen »Bedeutung« (bezogen auf sprachliche Ausdrücke) und »Sinn« (bezogen auf außersprachliche Gegenstände) einen wesentlichen Unterschied gibt. Ein Ziel dieses Kapitels besteht darin, diesen zu erfassen und zu analysieren. Meine Überlegungen werden sich in zwei Teile gliedern. Im ersten Teil (Unterkapitel 3-6) denke ich über den Sinn des Universums und des Menschen in philosophischer Perspektive nach, d.h., ohne mich auf religiöse Inhalte zu beziehen; im zweiten Teil (Unterkapitel 7-10) wird die theologische Perspektive eine wesentliche Rolle spielen. Beiden Teilen geht das Unterkapitel 2 voraus, in dem ich kurz die Ansichten Pater Józef Maria Bocheńskis zur Frage des Lebenssinns vorstelle. Dieses Unterkapitel soll als eine Art »Handlungsauftakt« dienen.

2. Der Sinn des Augenblicks

Unter den Schriften Bocheńskis befindet sich eine kleine Abhandlung mit dem Titel »Über den Sinn des Lebens«.[1] Durch das streng logische Schema und die denkerische Disziplin, um die sich der Autor bemüht, scheinen Leidenschaft und eine bestimmte Lebensphilosophie hindurch, die im übrigen von seiner eigenen Lebensgeschichte aufs beste illustriert wird. Diese kleine Abhandlung dürfte einen guten Ausgangspunkt für meine weiteren Überlegungen darstellen.

1 In: Józef Maria Bocheński: *Über den Sinn des Lebens und über die Philosophie. Aufsätze*, eingel. u. hrsg. v. Darius Gabler, Freiburg im Breisgau 1987, S. 21-38.

Wie wir bereits anhand der einleitenden Worte zu diesem Abschnitt sehen konnten, ist die Sinnproblematik außerordentlich weitläufig. Um sich in diesem uferlosen Gebiet nicht zu verlieren, muß die Richtung der Überlegungen gleich zu Anfang deutlich vorgezeichnet werden. Pater Bocheński hat nicht die Absicht, so abstrakte Probleme wie den Sinn des Universums zu erörtern. Er konzentriert sich auf den Sinn des Lebens, und zwar den Sinn des Lebens eines konkreten Menschen. Seine Analysen entspannen sich ausgehend von acht Thesen. These 1 lautet: »Die Frage nach dem Lebenssinn ist eine private Angelegenheit.«[2] Bocheński wendet im ganzen Aufsatz eine quasi-logische Methode an. These 1 ist als Axiom zu verstehen: als eine Art Annahme, aus der sich ein großer Teil der weiteren Folgerungen ergibt. Bocheński erläutert:

> »Zuerst will ich sagen, daß es keinen Sinn hat, vom Lebenssinn einer Gemeinschaft zu sprechen, z.B. eines Volkes: es handelt sich immer um den Lebenssinn eines Individuums. Dann handelt es sich um eine private Angelegenheit auch in einem anderen Sinn. So kann der Verlust des Lebenssinnes selbstverständlich die Folge gewisser sozialer Umstände sein – aber die anderen, also auch die Gemeinschaft, haben keinen direkten Einfluß auf diesen Sinn. Wir haben es mit einer privaten Angelegenheit zu tun.«[3]

Das ist eine treffende, aus dem Leben gegriffene Beobachtung. Sie ändert jedoch nicht das geringste am Postulatcharakter von These 1.

Wenn der Sinn des Lebens eine private Angelegenheit jedes Menschen ist, unter welchen Umständen hat dann ein konkreter Mensch das Recht, sein Leben für sinnvoll zu halten? Pater Bocheński hat eine präzise Antwort auf diese Frage (These 5):

> »Das Leben eines Menschen hat einen Sinn genau dann, wenn es entweder ein Ziel gibt, das er in diesem Moment anstrebt, oder wenn er den Augenblick genießt.«[4]

---

2 Ebd., S. 23.
3 Ebd.
4 Ebd., S. 29 [leicht modifiziert; Anm. d. Übers.].

Der Autor setzt hier die Verknüpfung (den logischen Funktor) »genau dann, wenn« ein; ohne die beiden im zweiten Teil der These genannten Umstände kann demnach von einer Sinnhaftigkeit des individuellen Lebens keine Rede sein. Das Ziel, von dem die Rede ist, müsse nicht das Ziel des ganzen Lebens sein, es reiche aus, daß es den jeweiligen Augenblick umfasse. Denn das menschliche Leben sei »keine einzige Reihe von Bestrebungen, die einander untergeordnet sind«, die ein einziges globales Ziel vorzeichnen würden, »sondern besteht aus vielen voneinander unabhängigen Reihen« (These 6).[5] Doch die Existenz eines Ziels, selbst eines an den Augenblick gebundenen, sei kein notwendiger Bestandteil eines sinnvollen Lebens. »Es gibt Augenblicke, in denen ein Mensch kein Ziel anstrebt, und sein Leben doch einen Sinn hat« (These 4).[6] Diese Augenblicke eben seien es, die der Mensch »genießt«. Hier die suggestive Beschreibung eines solchen »Augenblicksgenusses«:

> »Nach dem Bad im Meer liege ich auf dem Sand, genieße die Sonne und den Wind. Ich mache mir keine düsteren Gedanken über eine mögliche Sinnlosigkeit des Lebens – ich lebe ganz einfach gut, sinnvoll, intensiv. Und doch strebe ich nach keinem Ziel.«[7]

Gegen Ende seines Essays geht Bocheński, den Zwang zur logischen Präzision deutlich lockernd, zu allgemeineren Fragen über, die über die privaten Auseinandersetzungen des Einzelmenschen mit seiner Existenz hinausreichen. Er denkt darüber nach, warum heutzutage Philosophien so sehr in Mode sind, die verkünden, das Leben sei sinn- und hoffnungslos.[8] Der Grund sei, daß die Leute den Sinn des Lebens mit dem Glück identifizieren, und zwar mit dem absoluten Glück, d.h. mit dem

5 Ebd., S. 31.
6 Ebd., S. 27.
7 Ebd.
8 Solche Ansichten bezeichnet Bocheński als »Hawelismus«, vom biblischen *hawel hawelim hakal hawel* – »Eitelkeit der Eitelkeiten, alles ist Eitelkeit« (Prediger 12).

> »Zustand einer sozusagen hundertprozentigen Zufriedenheit, der vollen Befriedigung aller Bedürfnisse – und zwar mit der Gewähr einer ewigen Dauer.«[9]

Allerdings sei das so verstandene Glück ein Grenzbegriff, »ein Ideal, das wir im irdischen Leben nie erreichen können«.[10] Doch Glück könne relativ sein, partiell oder unter einem bestimmten Aspekt vorkommen: Ehepartner etwa können miteinander glücklich sein, doch einer von ihnen mag unter Zahnschmerzen leiden. Relatives Glück reiche aus, um sich am Augenblick zu erfreuen, also um behaupten zu können, daß das Leben im betreffenden Augenblick Sinn hat. Pater Bocheński schreibt:

> »Wir sollen kleine und vergängliche Augenblicke des Genießens nicht verachten. [...] Man soll sich nicht durch das eine Einzige, durch eine große Sache verführen lassen, sondern fähig bleiben, sich an der Vielzahl der kleinen vergänglichen Befriedigungen zu erfreuen.«[11]

Bocheński gesteht ein, daß dies sicherlich eine »kleinliche und seichte Philosophie« sei, doch es handle sich bei ihr um »die Weisheit gewöhnlicher Menschen«, und sie sei es, die den Menschen »jenes bißchen Glück geben kann, das ihnen möglich ist«.[12] Man kann kaum umhin, Bocheński in dieser Hinsicht zuzustimmen, doch er scheint sich seine Aufgabe dadurch beträchtlich erleichtert zu haben, daß er seine Analysen auf den Lebenssinn »im jeweiligen Augenblick« beschränkt. Alle seine Folgerungen bleiben richtig, wenn man das Problem weiter faßt und den Lebenssinn im Augenblick als mögliches Element einer globaleren Sinnhaftigkeit betrachtet. Man muß nicht einmal das Postulat widerrufen, man solle sich nicht »durch eine große Sache verführen lassen«, d.h. man muß nicht auf die Verwirklichung von kurzfristigen Zielen sowie auf die Freude am Augenblick verzichten und statt des-

9 Ebd., S. 35.
10 Ebd.
11 Ebd., S. 37.
12 Ebd., S. 38.

sen nur an ein letztes Ziel denken. Der lokale Sinn, der Sinn des Augenblicks behält seinen vollen Wert, wenn es ein Etwas gibt, das das ganze Leben eines Menschen organisiert. Ganz zu schweigen davon, daß das an den Augenblick gebundene Sinnerleben intensiver oder »sicherer« werden kann, wenn es Bestandteil einer größeren sinnvollen Ganzheit ist.

Man kann sich des Eindrucks kaum erwehren, daß Pater Bocheńskis Analysen eher den Charakter einer therapeutischen Maßnahme als einer philosophischen Untersuchung haben. Für Bocheński und alle, die seinen Ratschlägen folgen, hat das Leben zu einem gegebenen Augenblick Sinn, wenn jemand in diesem Augenblick ein zu erreichendes Ziel vor sich sieht oder sich am Augenblick erfreut. Ist es wirklich das, was man den Sinn des Lebens nennt? Reicht das wirklich aus, um sich vor Lebenspessimismus zu schützen? Und am allerwichtigsten: Gibt es trotz allem nicht noch einen anderen Sinn? Bocheński würde sicherlich antworten, daß das Leben möglicherweise einen solchen Sinn hat, doch daß er sich damit nicht befaßt. Das steht ihm frei, doch in dieser Studie will ich mich damit befassen.

Wenn wir die Frage nach dem Sinn des Universums stellen, erweist sich Bocheńskis Strategie sogleich als hilflos. Das Universum kann keinen Sinn haben, der nur auf den »gegebenen Augenblick« beschränkt wäre. Entweder hat es einen globalen Sinn oder gar keinen. Wenn es ihn aber hat, dann muß man unter Sinn etwas anderes verstehen als Bocheński. Was? Das ist genau das Problem, das man in Angriff nehmen muß. Dabei ist jedoch ein gehöriges Maß an kritischer Distanz nötig. Denn es ist nur allzu leicht, eine Definition von »Sinn« so zu entwerfen, daß sie selbst die Sinnerfüllung garantiert. Jemand könnte beispielsweise behaupten, der Sinn des Universums sei seine Existenz – in diesem Fall wäre das Universum definitionsgemäß sinnvoll, die ganze Analyse also zwecklos. Natürlich droht auch das andere Extrem: Die Definition kann auf eine Weise entworfen sein, die es von vornherein ausschließt, dem Universum Sinn zuzuschreiben. So verhält es sich mit der von Pater Bocheński vorgeschlagenen Bestimmung. In dieser Lage erscheint das Entwerfen einer Definition als höchst riskante Maßnahme. Eher sollte man den Versuch unternehmen, einen Überblick zu gewinnen, unter welchen Umständen wir von Sinn sprechen, insbesondere vom Sinn einer von uns unabhängigen Sache, und ob man diese Sprechweise auf das Leben (auf den Menschen) und auf das Universum anwenden kann. Wenn wir dabei jedoch stehenblieben, dann wäre das ganze Problem auf die sprachliche Ebene reduziert, hätte also nicht einmal therapeutischen Wert. Wenn man über die Sprache hinausgehen will, kommt man nicht ohne eine Philosophie des Lebens und des Universums aus. Dazu mehr in späteren Teilen dieser Studie. In ihren Schlußpartien erweitern wir das Untersuchungsfeld noch mehr und fragen, wie sich das Problem des Sinnes des Menschen und des Universums im Lichte der christlichen Lehre verstehen läßt.

3. Zur Bedeutungstheorie

Kehren wir zur Verwandtschaft der Begriffe »Bedeutung« und »Sinn« zurück. Viele Benutzer der deutschen Sprache würden dem Satz zustimmen, daß die Bedeutung der Sinn eines Ausdrucks ist. Doch damit ist nichts erklärt, denn dieser Satz ist »fast eine Tautologie«. Ebendarin kommt die Verwandtschaft oder *Bedeutungs*ähnlichkeit (!) dieser beiden Begriffe zum Vorschein. Wir sind jedoch insofern in einer glücklichen Lage, als wir für das Verständnis des Begriffs »Bedeutung« auf die reiche Geschichte dieses Problems zurückgreifen können.

Das Problem der Bedeutung war in der Philosophie beinahe von Anfang an gegenwärtig. Platons Dialoge und die Schriften des Aristoteles sind voll von Bedeutungsanalysen vieler verschiedener Termini. Um Konzepte wie »Gerechtigkeit«, »Tugend«, »Glück«, »Ort« oder »Zeit« zu verstehen, wählten die griechischen Denker instinktiv den Weg, die Bedeutungen der diesen Konzepten entsprechenden Termini »auseinanderzunehmen«. Zuweilen erlagen sie der Illusion, die sprachlichen Analysen für Analysen der Wirklichkeit selbst zu halten. Diese Illusion ist insofern natürlich, als die Sprache ja gerade dazu dient, etwas über etwas auszusagen, sich auf etwas zu beziehen. Es ist also nicht verwunderlich, daß das Bedeutungsproblem die Philosophen immer interessiert hat; doch ein wesentlicher Fortschritt auf diesem Gebiet erfolgte erst im 19. Jahrhundert, in Verbindung mit Forschungen im Zuge des logischen Fortschritts. Man spricht sogar von der »linguistischen Wende« (*svolta linguistica*) in der Logik dieser Zeit.[13] Ein wichtiges Motiv bei der »linguistischen Wende« war das, was mich in der vorliegenden Studie besonders interessiert, nämlich die Frage, wie man von der subjektiven Einstellung, von dem, »was in meinem Kopf abläuft«, zu dem gelangt, was von mir unabhängig ist. Der sogenannte logische Objektivismus des 19. Jahrhunderts war eine Reaktion auf damals allgemein akzeptierte Vorstellungen, die man als Psychologismus bezeichnet. Der Psychologismus verkündete, daß die Analyse des menschlichen Wissens sich letztlich auf die Analyse der psychologischen Mechanismen der Wahrnehmung und des Denkens zurückführen lassen müsse. Diesen Ansichten stellten sich Bernhard Bolzano und Gottlob Frege entgegen. Bolzano traf die Unterscheidung zwischen den »Urteilen an sich« und den Vorstellungen von diesen, die in uns dank unserer psychischen Ausstattung entstünden. Die Urteile an sich, oder anders: die Urteilsinhalte, seien von unseren Vorstellungen unabhängig und bildeten den Gegenstand der logischen Forschung, während für die Vorstellungen die Psychologie zuständig sei. Frege vertiefte diese Unterscheidung zwischen (wie er es nannte) dem »Denken« und dessen objektivem Inhalt, den »Gedanken«. Er führte auch eine andere fundamentale Unterscheidung ein: diejenige zwischen Sinn und Bedeutung.[14] Der Sinn ist eine Darstellungsweise dessen, was ein sprachli-

13 Vgl. Michele di Francesco: »Aspetti logico-linguistici dell'impresa scientifica«, in: *Introduzione alla filosofia della scienza*, hrsg. v. Giulio Giorello, Mailand 1994, S. 79-148.

14 Vgl. Jan Woleński: *Epistemologia* [Epistemologie], Bd. 1, Kraków 2000, S. 124.

cher Ausdruck bedeutet, d.h., worauf er sich bezieht. Letztere Unterscheidung stellte den Anfang einer langen Reihe von Arbeiten dar, die im 20. Jahrhundert der Bedeutungstheorie gewidmet wurden.

Der Psychologismus hinterließ dem 20. Jahrhundert einen wichtigen Begriff, nämlich den von Franz Brentano erarbeiteten Begriff der Intentionalität. Die Intentionalität stellt – Brentano zufolge – eine Grundeigenschaft geistiger Akte dar und besteht in einer Art Bezugnahme auf den Inhalt eines geistigen Aktes oder in einer Ausrichtung auf den Gegenstand dieses Aktes. Der geistige Akt unterscheidet sich demnach von seinem Gegenstand, obwohl er auf diesen gerichtet ist.[15]

Wie erwähnt, bedeuteten Bolzanos und Freges Analysen den Anfang einer mächtigen Strömung in der Logikphilosophie und der Sprachlogik des 20. Jahrhunderts, welche die Bedeutung von »Bedeutung« und die sich daraus ergebenden Konsequenzen erforschte. Diese Untersuchungen gingen in Richtung technischer sprachlogischer Forschungen. Für ein erschöpfendes Referat ist hier nicht der Ort. In dieser Studie interessiert mich das Bedeutungsproblem nur insofern, als es zur Erhellung der Problematik des Sinns des Menschen und des Sinns des Universums beizutragen vermag.

Die Sprachlogik wird gewöhnlich in drei Teilgebiete gegliedert: Syntax, Semantik und Pragmatik. Die Syntax beschäftigt sich mit der Erforschung der Zusammenhänge zwischen den Ausdrücken einer gegebenen Sprache; die Semantik analysiert die Zusammenhänge zwischen der Sprache und dem, worauf sie sich bezieht; die Pragmatik untersucht die Zusammenhänge zwischen der Sprache und ihren Benutzern.[16] Die am weitesten entwickelte dieser drei Disziplinen ist heutzutage zweifellos die Syntax, daher nimmt es nicht wunder, daß man den syntaktischen Aspekten der Bedeutung die größte Auf-

15 Vgl. ebd. S. 141.

16 Vgl. Unterkapitel 2 des vorangegangenen Kapitels. Erschöpfendere Auskunft zu diesem Thema findet man beispielsweise bei Zdzisław Kowalski: »Semantyka« [Semantik], in: Ryszard Wójcicki: *Ajdukiewicz – Teoria znaczenia* [Ajdukiewicz – Bedeutungstheorie], Warszawa 1999, S. 126-137.

merksamkeit gewidmet hat, doch es ist offensichtlich, daß die Bedeutung kein rein syntaktischer Begriff ist, d.h., daß sich die Funktion dieses Begriffs nicht verstehen läßt, indem man allein innersprachliche Zusammenhänge untersucht. Denn die Bedeutung hängt ihrem Wesen nach sowohl mit dem zusammen, worüber die Sprache spricht (semantischer Aspekt), als auch damit, wer die Sprache in welcher Weise benutzt (pragmatischer Aspekt). Dieser Facettenreichtum der Bedeutung weist auf deren große Rolle für die Sprache hin. Eine natürliche Sprache, die sich nur aus sinnlosen Ausdrücken zusammensetzen würde, wäre keine Sprache, sondern ein unsinniges Geplapper.

Es besteht die recht verbreitete Meinung, rein formale Sprachen (etwa die Sprache der Mathematik oder Programmiersprachen) stellten letztlich ein mechanisches Spiel mit Symbolen dar, seien also völlig bedeutungsentleert. Die Bedeutung in diesen Sprachen ist zwar abstrakter als in natürlichen Sprachen, doch es gibt sie. Ein Ausdruck einer formalen Sprache nimmt Bedeutung durch den logischen Kontext an, in dem er verwendet wird. Ein Ausdruck bedeutet etwas, wenn er im Zusammenhang mit anderen Ausdrücken korrekt verwendet wird; ein Ausdruck ist ohne Bedeutung, wenn er unrichtig verwendet wird. Kazimierz Ajdukiewicz sprach in solchen Situationen (allerdings im Hinblick auf natürliche Sprachen) von Bedeutungsdirektiven. Ryszard Wójcicki schreibt, Ajdukiewiczs Ansichten referierend:

> »Eine *Bedeutungsdirektive* ist soviel wie eine Handlungsregel, die den Benutzern einer Sprache gebietet, einen bestimmten Satz unter bestimmten Umständen zu akzeptieren. Und fügen wir hinzu: Im Bereich der Sprache, für die sie gilt, gebietet diese Direktive nicht nur, den betreffenden Satz zu akzeptieren, sondern verleiht ihm *Berechtigung*.«[17]

Es ist wahr, daß in formalen Sprachen der syntaktische Aspekt der Bedeutung in den Vordergrund tritt (und ebendas ist der Grund dafür, daß wir zu der Behauptung neigen, diese Spra-

17 Ebd., S. 26; kursiv von Wójcicki.

chen redeten über nichts), doch es ist nicht wahr, daß die Bedeutung in diesen Sprachen nur einen syntaktischen Charakter hätte. Denn die formalen Sprachen *können* über etwas sprechen, wenn sie interpretiert werden, sie haben demnach zumindest potentiell eine Bedeutung im semantischen Sinne. Obwohl sie an sich ein reines Spiel mit Symbolen sind, eignen sie sich doch auf gewissermaßen natürliche Weise dazu, »über etwas zu sprechen« oder »etwas auszudrücken«. Ähnlich verhält es sich übrigens mit natürlichen Sprachen. Die polnische Sprache etwa ist eine Reihe von Lauten oder Zeichen, die für sich genommen nichts ausdrücken würden, wenn es nicht eine lange soziale Praxis gäbe (nennen wir sie »nationale Tradition«), die diese Laute oder Zeichen mit einer entsprechenden Interpretation versehen hat.

Eine so verstandene Bedeutung tritt bei Computersprachen auf und ruft in uns häufig den unwiderstehlichen Eindruck hervor, daß der Computer sich mit uns verständigt. Erstaunlicher sieht die Sache im Fall der formalen Sprache der Mathematik aus, wenn sie auf die Physik angewendet, also durch physikalische Theorien mit einer Interpretation versehen wird. Denn diese Interpretationen scheinen über die ursprünglichen Intentionen ihrer Urheber bei weitem hinauszugehen. Physikalische Theorien werden natürlich von Physikern aufgestellt – bei Einstein steht irgendwo, sie seien »freie Schöpfungen der menschlichen Phantasie«* –, doch einmal geschaffen, enthüllen sie Wirklichkeitsbereiche, deren Existenz vorher niemand geahnt hat. Es sieht so aus, als ob eine formale Sprache (die Sprache der Mathematik), die auf einem konkreten Gebiet (beispielsweise der klassischen Mechanik) gut interpretiert wird, automatisch zu neuen Interpretationen ihrer selbst auf einem bis dahin unbekannten und von dem vorherigen völlig unterschiedlichen Gebiet (beispielsweise der Quan-

* Vermutlich denkt Heller an folgende Stelle: Albert Einstein: »Vorwort. (1953)«, in: Max Jammer: *Das Problem des Raumes. Die Entwicklung der Raumtheorien*, Darmstadt 1960, S. XI-XV, hier S. XIII. Dieser Satz Einsteins bezieht sich allerdings nicht generell auf wissenschaftliche Theorien, sondern speziell auf Raumbegriffe (Anm. d. Übers.).

tenphysik) führen würde. Die Geschichte der Physik im 20. Jahrhundert ist eine einzige Folge derartiger »automatischer« physikalischer Interpretationen der Sprache der Mathematik.

Angesichts dieser Lage kann man der These kaum zustimmen, die formalen Sprachen seien völlig bedeutungsentleert. Bedeutung scheint ein wesentliches Merkmal jeder Sprache zu sein.

4. Bedeutung und Sinn

Versuchen wir, eine Bilanz der bisherigen Überlegungen zu ziehen. Die Bedeutung läßt sich nicht auf die psychische Sphäre der Erlebnisse eines Menschen reduzieren, der die Bedeutung irgendeines Ausdrucks versteht. Doch ohne diese Sphäre des Erlebten ist das Wesen der Bedeutung ebenfalls schwer zu erfassen. Denn man kann sie nicht denken ohne eine gewisse Relation zwischen der Erlebnissphäre (den geistigen Akten) und demjenigen, worauf diese Erlebnisse sich beziehen (den Gegenstand der geistigen Akte). Dieses »Sich-Beziehen« ist entscheidend. Mit Brentano kann man hier von Intentionalität sprechen. Bedeutung ist ein Begriff mit vielen Aspekten. Daher müssen nicht weniger als drei logische Teilgebiete zusammenwirken – Syntax, Semantik und Pragmatik –, um die Bedeutungsproblematik zu entwirren. Diese Problematik ist besonders interessant, wenn sie auf Programmiersprachen und auf die Sprache der Mathematik, insofern diese in physikalischen Theorien Anwendung findet, bezogen wird. Die Interpretationen dieser beiden Sprachen lassen das Bedeutungsproblem in einem neuen Licht erscheinen. Obgleich sowohl diese Sprachen als auch ihre Interpretationen Menschenwerk sind, lösen sich doch die in diesen Interpretationen enthaltenen Bedeutungen verhältnismäßig schnell von den ursprünglichen Intuitionen ihrer Schöpfer und scheinen ein Eigenleben zu entwickeln, das von einer bestimmten Entwicklungslogik des Gesamtsystems gesteuert wird.

Was heißt das alles für das Problem des Sinns? Den Terminus »Bedeutung« beziehen wir auf sprachliche Ausdrücke. Wir sagen, daß Ausdrücke etwas bedeuten, eine Bedeutung haben. Ich schlage nun folgende Konvention vor: Was die Bedeutung für sprachliche Ausdrücke ist, kann der Sinn für außersprachliche Gegenstände sein. Ich schreibe »kann sein«, denn nicht jeder außersprachliche Gegenstand muß »sinnvoll« sein. Ich denke, diese Konvention entspricht recht gut den Intuitionen, die wir gewöhnlich mit dem Gebrauch des Wortes »Sinn« im Hinblick auf verschiedene außersprachliche Gegenstände verbinden. Diese Verwandtschaft zwischen Bedeutung (bezogen auf sprachliche Ausdrücke) und Sinn (bezogen auf außersprachliche Gegenstände) ist natürlich im Sinne einer Analogie zu verstehen. Um zu überprüfen, ob mein Vorschlag gerechtfertigt ist, möge man beispielsweise an eine Situation denken, in der wir sagen, daß dieser Tisch für mich einen Sinn hat. Als physikalischer Gegenstand ist der Tisch ein Konglomerat von Feldern und physikalischen Teilchen, doch für mich hat er einen bestimmten Sinn: Er ist für mich ein *Tisch*, ich kann mich an ihn setzen und frühstücken oder einen Brief schreiben. Auch hier gibt es geistige Akte, deren Gegenstand und eine große Portion Intentionalität. Doch nicht alles hängt von meinen geistigen Akten ab. Wenn der »Tisch« genannte Gegenstand nicht bestimmte objektive Eigenschaften hätte, könnte ich ihn nicht als Tisch behandeln; er wäre für mich ein anderer Gegenstand. Diese Eigenschaften bewirken, daß der Tisch (für mich) zumindest potentiell sinnvoll ist – ich kann ihn nicht nur als Konglomerat physikalischer Felder ansehen, sondern auch als Tisch. Der Tisch ist natürlich ein Artefakt; er ist entworfen worden, um ein Tisch zu sein. Es gibt jedoch auch natürliche Gegenstände, die für mich einen Sinn haben können. Ein Stern z.B. ist für mich ein Bestandteil des nächtlichen Firmaments und kann zum Gegenstand sentimentaler Betrachtungen oder mühseliger Forschungsarbeit werden.[18]

---

18 Davon, daß Gegenstände für uns eine Bedeutung, d.h. einen Sinn haben, zeugen krankhafte Zustände, in denen sie für jemanden diesen Sinn

Offensichtlich läßt sich der so verstandene Sinn nicht nur auf Objekte, sondern auch auf Prozesse anwenden – etwa auf den Prozeß des Bildungserwerbs. In diesem Fall ist der dominierende Faktor bei der »Sinngebung« für diesen ganzen Prozeß das mir vorschwebende Ziel: die Erlangung eines bestimmten Ausbildungs- und Kenntnisniveaus, das mir einen Platz im Leben und – vielleicht – persönliche Befriedigung garantiert. Dieses Beispiel stellt deutlich vor Augen, daß bestimmte Gegenstände oder Prozesse sinnvoller (»sinnerfüllter«) sein können als andere. Dem Erwerb von Bildung schreibe ich mit Sicherheit einen größeren Sinngehalt zu als der Möglichkeit, mich an einen Tisch setzen und einen Brief schreiben zu können.

Alle angeführten Beispiele sprechen für zweierlei. Erstens wird der so verstandene Sinn Gegenständen oder Prozessen von einem Subjekt verliehen: Sinn ist immer Sinn für jemanden; zweitens ist der so verstandene Sinn mit einem Wert verbunden; er ist geradezu eine Art Wert, und zwar ein Wert, der einen Erkenntnisaspekt aufweist. Für den Sinn eines Gegenstands oder eines Prozesses gilt ähnliches wie für die Bedeutung eines Ausdrucks. Mit dem Sinn ist – zumindest implizite – ein gewisses Maß an Verständnis oder zumindest an Verständniswillen verbunden. Ein Tisch ist für mich ein Tisch, wenn ich verstehe, wozu er mir dient; der Prozeß des Bildungserwerbs hat für mich Sinn, wenn ich verstehe, inwiefern er mir zu nützen vermag.

Diese Überlegungen sprechen ebenso dafür, daß man einen so verstandenen Sinn sowohl seinem Leben (oder allgemeiner: dem menschlichen Leben) als auch dem Universum zu-

---

verlieren können. Dies ist etwa bei der als assoziative Agnosie bekannten Störung der Fall. »*Agnosie* ist ein etwas schwer verständliches, aber treffendes Wort, das die Unfähigkeit bezeichnet, aus dem Gedächtnis jenes Wissen abzurufen, das zu dem wahrgenommenen Objekt gehört. Das Wahrgenommene wird seiner Bedeutung beraubt, wie es in einer alten Definition so schön heißt.« (Antonio R. Damasio: *Ich fühle, also bin ich. Die Entschlüsselung des Bewusstseins*, München 2002, S. 196). Agnosien entstehen durch Beschädigung des Hirnareals zwischen den Seh- und den Stirnlappen beider Hirnhälften.

schreiben kann. Das Leben ist für die Menschen ein Wert, den sie verstehen wollen, und die erwähnten Tragödien (einschließlich des Selbstmords) haben ihren Anfang darin, daß das Leben für jemanden seinen Wert verliert. Mit dem Sinn des Universums verhält es sich nicht so eindeutig, denn für viele Menschen ist das Universum ein zu abstrakter Gegenstand (oder Prozeß?), als daß sie sich darüber Gedanken machen würden, doch für diejenigen, die über es nachdenken, kann das Universum Sinn haben, z.B. als natürliches Milieu des Lebens, und für Gebildetere als Konglomerat von Prozessen, die zur Entstehung der menschlichen Gattung geführt haben.

Das in diesem Kapitel vorgeschlagene Verständnis von Bedeutung ist jedoch ein minimalistisches. Dieser Minimalismus tritt vor allem in der Abhängigkeit des so verstandenen Sinns vom Subjekt hervor, vom Menschen selbst also, der Gegenständen oder Prozessen Sinn verleiht. Im Fall des Lebenssinns scheint das zu wenig zu sein. In Krisenmomenten fehlt dem Menschen oft die Kraft, seinem Leben Sinn zu verleihen, und wenn alles von der Intention des Menschen abhinge, würde der Verlust des Lebenssinns in solchen Momenten bedeuten, daß sich vor ihm ein Abgrund von Sinnlosigkeit auftut. Andreas aus Pater Bocheńskis Beispiel[19] möchte wissen, ob sein Leben im Augenblick der Krise noch einen Sinn hat, obwohl er selbst in diesem Moment nicht dazu imstande ist, sich diesen Sinn zu schaffen. Der Sinn des Lebens sollte, wenn er existiert, auch therapeutische Funktionen erfüllen – sich in diesen Funktionen allerdings nicht erschöpfen.

5. *Das Mysterium des Universums*

In Unterkapitel 3 habe ich zu zeigen versucht, daß mathematische Strukturen (ähnlich wie Computerprogramme) einen

19 Józef Maria Bocheński: *Über den Sinn des Lebens und über die Philosophie. Aufsätze* (wie Anm. 1), S. 21 f.

Sinn haben, der durch ihre Verwendungsregeln bestimmt wird. Es handelt sich also um einen syntaktischen Sinn, der sich auf nichts außerhalb der Sprache der Mathematik bezieht. Einige der mathematischen Strukturen werden jedoch zur Modellierung der wirklichen Welt (oder genauer: bestimmter Aspekte dieser Welt) genutzt. Und hier tut sich – wie wir gesehen haben – die Möglichkeit auf, ihnen (semantischen) Sinn zuzuschreiben, d.h. einen Sinn, der sich in der Relation zwischen der Sprache und dem, worauf sie sich bezieht, zeigt. Wir sagen, daß eine mathematische Struktur (semantischen) Sinn hat, wenn sie die Welt effektiv modelliert, d.h. wenn die Theorie oder das Modell, in dem diese Struktur genutzt wird, empirisch erfolgreich ist. Um die Diskussion nicht in technischen Details zu ersticken, verstehe ich unter empirischem Erfolg ganz allgemein gesprochen das, was man in der modernen Wissenschaftsphilosophie darunter versteht. Ich erachte also eine Theorie (oder ein Modell) für empirisch erfolgreich, wenn sie (1.) nicht nur bis jetzt nicht empirisch falsifiziert worden ist, sondern auch die bis jetzt ausgeführten Experimente ihren Voraussagen entsprechend verlaufen sind, und wenn sie (2.) mit anderen Theorien oder Modellen der jeweiligen Wissenschaft (beispielsweise der Physik) ein Netz kohärenter Wechselwirkungen bildet.

Letztere Bedingung (die von Wissenschaftsphilosophen oft nicht genügend gewürdigt wird) ist von wesentlicher Bedeutung. Sie bewirkt, daß eine bestimmte Wissenschaft (oder die Wissenschaft überhaupt) ein mehr oder weniger holistisch verstandenes System bildet. Wir können daher nicht nur über den Sinn einzelner Theorien oder Modelle sprechen, die das System bilden, sondern auch über den Sinn des Gesamtsystems. Dieser Sinn wird von der empirischen Effektivität der einzelnen das System bildenden Theorien und Modelle sowie von der logischen Harmonie konstituiert, die sich sowohl in den einzelnen Theorien und Modellen als auch in deren gegenseitigen Zusammenhängen manifestiert. Die angesprochene Harmonie wird von fast allen Gelehrten und Wissenschaftlern wahrgenommen, obwohl es sehr schwierig ist, sie präzise zu definieren. Die Gelehrten sprechen häufig einfach von der Schönheit mathematischer Strukturen, physikalischer Theorien oder der Wissenschaft überhaupt.[20] Wenn man diese Züge wissenschaftlicher Theorien und Modelle auf das Universum überträgt, auf das sie sich beziehen, kann man direkt von einem Sinn des Universums sprechen (zumindest im Hinblick auf bestimmte seiner Aspekte). Dieser Sinn würde sich in der Harmonie des Universums manifestieren sowie darin, daß es – wie man sagt – der wissenschaftlichen Erforschung zugänglich ist.

Man beachte die Argumentationsrichtung. Indem wir dem Universum einen Sinn zuschreiben, übertragen wir die empirische Effektivität und logische Harmonie von den wissenschaftlichen Theorien und Modellen (von unseren Konstruktionen also) auf das Universum, auf das sie sich beziehen, doch wenn wir eher eine ontologische Perspektive einnehmen, neigen wir dazu, diese Argumentationsrichtung umzukehren: Das Universum ist eine harmonische Ganzheit, in deren Struktur Elemente enthalten sind, die es ermöglichen, ihr Verhalten vorherzusehen, und daher sind unsere Theorien und Modelle empirisch effektiv und logisch schön.

Dieser Argumentation kann man noch eine andere Gestalt verleihen. Das Universum läßt sich rational (d.h. mit Hilfe wissenschaftlicher Methoden) erforschen, man muß ihm daher ein strukturelles Merkmal (oder eine Gruppe struktureller Merkmale) zuschreiben, die das Universum für rationale Forschungsmethoden zugänglich machen. Um das auszudrücken, sagen wir zuweilen, das Universum besitze das Merkmal der Rationalität. Ebenso können wir sagen, daß das Universum rational ist.[21] Das Merkmal der Rationalität verbinden

---

20 Vgl. etwa Steven Weinberg: *Der Traum von der Einheit des Universums*, München 1993, Kap. 6; Subrahmanyan Chandrasehkar: *Truth and Beauty*, Chicago u. a. 1987; Michał Heller: »Piękno jako kryterium prawdy« [Schönheit als Wahrheitskriterium], in: *Zagadnienia Filozoficzne w Nauce* 22 (1998), S. 115-122.

21 Ausführlicher habe ich mich dazu in zwei Artikeln geäußert: »Czy świat jest racjonalny?« [Ist die Welt rational?], in: *Zagadnienia Filozoficzne*

wir gewöhnlich mit Sinnhaftigkeit: Was rational ist, ist sinnvoll (oder kann es sein). Über das Universum können wir daher sagen, daß es sinnvoll ist, daß es Sinn hat.

Es ist leicht zu sehen, daß, logisch betrachtet, in letzterem Argument – wenn man es *ad litteram* versteht – eine beträchtliche Lücke klafft. Diese beruht auf der Doppelbedeutung des dort auftretenden Begriffs »rational«. Das Universum ist rational – d.h., es läßt sich mit rationalen Methoden erforschen (denn so haben wir die Rationalität des Universums definiert). Sinnhaftigkeit dagegen verbinden wir gewöhnlich mit dem Merkmal der Rationalität, aufgefaßt als Eigenschaft verstandesbegabter und daher zu rationalem Handeln fähiger Wesen. Die Verwendung desselben Begriffs in derselben Schlußkette in zwei verschiedenen Bedeutungen bewirkt natürlich die Ungültigkeit der Schlußfolgerung. Dennoch ist in dieser Pseudoschlußfolgerung eine bestimmte Intuition enthalten. Man könnte sie als die Intuition vom Mysterium des Universums bezeichnen. Diese Intuition ist kein gar so grober Mißbrauch der Standardlogik, denn wie man leicht bemerkt, besteht die Leitidee aller Überlegungen in diesem Unterkapitel in dem Vorschlag, die Bedeutung des Wortes »Sinn« so zu erweitern, daß es sich nicht nur auf Taten oder Prozesse bezieht, die direkt mit dem rationalen Handeln des Menschen zusammenhängen (»Der Mensch verleiht Sinn«), sondern auch auf unabhängig vom Menschen existierende Gegenstände. Die menschliche Rationalität entdeckt Sinn im Universum lediglich in dieser zweiten, erweiterten Bedeutung.

Große Gestalten der Weltraumforschung erleben diese Intuition oder – wie sie sagen – das Mysterium des Universums oft auf sehr intensive Weise. Manchmal bezeichnen sie dieses Erlebnis geradezu als ein religiöses. Einstein etwa war der Meinung, »daß die ernsthaften Forscher in unserer im allgemeinen materialistisch eingestellten Zeit die einzigen tief religiösen Menschen seien.«[22] So überrascht es nicht, daß sich im

---

w Nauce 20 (1997), S. 66-78; »Czy świat jest matematyczny?« [Ist die Welt mathematisch?], in: *Zagadnienia Filozoficzne w Nauce* 22 (1998), S. 3-14.

22 Im Zusammenhang: »Ein Zeitgenosse hat nicht mit Unrecht gesagt, daß

Verhältnis vieler Gelehrter zu der von ihnen betriebenen Wissenschaft deutliche Wertakzente ausmachen lassen. Die wissenschaftliche Arbeit – und vermittelt durch diese häufig deren Gegenstand – stellt für sie einen Wert dar. Viele von ihnen sehen das Ziel ihrer Tätigkeit (im Gegensatz zu der unter einigen Wissenschaftsphilosophen verbreiteten Ansicht) weiterhin darin, die Wahrheit über die Welt zu entdecken, und die Wahrheit wird bei diesem Ansatz zweifellos als Wert angesehen. Die Wissenschaftsphilosophie der vergangenen Jahre verfolgt mit immer größerer Aufmerksamkeit, was in den Wissenschaften selbst geschieht. Daher nimmt es nicht wunder, daß ein grundsätzlicher Wandel ihrer Einstellung zum Problem der Werte in der Wissenschaft zu beobachten ist. Bekanntlich war während der Dominanz des Positivismus die Kategorie des Werts aus dem gesamten wissenschaftlichen Bereich verbannt. Gegenwärtig nehmen die Wissenschaftsphilosophen immer deutlicher wahr, daß zumindest die sogenannten epistemischen Werte, d.h. die mit den Erkenntnisaspekten des menschlichen Handelns verbundenen, auch in der Sphäre der wissenschaftlichen Tätigkeiten gegenwärtig sind. Ernan McMullin spricht geradezu von einer »Belastung der Wissenschaft durch Werte«.[23] Solche Werte sind vor allem in den klassischen Kriterien für die Akzeptanz einer wissenschaftlichen Theorie präsent, wie etwa: Übereinstimmung mit experimentellen Ergebnissen, mathematische Stimmigkeit und Eleganz, Einfachheit, Angepaßtheit an andere Theorien usw. Mit einem Wort: »Die Einschätzung einer Theorie ist eine raffinierte Form eines Werturteils.«[24] Eine bestimmte Theorie wird aufgrund der obigen Kriterien nicht nur deshalb akzeptiert, weil diese in den Augen eines konkreten Wissenschaftlers wertvoll

---

die ernsthaften Forscher in unserer im allgemeinen materialistisch eingestellten Zeit die einzigen tief religiösen Menschen seien.« Albert Einstein: »Religion und Wissenschaft«, in: ders.: *Mein Weltbild*, Frankfurt/M. u. a. 1977, S. 15-18. Hier S. 18.

23 »Wartości w nauce« [Werte in der Wissenschaft], in: *Refleksje na rozdrożu* [Reflexionen am Scheideweg], hrsg. v. Stanisław Wszołek, Tarnów 2000, S. 124-160.

24 Ebd., S. 149.

sind, sondern vor allem deswegen, weil sie sich als wertvoll *für die Wissenschaft* erwiesen haben. Doch es geht nicht nur um die Einschätzung von Theorien.

> »Werturteile durchdringen die gesamte wissenschaftliche Arbeit: von der Entscheidung, bestimmte experimentelle Resultate als ›grundlegend‹ oder ›akzeptiert‹ anzusehen (ein von Popper hervorgehobenes Entscheidungselement), bis zu der Entscheidung, die Suche nach der Alternative für eine Theorie aufzugeben, die in befriedigender Weise bestätigt worden ist.«[25]

Alle diese Werte hängen mit der wissenschaftlichen Aktivität des Menschen zusammen; sie sind in der Wissenschaft gegenwärtig, da die Wissenschaft ein Produkt dieser Tätigkeit ist, doch indirekt und in abgeleiteter Bedeutung lassen sie sich auch auf die Welt beziehen. Denn die Wissenschaft enthüllt (entdeckt) die Struktur der Welt, und die in der Wissenschaft präsenten Werte kann man auf die Welt zumindest in dem Sinne beziehen, daß die Ausrichtung an diesen Werten die Effektivität der auf die Enthüllung der Weltstruktur gerichteten Maßnahmen erhöht. Die Welt ist also in dem Sinne »wertvoll«, daß sie wertenden wissenschaftlichen Maßnahmen zugänglich ist (ihre Struktur enthüllt).

Wenn ich umgangssprachlich sage, daß etwas für mich Sinn hat, verbinde ich damit gewöhnlich den Gedanken an einen Wert. Mehr noch, das Faktum selbst, daß »etwas für mich Sinn hat«, ist wertvoll für mich. Wenn wir daher vernünftig vom Sinn des Universums reden wollen, müssen wir in diesen Sinn auch die Konsequenzen einbeziehen, die für das Universum daraus resultieren, daß Werte in der Wissenschaft präsent sind.

6. Eine besorgte Frage

Läßt sich in ähnlicher Weise wie über den Sinn des Universums (in der im vorhergehenden Abschnitt vorgeschlagenen

25 Ebd., S. 152.

Form) auch über den Sinn des Menschen sprechen? Der Mensch ist zweifellos ein Teil des Universums, und die Abfolge von Prozessen, die zur Entstehung des Menschen geführt hat, fügt sich harmonisch in die komplexe Struktur des Kosmos ein. Deutlich zeigt das die reichhaltige Literatur, die bereits um verschiedene Formulierungen des sogenannten anthropischen Prinzips und um anthropische Argumentationen herum angewachsen ist.[26] Man kann sich darüber streiten, inwiefern anthropische Prinzipien die Zielgerichtetheit der evolutionären Prozesse beweisen, doch sie zeigen zweifellos, daß die Existenz des Menschen stark an subtile Details der Struktur des Weltalls gebunden ist. So verstanden hat der Mensch mit Sicherheit teil am Sinn des Universums, von dem ich oben geschrieben habe.

Doch zusammen mit dem Menschen sind im kosmogenetischen Prozeß das Bewußtsein und das Selbstbewußtsein entstanden. Diese Tatsache ändert die Problemlage radikal. Infolge seines Bewußtseins stellt sich der Mensch selbst die Frage nach dem Sinn des eigenen Daseins. Dies ist keine abstrakte Frage in der Art der Fragen nach der Struktur und Harmonie des Universums. Es ist eine »besorgte Frage«. Der Mensch sorgt sich um sein Schicksal, und die unentrinnbare Perspektive des Todes verwandelt diese Haltung häufig in Furcht – in Furcht vor dem Nichtsein. Das Sinnproblem erscheint hier in einem völlig neuen Licht.

Und doch bleiben die Probleme vom Sinn des Universums und vom Sinn des Menschen eng miteinander verknüpft. Häufig werden in diesem Zusammenhang Worte des Physiknobelpreisträgers Steven Weinberg angeführt. Im vorletzten Absatz seines Bestsellers *Die ersten drei Minuten* schreibt er:

»Ich befinde mich, während ich diese Worte niederschreibe, auf dem Heimflug von San Francisco nach Boston, 10000 Meter hoch über Wyoming. Die Erde unten wirkt sehr freundlich und anheimelnd: hier und da ein paar Wolken,

26 Vgl. z.B. John D. Barrow und Frank J. Tipler: *The Anthropic Cosmological Principle*, Oxford 1986; John Leslie: *Universes*, London/New York 1986.

die wie Flaumfedern aussehen, Schnee, den die untergehende Sonne in rötliches Licht taucht, Straßen, die das Land in gerader Linie durchschneiden und die kleinen Städte miteinander verbinden. Man begreift kaum, daß dies alles nur ein winziger Bruchteil eines überwiegend feindlichen Universums ist. Noch weniger begreift man, daß dieses gegenwärtige Universum sich aus einem Anfangszustand entwikkelt hat, der sich jeder Beschreibung entzieht und seiner Auslöschung durch unendliche Kälte oder unerträgliche Hitze entgegengeht. Je begreiflicher uns das Universum wird, um so sinnloser erscheint es auch.«[27]

Das Problem vom Sinn des Menschen ist hier negativ gelöst, doch im engen Zusammenhang mit dem Universum, gewissermaßen auf seiner Basis. Weinberg nimmt die Schönheit und Harmonie der kosmischen Strukturen wahr; der Mensch ist ihr Ergebnis, ja sogar – als biologisches Wesen – ein Teil von ihnen, doch vor dem Hintergrund dieser Strukturen wird die Hoffnungslosigkeit (und damit die Sinnlosigkeit) des menschlichen Schicksals noch deutlicher.

Weinberg versucht jedoch, einen Trost in dieser Hoffnungslosigkeit zu finden. Der letzte Absatz seines Buchs lautet:

»Doch wenn die Früchte unserer Forschung uns keinen Trost spenden, finden wir zumindest eine gewisse Ermutigung in der Forschung selbst. Die Menschen sind nicht bereit, sich von Erzählungen über Götter und Riesen trösten zu lassen, und sie sind nicht bereit, ihren Gedanken dort, wo sie über die Dinge des täglichen Lebens hinausgehen, eine Grenze zu ziehen. Damit nicht zufrieden, bauen sie Teleskope, Satelliten und Beschleuniger, verbringen sie endlose Stunden am Schreibtisch, um die Bedeutung der von ihnen gewonnenen Daten zu entschlüsseln. Das Bestreben, das Universum zu verstehen, hebt das menschliche Leben

27 Steven Weinberg: *Die ersten drei Minuten. Der Ursprung des Universums*, München/Zürich 1979, S. 212.

ein wenig über eine Farce hinaus und verleiht ihm einen Hauch von tragischer Würde.«[28]

Wenn man auf Sinn verzichtet, kann man lediglich »einen Hauch von tragischer Würde« suchen.

Ist das alles, was sich erreichen läßt, wenn man in der rein naturalistischen Perspektive verbleibt (d.h. sich nicht auf Religion oder Theologie bezieht)? Man muß zugeben, daß ähnliche Haltungen wie die Weinbergs ziemlich verbreitet sind bei Menschen, die diese Perspektive nicht verlassen (wenn auch nicht alle von ihnen »einen Hauch von tragischer Würde« im Betreiben von Wissenschaft erblicken dürften). Wir wollen dennoch versuchen, ohne die naturalistische Perspektive zu verlassen, einen kleinen Schritt weiter zu gehen.

Der ganze Mensch – einschließlich seines Bewußtseins – ist ein Teil der kosmischen Struktur. Auch das Bewußtsein stellt ein Produkt des Evolutionsprozesses dar. Das Ringen des Menschen mit seinem Schicksal ist mithin ebenfalls eine »kosmische Angelegenheit« oder – weniger metaphorisch gesprochen – gehört zum Universum. Wenn dem so ist, wäre die Sinnlosigkeit der menschlichen Existenz zugleich die Sinnlosigkeit des Universums. Über den Menschen dränge die Sinnlosigkeit ins Universum ein. Es ist nicht auszuschließen, daß es sich gerade so verhält, denn der Sinn des Universums, von dem im vorhergehenden Abschnitt die Rede war, und der Sinn des Menschen, den ich jetzt erwäge, sind zwei verschiedene Sinne, und es ist nicht ausgeschlossen, daß vielleicht der Sinn des Universums mit der Sinnlosigkeit des Menschen koexistiert. In einer solchen Koexistenz ist kein logischer Widerspruch zu entdecken. Doch es liegt darin, wie bereits gesagt, eine gewisse Dissonanz. Die Harmonie des Universums wäre zweifellos größer, wenn die menschliche Existenz – die ja ins Universum als übergreifende Struktur eingebettet ist – einen Sinn hätte. Und es ist wiederum nicht ausgeschlossen, daß es sich so verhält, nur daß wir diesen Sinn nicht wahrneh-

28 Ebd., S. 213.

men. Wäre es so, würde die Sinnlosigkeit durch ein Mysterium ersetzt.[29]

Wenn man über die naturalistische Perspektive nicht hinausgeht, ist dies die einzige Alternative zu Weinbergs Sicht. Eine Alternative, die unannehmbar ist für all jene, die eine vom Positivismus geprägte Wissenschaftsauffassung vertreten, der zufolge es im Universum nichts gibt, was für die gegenwärtige mathematisch-empirische wissenschaftliche Methode unzugänglich wäre, daß – anders gesagt – die Grenzen der wissenschaftlichen Methode die Grenzen des rationalen Erkennens überhaupt darstellen. Es gibt jedoch keinerlei logische Notwendigkeit, die einen zwingen würde, solche Anschauungen zu akzeptieren. Mehr noch, die Identifizierung der Grenzen der wissenschaftlichen Methode mit den Grenzen der Rationalität überhaupt ist eine willkürliche Entscheidung.[30] Die wissenschaftliche Methode steht der Frage »Warum gibt es etwas und nicht vielmehr nichts?« bislang hilflos gegenüber, doch es scheint, daß diese Frage völlig rational ist. Es ist nicht auszuschließen, daß die Frage nach dem Sinn des Menschen zur selben Kategorie von Fragen gehört.

Haben wir, wenn wir in der naturalistischen Perspektive verbleiben, also die Auswahl: Sinnlosigkeit oder Mysterium? Es gibt jedoch keinerlei logische Notwendigkeit dazu, in dieser Perspektive zu verbleiben.

---

29 Durch die Verwendung des Worts »Mysterium« soll hier lediglich die Bedeutung dieses Geheimnisses betont werden. Seinem religiösen Aspekt werde ich mich später widmen.

30 Ausführlicher habe ich mich zu diesem Thema geäußert in dem Artikel: »Czy granice metody są granicami Wszechświata?« [Sind die Grenzen der Methode die Grenzen des Universums?], in: *U progu trzeciego tysiąclecia* [An der Schwelle des dritten Jahrtausends], hrsg. v. Aleksandra Białecka u. Jacek J. Jadacki, Warszawa 2001, S. 191-204.

7. Aus theologischer Perspektive

Nehmen wir daher nun die theologische Perspektive ein. Wenn wir unter Theologie, ganz allgemein gesprochen, das rationale Nachdenken über religiöse Wahrheiten verstehen, dann unterscheidet sich die theologische von der religiösen Perspektive. In der religiösen Perspektive akzeptieren wir, verehren wir, streben wir nach ... In der theologischen Perspektive analysieren wir, versuchen wir zu verstehen, kritisieren wir ...

Wir wollen also die theologische Perspektive einnehmen und folgende Frage stellen: Offensichtlich sieht man die Welt mit den Augen des religiösen Glaubens anders als mit den Augen der Wissenschaft. Inwiefern anders? Vor allem ist der religiöse Glaube überflüssig, um bestimmte Merkmale oder Aspekte der Welt zu erfassen. Alle meßbaren Merkmale oder Aspekte der Welt etwa kann man ohne Mithilfe des religiösen Glaubens kennenlernen. Um sie zu messen, muß man zwar in der Regel über ein ingeniös konstruiertes Meßgerät und sehr oft über eine raffinierte wissenschaftliche Theorie verfügen, doch religiöser Glaube ist dazu nicht vonnöten. Für den Gläubigen gibt es jedoch Merkmale oder Aspekte der Welt, welche der Glaube sieht, obwohl sie für die wissenschaftliche Methode nicht erfaßbar sind. Vor allem ist das Universum für den Gläubigen nicht einfach ein Gegenstand oder eine Gesamtheit von Prozessen – es ist die Schöpfung eines Rationalen Wesens: Gottes. Und das berechtigt uns, der Welt eine Sinnhaftigkeit in ganz ähnlicher – aber immer noch lediglich analoger – Weise zuzuschreiben, wie wir von Sinn im Hinblick auf das rationale Handeln des Menschen sprechen.

Hier ergeben sich zwei Aspekte, unter denen wir von einem Sinn des Universums sprechen können. Erstens kann das Universum Sinn haben für Gott. Gott kann es beispielsweise zu einem konkreten Zweck erschaffen haben, und dieser Zweck bezeichnet den Sinn des Universums. Darüber hinaus neigen wir bei der Annahme, Gott sei ein rationales Wesen (in Analogie zu unserer Rationalität), zu der Meinung, daß Gott nichts ohne Zweck unternimmt, daß also alle Seine Handlungen sinnvoll sind. Wir dürfen natürlich Vermutungen darüber anstellen, welchen Sinn Gott dem Universum beim Schöpfungsakt zugedacht hat, doch wir müssen uns bewußt sein, daß dieser Zweck unter Umständen ganz oder teilweise unsere Erkenntnisfähigkeiten übersteigt. Zweitens können wir im Glauben, daß das Weltall ein Werk Gottes ist, der Frage nachgehen, welchen Sinn Gott durch uns im Universum zu verwirklichen beabsichtigt.

Wenn wir uns in eine solche theologische Perspektive begeben, nehmen der Sinn des Universums und der des Menschen, von denen ich in den vorhergehenden Unterkapiteln geschrieben habe, sogleich eine stärkere Bedeutung an. Der Sinn des Universums ist nicht mehr nur ein vom Menschen auferlegter oder festgelegter Sinn; er erschöpft sich nicht nur in der Ordnung und Harmonie, denen der Mensch so etwas wie Lesbarkeit zuschreiben kann, ähnlich der Lesbarkeit einer Aufschrift, deren Verwendung den syntaktischen Regeln einer bestimmten Sprache entspricht. Aus theologischer Perspektive werden die Ordnung und die Harmonie des Universums tatsächlich zu Zeichen, aus denen die vom Schöpfer in sie gelegte Bedeutung abzulesen ist.

Die Ordnung und Harmonie der Welt erkennen wir nicht so sehr durch unmittelbare Kontemplation (wie Künstler und Dichter es häufig tun), sondern durch die Vermittlung der Wissenschaft, insbesondere durch die Vermittlung der mathematisierten empirischen Wissenschaften. Für aus theologischer Perspektive heraus unternommene Überlegungen zum Sinn des Universums nehmen diese Wissenschaften eine besondere Rolle ein. Ihre Sprache wird nicht nur zur Bedeutungsträgerin, sondern auch zur Sinnvermittlerin. Die in der Wissenschaftssprache enthaltenen Bedeutungen tragen zur Erkenntnis des Sinns bei, den Gott in den Schöpfungsakt hineingelegt hat. Im übrigen geht es nicht nur um die Sprache der Wissenschaft. Einen solchen Sinn des Universums kann man auch aus der Geschichte der Wissenschaft, aus ihren Methoden und Ergebnissen herauslesen (man kann zumindest diesen Versuch unternehmen). Das wäre die Aufgabe der Wissenschaftstheologie – einer neuen theologischen Disziplin, deren Schaffung ich seit langem fordere.[31] In Parallelität zur Syntax, Semantik und Pragmatik der Wissenschaftssprache könnte man ebenso von der »Theologie« dieser Sprache reden.

In der theologischen Perspektive verstärkt sich auch das der Welt zugeschriebene Merkmal der Rationalität. Das Universum ist für uns nicht nur deswegen rational, weil es sich mit rationalen Methoden erforschen läßt, sondern auch deswegen, weil es eine Schöpfung des rational handelnden Schöpfers ist. Gott hatte bei der Erschaffung des Weltalls einen rationalen Plan, den er im Schöpfungsakt verwirklichte. Die Wissenschaft ist im Grunde nichts anderes als ein Versuch, diesen Plan zu entziffern. Eine solche »theologische Einstellung« zur Wissenschaft kann auch praktische Konsequenzen für den Stil haben, in dem diese betrieben wird: Wissenschaftliche Forschung hört auf, ein blindes »Spiel mit der Natur« zu sein; sie wird zu einer Art Dialog oder Kontaktaufnahme mit dem Schöpfer.

Ähnliches trifft auch auf das Problem der im Universum vorhandenen Werte zu. In theologischer Perspektive können wir aus dem Satz »Die Welt ist wertvoll« einen wesentlich tieferen Inhalt entnehmen als nur die Bestätigung dessen, daß die Welt wertenden wissenschaftlichen Maßnahmen unterliegt (siehe oben, Unterkapitel 5). Auch hier ist der Plan des Schöpfers in Betracht zu ziehen. Angesichts der Analogie zu schöpferischen Akten des Menschen haben wir das Recht zu der Annahme, daß Gottes Schöpferplan nicht nur das enthält, was die empirischen Wissenschaften mit Hilfe der von ihnen erarbeiteten Methoden zu entziffern versuchen, sondern auch das, was sich diesen Methoden entzieht, was für sie unsichtbar ist – und gerade die Werte im eigentlichen Sinne (nicht jedoch die epistemischen Werte) sind für die mathematisch-empirischen

31 *Nowa fizyka i nowa teologia* [Neue Physik und neue Theologie], Tarnów 1992, S. 113-123.

Methoden unsichtbar. Das bedeutet allerdings nicht, daß das Universum – dem Plan des Schöpfers gemäß – nicht ein Träger von Werten wäre, sondern einfach, daß es selbst kein Wert ist. Jede rationale Zweckganzheit ist mit Werten verbunden; zielgerichtetes Handeln ist ein auf einen Wert gerichtetes Handeln. Wenn Gott bei der Schöpfung der Welt zielgerichtet gehandelt hat, dann können wir vom Wert des Weltalls sprechen. Der Sinn des Universums hat einen Wertaspekt.[32]

8. Das Drama des Menschen

Aus theologischer Perspektive kann der Sinn des Menschen nicht unabhängig vom Sinn des Universums sein. Der Mensch ist Teil von Gottes Schöpferplan, und zwar, da er Bewußtsein besitzt, ein außerordentlich wichtiger Teil. Aus religiösen Prämissen läßt sich sogar folgern, daß der Sinn des Universums in gewisser Weise relativ zum Sinn (oder zentriert auf den Sinn) der selbstbewußten Wesen ist, die auf einer bestimmten Etappe der kosmischen Evolution erschienen sind. Jedes Wesen, das über Selbstbewußtsein verfügt, ist infolge dieser Tatsache etwas Einmaliges, und für jedes einzelne zieht sich das Problem vom Sinn des Universums auf das Problem seines eigenen Sinns zusammen. Vielleicht gibt es im Weltall außer Menschen noch andere selbstbewußte Wesen. Wenn das der Fall wäre, müßte ebenfalls die Frage nach deren individuellem Sinn aufgeworfen werden. Da wir über die Existenz solcher Wesen jedoch nur Mutmaßungen anstellen können, beschränke ich meine Überlegungen im folgenden auf den Sinn des Menschen.

Wenn in theologischer Perspektive das Universum Sinn hat, dann nimmt – nach dem oben Gesagten – jeder Mensch, jedes selbstbewußte Wesen in diesem Sinn einen hervorgehobenen Platz ein. Ich denke, daß dies als »starke Aussage« zu verstehen ist, d.h. als These, wonach jeder individuelle Mensch

32 Vgl. ebd., S. 117 f.

von Gott beabsichtigt und mit Sinn ausgestattet ist. In diesem Sinn ist sowohl das Element des rationalen »Planens« mitzudenken, d.h., daß jedem Menschen ein Platz im Gesamtwerk der Schöpfung angewiesen wird, als auch das Element der »Wertschätzung«, d.h., daß der einzelne Mensch bereits im Plan selbst als ein Wert behandelt wird. Daraus folgt auch die »Sorge« um ihn, die ihm die Verwirklichung der ihm gestellten Aufgabe (seiner Berufung) ermöglicht. Die Anführungszeichen in diesen Sätzen sollen als Warnung davor dienen, sie allzu anthropomorph aufzufassen. Die christliche Religion verbindet Gottes Sorge um den konkreten Menschen mit der Liebe des Schöpfers zu seiner Schöpfung. Hier tut sich ein weites Feld für das theologische Nachdenken auf ... Es sei dem Leser zur persönlichen Erkundung überlassen.

Und noch eine Bemerkung von größter Wichtigkeit: Die christliche Religion unterstreicht nachdrücklich die Freiheit des Menschen, zu der grundsätzliche Entscheidungsautonomie gehört. Es ist dies auch die Freiheit des Menschen gegenüber Gott, der diese Freiheit nicht durch einen Willensakt antasten will. Im Lichte des religiösen Glaubens sind zwei Ziele zu unterscheiden, die Gott dem Menschen gesteckt hat: ein allgemeines Ziel, das im Prinzip für alle Menschen dasselbe ist – in der christlichen Religion: die Erlösung –, und ein individuelles Ziel, das von jedem Menschen persönlich zu verwirklichen ist; dieses Ziel wird oft als Berufung eines jeweiligen Menschen bezeichnet. Oft sagt man, eine solche Berufung sei dem Menschen von Gott vorgegeben oder aufgegeben worden. Diese Redensarten wollen wohlverstanden sein. Meiner Ansicht nach respektiert Gott die Freiheit und Entscheidungsautonomie des Menschen bereits in seinem ihn betreffenden Schöpferplan. Er zwingt ihm daher seine Berufung nicht *a priori* auf oder stellt ihm von vornherein irgendwelche Aufgaben, die er erfüllen muß. Man sollte sich das wohl eher als einen sich aus dem Zusammenwirken von Gott und Mensch ergebenden Prozeß vorstellen, in dessen Verlauf die Berufung des Menschen sich herauskristallisiert und schrittweise verwirklicht werden kann. Eine solche Vorstellung erscheint besonders im Kontext der

Lehre von der kontinuierlichen und unzeitlichen Schöpfung der Welt befriedigend.[33] Wenn – aus der Perspektive der Welt – die Schöpfung nicht ein einzelner Akt »am Anfang«, sondern ein andauernder Prozeß ist, der sich – aus der Perspektive Gottes – nicht in der Zeit, sondern außerhalb der Zeit vollzieht, dann ist Gottes Schöpfungsabsicht nicht als Gesamtheit der Planungen vor der Ausführung des Werks zu verstehen (wie es bei menschlichen Handlungen der Fall ist), sondern als identisch mit dem schöpferischen Prozeß des Ausführens selbst. Um so mehr, als in der Perspektive des Schöpfers dieser Prozeß keine zeitliche Erstreckung aufweist, sondern die gesamte Geschichte des Universums als ein einziges »Jetzt« umfaßt.

Das Sinnproblem ist für den Menschen von herausragender Bedeutung (auch in praktischer Hinsicht!). Um das Dramatische dieser Bedeutung zu unterstreichen, sprechen wir davon, daß es sich dabei für den Menschen um ein existentielles Problem handelt. Jeder Mensch sollte in seinem Leben seinen Sinn erkennen und ihn verwirklichen. Hierbei sind, wie es scheint, zwei Extreme zu vermeiden: zum einen, von Gott zu verlangen, daß er mir meine Berufung vorgibt und seine Entscheidung irgendwie mitteilt; zum anderen, sich selbst eine Berufung vorzugeben, als ob das nur von mir selbst abhinge. Man darf die subtile Wechselwirkung zwischen meiner Freiheit und den Absichten Gottes im Hinblick auf mich nicht außer acht lassen. In kritischen Augenblicken jedoch, die unvermeidlich sind, wenn man am Ende aller möglichen eigenen Entscheidungen nur Leere und Sinnlosigkeit wahrnimmt, dann mag das Bewußtsein helfen, daß es sich nur um eine momentane Blindheit handelt, daß es »Jenen Anderen« gibt, der bewirkt, daß das Leben des Menschen letztlich ein Mysterium ist, niemals jedoch sinnlos.

33 Siehe folgendes Kapitel.

9. Warnung vor Anthropomorphismus

Beim Sprechen über Gott sind wir auf unsere menschliche Sprache angewiesen, eine andere steht uns nicht zur Verfügung. Theologen haben immer schon darauf hingewiesen, daß die gewöhnlichen Funktionen unserer Sprache zusammenbrechen, sobald wir versuchen, die Transzendente Wirklichkeit mit ihren Kategorien einzufangen. Die Anhänger der sogenannten apophatischen Theologie unterstreichen, daß wir über Gott nur in Negationen sprechen können. Selbst wenn unsere Aussagen über Ihn die Form von Behauptungssätzen haben sollten, seien sie im Grunde nur Negationen: Unsere Negation erstrecke sich auf all das, was wir zu verstehen vermögen und aus eigener Erfahrung kennen. Von Gott wüßten wir nicht, was er ist, sondern was er nicht ist. Es ist jedoch schwierig, sich von Behauptungen freizumachen. All unsere Negationen beziehen sich nur auf das jeweils Negierte. Die theologisch am besten ausgearbeitete Konzeption des Sprechens über Gott ist sicherlich die Theorie der Analogie. Die Theologen diskutieren darüber, wie diese Analogie zu verstehen ist: in welchem Grade unsere Aussagen über Gott sichere Informationen über ihn enthalten und in welchem sie Verzerrungen sind, die aus der Natur unserer Sprache entspringen. In neueren Formulierungen ist explizit von der Metaphorizität oder Symbolhaftigkeit der auf Gott bezüglichen Sprache die Rede.[34]

Sobald wir vom Sinn des Weltalls und des Menschen sprechen und diesen Sinn mit Gott in Zusammenhang bringen, müssen wir uns aller genannten sprachlichen Beschränkungen klar bewußt sein. Im folgenden werde ich diese Klarheit zu vergrößern trachten, indem ich mich jedoch nicht so sehr auf die traditionellen Lehren zur theologischen Sprache stütze, sondern mehr auf die Folgerungen, die wir aus der Entwicklung der modernen und gegenwärtigen Physik im Hinblick

---

34 Vgl. oben, Kapitel 4.

auf die Begrenztheit der Sprache überhaupt ziehen können. Dabei wird es sowohl um die Sprache selbst als auch um die in dieser Sprache ausgedrückten Begriffe gehen.

Die Sprache der Physik ist im Laufe des letzten Jahrhunderts zunehmend abstrakter geworden. Physikalische Theorien sind, im Grunde genommen, interpretierte mathematische Strukturen. Deren Interpretation beruht, ganz allgemein gesprochen, darauf, daß man die mathematischen Strukturen – in irgendeinem Sinne – als Widerspiegelungen der Weltstruktur auffaßt. Die zunehmende Abstraktheit der Sprache der Physik beruht letztendlich darauf, daß man zur Modellierung der Welt immer abstraktere mathematische Strukturen verwendet. Einige zwingen zur Aufgabe oder radikalen Modifizierung bestimmter Begriffe, die gemeinhin als selbstverständlich oder sogar im ontologischen Sinne als notwendig gelten. Der dramatische Erfolg der Physik des letzten Jahrhunderts spricht stark dafür, solche Signale von seiten der Physik über die Begrenztheit unserer Sprache und unserer Begriffe sehr ernst zu nehmen.

Zwei (im übrigen eng miteinander verwandte) Konzepte von fundamentaler Bedeutung für die Philosophie, die im Lichte der modernen Quantenphysik weitgehend revidiert werden müssen, mögen als Beispiele dienen; ich spreche von den Konzepten »Individuum« und »räumlich getrennte Existenz«. Diese Konzepte sind miteinander verbunden, denn gemeinhin gilt das als Individuum, was im Raum deutlich von anderen Gegenständen geschieden ist. Das berühmte Gedankenexperiment von Einstein, Podolski und Rosen (EPR) sollte ursprünglich zeigen, zu welchen »unsinnigen Paradoxien« eine allzu wörtliche Interpretation der Quantenmechanik führt. Heute jedoch, da bestimmte Versionen dieses Experiments wirklich durchgeführt worden sind, hat sich gezeigt, daß die Voraussagen von EPR nicht nur nicht sinnlos waren, sondern sich in der Quantenwelt genauestens bewähren. Zwei beliebig weit voneinander entfernte Elementarteilchen kennen unter bestimmten Umständen gegenseitig ihren Zustand sowie die in ihm vorgehenden Veränderungen, und zwar ohne jeden Informationsfluß (im traditionellen Sinne) zwischen diesen Teilchen. Solche Zustände bezeichnen wir als »verschränkt« (*entangled*), und sie sind in der Welt der Elementarteilchen ganz und gar nichts Außergewöhnliches.[35]

Sicherlich noch »philosophischer« ist das Konzept »Individuum«. Seine Revision wird von den modernen Quantenfeldtheorien erzwungen. Diese zeigen auf, daß es in fundamentaler Weise problematisch ist, Elementarteilchen Individualität (im traditionellen Sinne) zuzusprechen. Es erweist sich, daß es – und zwar grundsätzlich – unmöglich ist, Teilchen beispielsweise zu numerieren und die Bewegung jedes einzelnen von ihnen zu verfolgen. Die Teilchen verhalten sich in einer Weise, als ob sie sich so »überlagern« könnten, daß man nicht in der Lage ist, zu sagen, »wo das eine Teilchen aufhört und das andere anfängt«. Man hat eine spezielle mathematische Struktur entwickelt, die dieses Verhalten von Elementarteilchen präzise modelliert (den sogenannten Fockraum), obwohl wir umgangssprachlich solche Situationen nur beschreiben können, indem wir auf Anführungszeichen und Vergleiche zurückgreifen.[36]

Wie ich in Kapitel 4 ausgeführt habe, verschwinden in den neuesten Versuchen zur Modellierung des physikalischen Fundamentalniveaus überhaupt alle mit Lokalisierung verbundenen Begriffe. Die nichtkommutative Geometrie ist ihrem Wesen nach eine globale Theorie, in der lokale Begriffe keinen Sinn haben. Die Begriffe des Punktes und des Augenblicks sind lokale Begriffe, sie haben daher in der nichtkommutativen Geometrie kein Daseinsrecht. In einer physikalischen Theorie, die sich der nichtkommutativen Geometrie bedient, können die Begriffe des Raums und der Zeit (im gewöhnlichen Sinne) nicht auftreten. Und dennoch läßt sich in diesen Theorien Dynamik definieren und Physik betreiben (ob-

35 Vgl. z.B. Chris J. Isham: *Lectures on Quantum Theory*, London 1995, S. 151 u. 179-181.

36 Vgl. z.B. Paul Teller: *An Interpretative Introduction to Quantum Field Theory*, Princeton 1995, Kap. 2 u. 3.

wohl viele physikalische Begriffe drastisch zu verallgemeinern sind).[37]

Aus dieser Physiklektion ergeben sich bedeutende Folgerungen philosophischer und theologischer Art: Wenn das sinnvolle Sprechen über die Quantenwelt – die zwar unseren Sinnen nicht unmittelbar zugänglich, doch nichts als ein Teil der materiellen Welt ist – eine so weitgehende Revision grundlegender Begriffe erfordert, in wieviel größerem Maße muß dies für das Sprechen über die Transzendente Wirklichkeit gelten. Ich denke, das sollte uns nicht den Mund verschließen, wenn wir über Gott sprechen wollen; wir können, ja manchmal sollten wir sogar über Ihn sprechen – doch im vollen Bewußtsein dessen, wie beschränkt unsere sprachlichen und begrifflichen Mittel sind.

Einige Hinweise kann uns erneut der Blick auf physikalische Theorien geben. Ich wiederhole hier kurz, wozu ich mich in Kapitel 4 (Unterkapitel 6 und 7) geäußert habe. In der Physik operiert man mit Begriffen wie Kausalität, Wahrscheinlichkeit, Notwendigkeit, Zufall usw., die in der Philosophie eine wichtige Rolle spielen. Doch wie soll man beispielsweise sinnvoll von Wahrscheinlichkeit sprechen, wenn es nicht nur keine traditionellen zeitlichen Begriffe gibt, sondern sogar der Begriff »Ereignis« keinen bestimmten Sinn hat? Und doch zeigt sich, daß sich dem Begriff »Zufall« selbst unter diesen Umständen mit Hilfe entsprechend abstrakter mathematischer Strukturen ein präziser Sinn geben läßt. Dabei handelt es sich natürlich um einen verallgemeinerten Begriff, doch um einen solchen, der für die makroskopische Physik in den bisherigen Begriff übergeht. Das gleiche betrifft die »Kausalität«. Wenn wir aus dem traditionell verstandenen Kausalzusammenhang alles entfernen, was mit Lokalisierung, Zeit und Signalverbreitung zusammenhängt, werden wir eine gewisse Vorstellung davon haben, was Kausalität im begrifflichen Mi-

37 Vgl. z.B. auch meinen Artikel: »Kilka uwag o geometriach nieprzemiennych« [Einige Bemerkungen über nichtkommutative Geometrien], in: *Roczniki Filozoficzne* (KUL) 45 (1978), H. 3, S. 91-99.

lieu der nichtkommutativen Geometrie bedeuten kann. Ganz allgemein gesprochen bleibt nach einer solchen »Reinigungsmaßnahme« vom Kausalzusammenhang nur eine abstrakte dynamische Abhängigkeit übrig.

Im Lichte dieser Überlegungen drängt sich unaufhaltsam die Schlußfolgerung auf, wie überaus sorglos wir – trotz aller theologischen Warnungen – die Sprache der Kausalität beim Reden über Gott verwenden. Was heißt es etwa, daß Gott die Erste Ursache ist? Wir wissen, daß dieser Ausdruck in analogischer Weise zu verstehen ist, doch oft scheint es uns unterbewußt, daß wir allein durch das Hinzufügen der Bestimmung »Erste« zum Wort »Ursache« uns bereits ausreichend gegenüber dem Anthropomorphismus abgesichert haben. Dabei ist es gerade diese Ordnungszahl, die unsere anthropomorphistische Intuition gewissermaßen rechtfertigt, die Gott allein dadurch von den anderen Ursachen abhebt, daß sie Ihn an den Anfang der Kette der Kausalzusammenhänge stellt.

Wenn wir über den Sinn des Universums und des Menschen sprechen, sind wir insofern in einer schwierigeren Lage, als der Terminus »Sinn« im Wortschatz der Physik nicht vorkommt und wir nicht in der Lage sind, in wissenschaftlichen Theorien nach Hinweisen darauf zu suchen, auf welche Weise die Bedeutung dieses Terminus modifiziert oder verallgemeinert werden kann. Das gleiche läßt sich von anderen Termini (und den ihnen entsprechenden Begriffen) sagen, die – wie gesehen – mit dem Sinnbegriff zusammenhängen, also von Wörtern wie »Zweck«, »Rationalität«, »Intentionalität« und »Wert«. Die Bedeutung dieser Termini kennen wir aufgrund unserer eigenen sprachlichen Erfahrungen. Müssen wir, wenn wir sie auf Gott beziehen, es bei der Warnung belassen, daß sich ihre Bedeutungen radikal ändern können? Eine solche Warnung ist theologischen Aussagen stets beizufügen; wir können jedoch einen Schritt weiter gehen und versuchen, die Intuitionen, die der traditionellen Doktrin von der Zeitlosigkeit Gottes entstammen, mit den Schlußfolgerungen zu verbinden, die sich aus der »nichtkommutativen Physik« ergeben und Begriffe wie »Kausalität« oder »Zufall« betreffen. Unser Versuch sollte einerseits darauf beruhen, aus Begriffen wie »Zweck«, »Rationalität« oder »Intentionalität« alle mit dem Vergehen von Zeit verknüpften inhaltlichen Elemente zu entfernen, andererseits aber diejenigen Elemente, die wir gewöhnlich mit diesen Begriffen verbinden, soweit es (in den Grenzen dieses Gedankenexperiments) möglich ist, zu bewahren. Das Halsbrecherische dieses Experiments und sein vermutlich überaus bescheidenes Ergebnis werden noch eine weitere Warnung sein, daß wir beim Übertragen unserer Begriffe auf Gott äußerst vorsichtig sein sollten. Im Kontakt mit der Transzendenz läßt sich das Mysterium nicht vermeiden.

10. Ein Beitrag zur Schöpfungstheologie

Theologische Überlegungen zum Sinn des Universums und des Menschen laufen im Grunde auf ein Denken im Rahmen der theologischen »Schöpfungsgeschichte« hinaus. Wie wir gesehen haben, nehmen das Universum und der Mensch in Gottes Schöpferplan Sinn an, sie sind daher mit dem Kern der christlichen Schöpfungslehre verbunden. Bisher stand bei der philosophischen Behandlung des Schöpfungsbegriffs, auf welche die Theologie in großem Maße zurückgegriffen hat, vor allem das im Mittelpunkt der Aufmerksamkeit, was man den »Mechanismus des Ins-Dasein-Rufens« nennen könnte. Das Hauptziel der Analysen bestand darin, (mit den der Theologie oder Philosophie eigenen Methoden) zu begründen, daß »erschaffen bedeutet, etwas aus nichts zu machen«, und zu verstehen, was das heißt. Ich denke, daß man bei der theologischen Interpretation der Schöpfungslehre größeren Nachdruck darauf legen sollte, daß »Schöpfung Sinngebung ist«. Besonders wenn wir uns – gemäß unseren obigen Überlegungen – klarmachen, daß die Idee des Sinns mit den Ideen der Rationalität, der Zielgerichtetheit und des Werts zusammenhängt. Wenn man die traditionelle These zugrunde legt, daß in Gott alle Seine Attribute und Handlungen identisch sind, dann sind »Rationalität«, »Zielgerichtetheit« und »Wert« Synonyme von

»Sinn«, und jedes dieser Attribute hebt nur einen anderen Aspekt Desselben hervor.

Das »Ins-Dasein-Rufen« und die »Sinngebung« sind nicht zwei verschiedene Akte Gottes. Das von Gott verliehene Dasein ist Sinn, Wert und Verwirklichung eines Zwecks. All dies ist in dem einen »Es werde!« enthalten. Diese Konzeption steht mit der Konzeption des Schöpferlogos im Einklang. Das von Gott gesprochene Wort ist Dasein, Wert, Plan und dessen Verwirklichung.

In einer solchen Schöpfungskonzeption fehlt das Element der Zeit: Der Plan ist dasselbe wie seine Verwirklichung; der Sinn dasselbe wie seine Erfüllung.[38] Nur aus unserer zeitlichen Perspektive erstreckt sich zwischen Anfang und Ende, zwischen Plan und Ziel ein Weg, der erst noch zurückzulegen ist. Der Raum zwischen Anfang und Ende, zwischen dem Sinn und seiner Verwirklichung ist der Raum der Freiheit. Er ist der Grund dafür, daß der Mensch vom Weg abkommen und »Nein!« sagen kann. Ohne Eingetauchtsein in die Zeit gäbe es keine Chance für die Freiheit. Der Sinn wäre einfach da. Nur in der vergehenden Zeit kann man, wenn man *will*, den Augenblick vergeuden und auf den Sinn verzichten. Infolge von Zeit und Freiheit ist der Sinn nicht ein für allemal gegeben, sondern man muß ihn unaufhörlich verwirklichen.

11. Kosmologie und Eschatologie

Wenn man von der Verwirklichung des Sinnes redet, kommt man nicht umhin, über seine Erfüllung nachzudenken. So verwundert es nicht, daß in neueren theologischen Arbeiten betont wird, daß die christliche Schöpfungslehre ohne Eschatologie unvollständig wäre. Gemäß dieser Konzeption sind, aus

38 Noch einmal möchte ich mich (wie schon in Kapitel 4) auf Ernan McMullins Bemerkungen zu Gottes Zeitlosigkeit beziehen, die besonders in den letzten beiden Unterkapiteln folgenden Artikels zu finden sind: »Evolutionary Contingency and Cosmic Purpose«, in: *Studies in Science and Theology* 5 (1997), S. 91-112.

Gottes Perspektive, »Anfang« und »Ende« durch keinen Zeitabschnitt getrennt. Lediglich aus der Weltperspektive spielt sich zwischen »Anfang« und »Ende« die Geschichte ab, die aus den potentiell möglichen Varianten diejenige »auswählt«, die sich später in den Spuren der Vergangenheit wiederfindet.[39] Man muß unterstreichen, daß diese Indeterminiertheit mit dem Zeitbegriff selbst zusammenhängt. Wenn wir von einem eingeschränkten zu einem immer weiteren Möglichkeitsfeld übergehen, erhält der Ereignisverlauf eine Richtung, es erscheint der »Zeitpfeil«. Die Geschichte des Universums ist nichts anderes als eine Folge von Ereignissen, die sich in der Zeit abspielen.

Man kann mit gutem Grund annehmen, daß ebendiese Indeterminiertheit der Möglichkeiten, die der Gerichtetheit der Zeit zugrunde liegt, auch die Bedingung für die Freiheit selbstbewußter Wesen darstellt. Die Wahlfreiheit läßt sich kaum ohne offene Freiheit denken, d.h. ohne eine Freiheit, welche reich ist an Möglichkeiten, die man verwirklichen kann oder nicht. Doch es gibt einen Preis, den man für die Freiheit bezahlen muß. Für selbstbewußte Wesen wird die Gerichtetheit der Zeit zum Erlebnis des Vergehens. Mehr noch, indem der Zeitpfeil in Richtung eines immer weiteren Möglichkeitsfeldes weist, weist er zugleich (statistisch gesehen) unvermeidlich in Richtung Zerfall. In der Sprache der Naturwissenschaften (2. Grundsatz der Thermodynamik) bedeutet

39 Es ist lehrreich und nicht uninteressant, daß sich ein kosmologisches Modell konstruieren läßt, in dem die gesamte Geschichte des Universums – aus der Perspektive eines »äußeren Beobachters« – auf einen einzigen Augenblick hinausläuft, obwohl sich dieselbe Geschichte aus der Perspektive »innerer Beobachter« in »ausgedehnter Zeit« abspielt – vgl. Michał Heller und Wiesław Sasin: »The Structure of b-Completion of Space-Time«, in: *General Relativity and Gravitation* 26 (1994), S. 797-811; Michał Heller: »Początek i koniec Wszechświata w zamkniętym modelu Friedmana« [Anfang und Ende des Universums in Friedmans geschlossenem Modell], in: *Filozofia Nauki* 3-4 (1994), S. 7-17. Natürlich darf man nicht behaupten, solche Modelle trügen irgend etwas zur theologischen Diskussion bei. Bestenfalls deuten sie darauf hin, daß die Konzeption »zweier zeitlicher Perspektiven« nicht widersprüchlich ist.

der Übergang von einem eingeschränkten zu einem immer größeren Vorrat an Möglichkeiten Energiedegradierung (Entropiezunahme) und das Zulaufen auf den Tod.

Die Perspektive des Todes zeichnet sich nicht nur vor selbstbewußten Wesen ab. Die moderne Wissenschaft sieht verschiedene Szenarien für die kosmische Eschatologie voraus. Unser Universum kann entweder in unvorstellbar großen Drücken und Temperaturen untergehen oder sich bei Temperaturen nahe dem absoluten Nullpunkt in ein Vakuum verflüchtigen. Es gibt zwar Versuche von seiten philosophierender Kosmologen, der Welt – trotz des absoluten Charakters der bekannten physikalischen Gesetze – eine unbegrenzte Dauer zu sichern;[40] dabei handelt es sich jedoch um verzweifelte Versuche, denn sie verlangen die Annahme so vieler willkürlicher und riskanter Hypothesen, daß man in ihnen kaum mehr als eine Übung der wissenschaftlichen Phantasie sehen kann. Im übrigen ändert aus theologischer Sicht die unendliche Dauer des Universums oder einer Mehrzahl von Universen nichts Wesentliches. Die Unzeitlichkeit Gottes verlangt keineswegs ein zeitliches Ende seines Werks. Hier ist an die Ansicht des hl. Thomas von Aquin zu erinnern, der es für möglich hielt, die Lehre von der Erschaffung der Welt mit ihrer ewigen Dauer in Einklang zu bringen.[41] Die »zeitliche Umkehrung« der Argumentation des hl. Thomas führt zum gleichen Ergebnis im Hinblick auf die unbegrenzte Zukunft.

Einer der neuesten Versuche, die Perspektive des Endes abzuschaffen, ist die von Lee Smolin[42] propagierte Hypothese einer unendlichen Menge von auseinander entstehenden Universen. Dieser Hypothese zufolge entstehen und vergehen einzelne Universen, doch ihre Generationenfolgen dauern ewig. Aber Smolins Konzeption muß durchaus keine »unbegrenzte Zeit« implizieren. In dieser Konzeption hätten wir es eher mit

40 Vgl. Frank J. Tipler: *Die Physik der Unsterblichkeit*, München 1995.

41 Vgl. *Aquinas on Creation*, übers. v. Steven E. Baldner u. William E. Carroll, Toronto 1997.

42 Vgl. Lee Smolin: *Warum gibt es die Welt? Die Evolution des Kosmos*, München 1999.

verschiedenen, untereinander nicht synchronisierbaren Zeiten in verschiedenen Universen zu tun. Darüber hinaus gäbe es, wenn man die theoretischen Vorhersagen der Allgemeinen Relativitätstheorie ernst nimmt (d.h. wenn man davon ausgeht, daß diese Theorie in allen Universen gilt), in den meisten dieser Welten ohnehin keine globale Zeit. Derartige Lösungen sind für die Kosmologie insofern von Bedeutung, als sie deren mathematischen Apparat vervollkommnen und es durch Erweiterung des für Spekulationen offenstehenden Feldes erlauben, die in unserem Universum geltenden physikalischen Gesetze besser zu verstehen. Für den Theologen können solche Überlegungen noch eine weitere Warnung davor sein, unseren »wohletablierten« Begriffen allzusehr zu vertrauen, wenn sie über den durch unsere unmittelbare Erfahrung kontrollierten Bereich hinausgehen.

Im Weltall, in dem wir leben, gibt es eine globale Zeit. Mit dieser Zeit wird die kosmische Geschichte gemessen, welche die moderne Wissenschaft Schritt für Schritt rekonstruiert. Alles deutet darauf hin, daß wir unsere eigene Existenz unter anderem der Tatsache verdanken, daß es eine globale Zeit gibt. Denn eine lange kosmische Geschichte ist unerläßlich, damit in ihren fortgeschrittenen Stadien Kohlenstoff entstehen kann – eine Voraussetzung für unser biologisches Leben. Wir sind unwiderruflich in die globale Zeit unseres Universums eingebettet.

Unabhängig von verschiedenen Szenarien der Großen Kosmischen Eschatologie sieht die moderne Astrophysik unterschiedliche Versionen des »Endes unserer kleinen Welt voraus«: von der Erschöpfung des Kernbrennstoffs unserer Sonne bis zum Gravitationskollaps unserer Supergalaxis.[43] Doch lange bevor sich eines dieser Szenarien bewahrheitet, wird für einen jeden von uns das Ende seiner »Privatwelt« kommen: der biologische Tod. Die Gesetze der Physik sind unerbittlich. Unsere Existenz ist mit der Struktur des Universums eng

43 Vgl. z.B. Fred Adams und Greg Laughlin: *Die fünf Zeitalter des Universums. Eine Physik der Ewigkeit*, München 2002.

verflochten. Sie ist infolge der in seinen Gesetzen kodierten Schöpferkraft entstanden, entwickelt sich in der Zeit dank der in ihnen schlummernden Potentialitäten und zahlt diesen Potentialitäten die Schuld des Entstehens ab, indem sie dereinst zu den Grundelementen der kosmischen Struktur zurückkehren wird. Die biblische Metapher, daß wir aus dem »Staub der Erde« entstanden sind, begreifen wir heute besser als jemals zuvor.

Angesichts der Schönheit und der logischen Struktur des Ganzen stellt sich uns das Problem des Sinnes, auch das existentielle SINN-Problem jedes einzelnen von uns, in neuer Schärfe. Die naturalistische Perspektive erweist sich angesichts dieses Problems als machtlos. Wenn man in dieser Perspektive verbleibt, kann man höchstens – wie Weinberg – einen »Hauch von tragischer Größe« in der wissenschaftlichen Forschung oder in anderen Gebieten menschlicher Aktivität suchen. Wenn man das Postulat des SINNES akzeptiert, läßt sich die theologische Perspektive nur schwer vermeiden. In einer mit SINN begabten Wirklichkeit scheint die Eschatologie unvermeidlich zu sein. Für den zeitlosen Gott sind Schöpfung, Geschichte und Eschatologie dasselbe. Für den in die Geschichte eingetauchten Menschen ist die Eschatologie das, was erst noch kommen soll.

Teilhard de Chardin hat in seinen Schriften die Vision einer großen kosmischen Erfüllung ausgebreitet: die Vision des Omegapunkts, in dem alle individuellen und globalen Ziele zusammenlaufen. Es ist dies eine schöne Vision, doch sie findet keinen Rückhalt in den kosmologischen Szenarien, die heute zählen.[44] Ich denke, eine wissenschaftliche »Unterstützung« für die Theologie kann in dieser Hinsicht eher die sich aus den modernen physikalischen Theorien immer deutlicher herausschälende Einsicht darstellen, daß Zeit und Geschichte nur ein Aspekt des Universums sind, in dem wir leben.

---

44 An diese Vision knüpft Frank Tipler in seinem Buch *Die Physik der Unsterblichkeit* (wie Anm. 40) direkt an; vgl. jedoch die obigen kritischen Anmerkungen zu seiner Konzeption.

Will man das Ganze verstehen, muß man sich über diesen Aspekt erheben, muß man die Beschränkungen von Zeit und Geschichte überschreiten. Das aber ist bereits eine religiöse Perspektive.

Die christlichen Behauptungen über die Schöpfung und die Eschatologie zählen zu den »praktischsten« religiösen Dogmen. Denn sie stellen nicht nur eine Reihe abstrakter Belehrungen dar, sondern auch eine starke Stütze für eine bestimmte Haltung gegenüber dem Universum und der eigenen Existenz. In der Welt des SINNES ist das Leben lebenswert.

Zu Autor und Werk

Michał Heller wurde 1936 in Tarnów geboren, sein Vater war Ingenieur. Die Familie floh vor dem deutschen Einmarsch in das sowjetisch besetzte Lemberg, von wo sie schon bald nach Sibirien verschleppt wurde. 1944 durfte sie in die ehemalige wolgadeutsche Kolonie Urbach umsiedeln; 1946 kehrte sie nach Polen zurück. Der hochbegabte Michał Heller besuchte in Tarnów das Gymnasium und studierte hier ab 1953 am Priesterseminar. 1959 erhielt er die Priesterweihe und wirkte ein Jahr lang als Priester in einer Pfarrgemeinde. In einer Zeit, in der der kommunistische Staat versuchte, den Religionsunterricht an den Schulen zu verbieten, war das keine leichte Arbeit.

Da Heller als Geistlicher damals an keiner staatlichen Hochschule Physik studieren durfte, ging er an die Katholische Universität in Lublin und studierte Philosophie mit dem Schwerpunkt Naturphilosophie. In seiner Dissertation beschäftigte er sich mit der Konzeption serieller Modelle des Universums und ihren philosophischen Implikationen. Seit 1966 war er Dozent am Theologischen Institut in Tarnów (dessen Rektor er seit 1991 ist) und besuchte Vorlesungen in Physik an der Universität Krakau; seine Habilitationsschrift handelte vom Mach-Prinzip in der relativistischen Kosmologie. Seit 1972 lehrte er an der Päpstlichen Theologischen Fakultät in Krakau (der von den Behörden abgetrennten ehemaligen theologischen Fakultät der Universität Krakau).

Seit 1981 ist Michał Heller Mitglied des Päpstlichen Observatoriums in Castel Gandolfo, 1985 erhielt er den Titel eines Professors an der Päpstlichen Theologischen Akademie in Krakau. Heller ist Mitglied der Päpstlichen Akademie der Wissenschaften in Rom, der St. Petersburger Akademie für die Geschichte von Wissenschaft und Technik und vieler anderer Vereinigungen; er ist Mitbegründer der Zeitschrift »Philosophy in Science« sowie – gemeinsam mit dem Lubliner Erzbischof Józef Życiński – des in Krakau und Tucson/USA beheimateten *Center for Interdisciplinary Studies*. Forschungsaufenthalte führten ihn unter anderem nach Löwen, Oxford, Cambridge, Bochum und Washington. Er erhielt zahlreiche Wissenschaftspreise.

Das wissenschaftliche Œuvre Michał Hellers ist nicht nur vielgestaltig, sondern auch überaus umfangreich und umfaßt rund 800 Veröffentlichungen. Ein wichtiges Betätigungsfeld sind ihm die mathematischen Überlegungen für eine Theorie der nichtkommutativen Geometrie, die es erlaubt, quantisierte Räume zu konstruieren. Große Aufmerksamkeit schenkt er der Naturphilosophie, die er als Philosophie der relativistischen Kosmologie ansieht. Die Kosmologie wiederum ist nach Heller eine außergewöhnliche Naturwissenschaft, da sie nach Extrapolation und Interpretation verlangt, also sich mit der Philosophie vereint.

P. O. L.

Ausführlich zu Leben und Werk:

Stanisław Wszołek: »Ksiądz Profesor Michał Heller. Życie i filozofia«, in: *Analecta Cracoviensia* 33 (2001), S. IX-XX.

Ausgewählte Monographien:

Filozofia przyrody. Zarys historyczny [Naturphilosophie. Ein historischer Überblick, 2004]

Creative Tension: Essays on Science and Religion [2003]

Początek jest wszędzie: nowa hipoteza pochodzenia wszechświata [Überall ist der Anfang. Eine neue Hypothese zum Ursprung des Universums, 2002]

Sens życia i sens wszechświata: studia z teologii współczesnej [Der Sinn des Lebens und der Sinn des Universums: Studien zur modernen Theologie, 2002]

Czas i przyczynowość [Zeit und Kausalität, 2002]
Kosmologia kwantowa [Quantenkosmologie, 2001]
Czy fizyka jest nauką humanistyczną? [Ist die Physik eine Geisteswissenschaft?, 1998]
Uchwyć przemijanie [Die Vergänglichkeit fassen, 1997]
Mechanika kwantowa dla filozofów [Quantenmechanik für Philosophen, 1996]
Lemaître. Big Bang and the Quantum Universe (with His Original Manuscript) [1996]
New Physics and a New Theology [1996]
Wszechświat – maszyna czy myśl? [Das Weltall – Maschine oder Gedanke?, ²1996]
(Zus. m. Józef Życiński) *Dylematy ewolucji* [Dilemmata der Evolution, ²1996]
Nauka i wyobraźnia [Wissenschaft und Vorstellungskraft, 1995]
Usprawiedliwienie Wszechświata [Die Rechtfertigung des Weltalls, ²1995]
Wieczność, czas, kosmos [Ewigkeit, Zeit, Kosmos, 1995]
Fizyka ruchu i chasoprzestrzeni [Physik der Bewegung und des Zeit-Raums, 1993]
Moralność myślenia [Die Moralität des Denkens, 1993]
Theoretical Foundation of Cosmology: Introduction to the Global Structure of Time-Space [1992]
The World and the Word: Between Science and Religion [1986]
Questions to the Universe: Ten Lectures on the Foundations of Physics and Cosmology [1986]
Ewolucja kosmosu i kosmologii [Die Evolution von Kosmos und Kosmologie, ²1985]
The Science of Space-Time [1981]
Początek świata [Der Beginn der Welt, 1976]

Außerdem veröffentlichte Heller eine große Zahl von Artikeln in Zeitschriften wie »General Relativity and Gravitation«, »Foundations of Sciences«, »International Journal of Theoretical Physics«, »Gravitation and Cosmology« oder »Revue des Questions Scientifiques«.

Personenverzeichnis

Inhaltsverzeichnis

»Denken und Wissen. Eine Polnische Bibliothek«, herausgegeben vom Deutschen Polen-Institut Darmstadt, präsentiert herausragende Texte polnischer Wissenschaftler und zentrale Themen des geistigen Lebens in Polen.

Es liegen bereits vor:

Jerzy Szacki: Der Liberalismus nach dem Ende des Kommunismus

Władysław Tatarkiewicz: Geschichte der sechs Begriffe

Anti-Totalitarismus: Eine polnische Debatte, hrsg. von Paweł Śpiewak

Polen denkt Europa: Politische Texte aus zwei Jahrhunder hrsg. von Peter Oliver Loew

Henryk Elzenberg: Kummer mit dem Sein. Tagebuch eines Philosophen

Michał Głowiński: Mythen in Verkleidung. Dionysos, Narziß, Prometheus, Marchołt, Labyrin

Polen und der Osten. Texte zu einem spannungsrei Verhältnis, hrsg. von Andrzej Chwalba

Demnächst erscheinen:

Maria Ossowska: Das ritterliche Ethos und seine V

Jerzy Jedlicki: Die entartete Welt